Der Selbstversorger Garten

ELKE VON RADZIEWSKY   FOTOS: JÜRGEN HOLZENLEUCHTER

blv

Inhalt

06	**EINLEITUNG**	**54**	**PFLEGEN**

06 Vorwort
08 Anneliese und Heinz Ahlers:
    Selbstversorger seit über fünfzig Jahren

14 PLANEN

16 Zwei Fragen und sieben goldene Regeln
22 Grundstrukturen
    Hecken – Wege – Beete
32 Gartenplan

34 PFLANZEN

36 Kaufen
   Wochenmärkte – Pflanzenmärkte –
   Gärtnereien
40 Vermehren
   Aussäen – Saatgut sammeln –
   Stecklinge – Teilen

54 PFLEGEN

56 Boden
   Humus – Kompost – Mulch
66 Die Nonnen von Fulda:
   Strateginnen gesunder Bodenkultur

72 OBST

74 Rhabarber
78 Klaus Olbricht: Erdbeerforscher
   im sächsischen Weixdorf
82 Erdbeeren
84 Beeren
   Rote Johannisbeeren –
   Schwarze Johannisbeeren – Himbeeren –
   Stachelbeeren – Blaubeeren
94 Kirschen
   Sauerkirschen – Süsskirschen
100 Pflaumen
102 Meinolf Hammerschmidt:
    Experte für alte Obstbaumsorten
110 Äpfel
120 Birnen
124 Gunter Paul:
    Imker im eigenen Garten

Inhalt 5

130 GEMÜSE

132 Bohnen
　　Buschbohnen – Dicke Bohnen
**142 Joy Larkcom:
　　Die englische Salatkönigin**
148 Fenchel
150 Zwiebeln
154 Porree
156 Tomaten
162 Chili und Paprika
172 Gurken
176 Sellerie
　　Radieschen – Kohlrabi – Rettich – Möhre
**182 Karsten Ellenberg:
　　Der Bauer mit der Kartoffel im Wappen**
188 Kartoffeln
194 Kohl
　　Weißkohl – Rotkohl – Brokkoli –
　　Rosenkohl – Grünkohl
**206 Reinhard Lühring:
　　Ein Sammler alter Gemüsesorten**

210 KRÄUTER

212 Kräuter sind Muntermacher
218 Petersilie
220 Schnittlauch
222 Knoblauch
208 Weitere Kräuter
　　Basilikum – Bergbohnenkraut – Borretsch –
　　Dill – Estragon – Kapuzinerkresse – Kerbel –
　　Rosmarin – Salbei – Thymian – Zitronen-
　　melisse – Zitronenverbene

232 ANHANG

232 Adressen, die Ihnen weiterhelfen
234 Literatur
235 Stichwortverzeichnis
239 Über die Autoren
239 Impressum

Vorwort

Wir haben das Buch zu zweit gemacht, mein Mann Uwe und ich. Uwe stammt vom Land, einem Dorf im Sachsenwald bei Hamburg. Der Vater war Handwerker, die Mutter arbeitete bei den Bauern im Dorf. Die Eltern hatten einen Garten, etwa 3 000 Quadratmeter groß, zwei Schweine, Gänse und Hühner. Bis auf gut 200 Quadratmeter Blumengarten und ein Stück mit Apfelbäumen bestandener Wiese für die Gänse war das Land bestellt. Uwe ist mit dem Nutzgarten groß geworden. Die Mutter verdiente zwar nicht viel bei den Bauern, dafür bekam die Familie an Mehl und Kartoffeln, was sie brauchte. Eine Partie Stallmist im Herbst gehörte dazu, denn Geld für Kunstdünger war nicht da.

Meine Familie lebte erst in verschiedenen Stadtwohnungen, später zogen wir aufs Land, in ein Haus mit Garten. Meine Eltern haben kein Gemüse gezogen und nie Tiere gehalten. Der Garten war immer in Bewegung. Beete kamen dazu oder verschwanden, Bäume wurden gefällt, wenn sie zu hoch aufgewachsen waren, Hecken wurden gesetzt und umgesetzt. Ich hatte kein Interesse an dem Garten. Das änderte sich, als ich Uwe kennenlernte.

Wir bauten uns ein Haus in einer Ecke des Sachsenwaldes. Die Hälfte des Gartens wurde mit Buchskanten gesäumt und zum Küchengarten gemacht. Wir pflanzten Kartoffeln, Erdbeeren, versuchten es mit Erbsen und Möhren. Die Bäume um uns wuchsen, wo einmal Sonne hin schien, kam bald nur noch im Frühling Licht auf den Boden.

Die Küchengärtnerei wurde weniger und ich begann als Gartenredakteurin der Zeitschrift A&W Architektur & Wohnen zu reisen. Von jeder Reise brachte ich Ideen mit. Wir gruben den Garten um, zweimal wurde er komplett geändert, bis er seine gültige Form hatte. Die Hälfte, wo früher der Küchengarten war, ist heute ein Schattengarten unter zwei Buchen und Eichen.

Vorwort

Vor acht Jahren kauften wir uns in Sachsen ein 300 Jahre altes Pfarrhaus mit Obstwiesen. Das Haus ist großartig: verspätete Renaissance, eine einfache Form, unten fast ein Würfel, oben ein überhohes Dach. Die Grundrisse innen sind kaum verändert. Das Restaurieren wurde unser Riesenhobby. Für Garten ist da eigentlich keine Zeit. Aber wir konnten es nicht sein lassen. Es dauerte keine drei Jahre, bis wir anfingen, einen Garten zu planen, einen für Obst und Gemüse, so wie wir ihn in Sachsen auf dem Land noch häufig sehen.

Ist es ein Selbstversorgergarten? Nicht, wenn man meint, ein Selbstversorger würde heute wie in der Zeit nach dem Krieg möglichst viel von dem selbst produzieren, was er zur Ernährung braucht. Aber der moderne Selbstversorger unterscheidet sich von dem der sogenannten schlechten Jahre. Der moderne Selbstversorger hat Spaß an einem Garten, der ihm nützt, statt ihm – kaum genutzt – sinnlos Arbeit zu machen. Und er sucht sich aus, was er anbaut: keine Erbsen, viel zu mühsam. Keine Möhren, denn ohne Schutznetz geht es kaum noch. Aber Kartoffeln in drei Sorten, Rhabarber und Stangenbohnen, denn die sind robust und die ausgesuchten Sorten anders nicht zu kriegen.

Nebenbei hat der moderne Selbstversorgergarten eine politische Dimension. Und das nicht zu knapp. In Niederösterreich gibt es seit einigen Jahren eine Bewegung mit dem Motto »Natur in den Garten«. Geht es noch absurder? Was soll ein Garten anderes sein als Natur? Gemeint ist mit dem krummen Satz ein Gärtnern ohne Pestizide, ohne Kunstdünger, ohne genoptimierte Saat. Der springende Punkt ist: Kein Naturschutzgebiet kann größer sein als alle zusammengefassten Hausgärten. Es gibt keine effektivere Möglichkeit, die Umwelt zu schützen, als Gemüse selbst zu ziehen. Denn jeder vom eigenen Beet geerntete Rosenkohl oder Brokkoli verringert die Mengen, die LKWs von Riesenplantagen quer durch Europa in die Supermärkte bringen. Anders als in den ökologischen Anfangsjahren, in denen es immer um ein Entweder-oder ging, in denen Aussteiger Landkommunen gründeten, organisieren sich Menschen jetzt dort, wo sie sind, an ihren Arbeitsplätzen, in der Großstadt oder in ihren Villengärten. Sie setzen Bienenkörbe auf das Museumsdach – so wie im Museum für Moderne Kunst in Frankfurt am Main –, sie ziehen ihr Lieblingsgemüse im Verlagshaus – so wie die Redakteure des Magazins der Wochenzeitschrift DIE ZEIT es im November 2010 beschreiben –, sie gründen auf brachliegenden Geländen »Community-Gardens« – so wie im Prinzessinnengarten in Berlin-Kreuzberg – und pflanzen dort nicht etwa Blümchen, sondern Kohl. Sie tun das in Hamburg, in New York, in London und auf Kuba. Sie tun und taten es, weil sie sich damit wohlfühlen.

Dieses Buch erzählt von unseren gärtnerischen Erfolgen und von Fehlschlägen, aus denen man am meisten lernt. Und es berichtet von Menschen, die wir getroffen haben, Spezialisten auf ihrem Feld, dem Kartoffelexperten, dem Apfelsammler oder dem Imker. Denn wer gärtnert, tauscht sich gern aus.

Im Januar 2011

Elke von Radziewksy

SEIT ÜBER 50 JAHREN SELBSTVERSORGER. In der Zeit nach dem Krieg sicherte der Kleinacker das Überleben. Heute kann sich Heinz Alfers ein Leben ohne den Nutzgarten nicht vorstellen.

Anneliese und Heinz Ahlers:
Selbstversorger seit über fünfzig Jahren

Grünkohl gibt im Garten von Schlachtermeister Ahlers die Richtung vor. Mehr als ein Drittel bepflanzt er mit dem Gemüse für sein Leibgericht. In Aumühle bei Hamburg bestellen Anneliese und Heinz Ahlers ihre 400 Quadratmeter Boden. Daraus holen sie fast alles, was sie brauchen – krisenfest, wohlfeil und in Ökoqualität.

5. April, Ostermontag. Im Garten von Schlachter Ahlers ist zwar noch durchwegs der blanke Boden zu sehen, doch Radieschen und Erbsen hat er »schon drin«. Nur mit den dicken Bohnen ist er im Verzug. Er legt sie möglichst im Februar, »dann kriegen sie keine schwarzen Läuse«. Doch der lange Winter hat das dieses Jahr verhindert. Bis in den späten März hinein gab es immer wieder Schnee. Ein paar krautig grüne Reihen Erdbeeren sind zu sehen. Allerdings weniger als sonst. »Die haben im letzten Sommer zu wenig Absenker gemacht«, sagt Heinz Ahlers. Und Nachkaufen ist teuer. 2,30 Euro kostet eine Pflanze aus der Gärtnerei. Drei Stück hat er sich mitbringen lassen. Bei aller Liebe für den Garten schaut Heinz Ahlers auf den Nutzen. Auch Spargel hat er nicht, weil: »Das dauert zu lange. Drei Jahre, bis man ernten kann.«

18. April. Die Radieschen und Erbsen sind aufgelaufen, der Rhabarber hat esstellergroße Blätter, am Zaun sind Wicken gesät, und die Kartoffeln sind auch schon gelegt. Das ist früh. Heinz Ahlers weiß es und guckt verschmitzt. »Ich bin der Erste.« Eigentlich ist der 1. Mai Stichtag fürs Kartoffellegen. Wie heißt die Sorte, die er nimmt? »Weiß ich nicht«, sagt er. »Die Gadeligen von den Einkellerungskartoffeln.« So macht er es seit je. Von den ein bis zwei Zentnern Kartoffeln, die er im September zur eigenen Ernte dazukauft, sucht er die mittleren heraus, das sind die »Gadeligen«. Er legt sie zum Vorkeimen in eine Kiste und deckt sie mit Zeitungspapier ab. Wenn die Kartoffeln im Frühjahr keimen, kommen sie in die Erde. Ende Juni erntet Heinz Ahlers die ersten Knollen. »Wir haben es schon gehabt, dass sie bis Weihnachten reichen«, sagt Anneliese Ahlers. Danach werden Zugekaufte gegessen. Sie hätte gern mehr eigene Kartoffeln, auch weil die die wenigste Arbeit machen. Doch bisher sträubt sich ihr Mann.

Anneliese und Heinz Ahlers kommen beide vom Land, »so richtig vom Dorf«. Sie aus der Nähe von Itzehoe. Er ist auf einem Gut im Mecklenburgischen aufgewachsen. Schon als Kinder haben sie im Garten mitgeholfen, haben Unkraut gezupft, Wege »ausgeräumt«, Erbsen und Bohnen gepflückt, »das war einfach so«. Hacken durften nur die Erwachsenen, denn dabei musste man vorsichtig sein, »wegen der Wurzeln«. Gleich im ersten Jahr nach ihrer Hochzeit 1957 pachtete sich das junge Paar einen Schrebergarten. Gute 300 Quadratmeter, »da hatten wir von allem etwas – auch Kaninchen, zehn waren es, manchmal mehr«. Den freien Nachmittag in der Woche und die Wochenenden verbrachten sie auf ihrem Stückchen Land. Nur der Sonntagnachmittag war ausgenommen, der gehörte den Kindern. 1970 fand die Familie eine Doppelhaushälfte mit 600 Quadratmetern Gartengrundstück. Das Haus war 1925 mit sechs baugleichen errichtet worden – typische Siedlerhäuser, jede der Wohnhälften (etwa 70 Quadratmeter einschließlich Dachgeschoss) mit einem angebauten Stall für Schweine (unten) und Hühner (oben), jeder Garten mit einem Apfelbaum.

KARTOFFELN gehören dazu. Sie machen die wenigste Arbeit. Zum Pflanzen nimmt Heinz Ahlers die mittelgroßen von den Zugekauften. Ein Jahr funktioniert das prächtig. Hier sind Bamberger Hörnchen im Eimer: ein Experiment im Sommer 2010. »Doch viel saß nicht unter den Pflanzen.« Lieber pflanzt Heinz Ahlers seine gewohnten Kartoffeln.

ORDNUNG ist auf Gemüseland oberstes Gebot. Denn die Unkräuter sind Konkurrenten, wenn es um Nährstoffe geht. Schon im April legt Heinz Ahlers seine Kartoffeln. Ein Vlies schützt sie gegen späte Fröste. Seit zehn Jahre sät er Kapuzinerkresse um seinen stattlichen Apfelbaum. Das ist schön und praktisch zugleich. Die Blätter bedecken wie eine Mulchschicht den Boden. Im Folientunnel gedeihen frühe Salate und Kohlrabi. Unter dem Zelt für die Tomaten ist ein Stück Rohr eingegraben, »damit das Wasser gleich an die Wurzeln kommt«, sagt Anneliese Ahlers.

Der Boskoop steht noch, knorrig mit schrundiger Rinde, ein gedrungener Methusalem, mit wenigen, mächtigen Hauptästen. »Er bleibt, solange wir leben.« Nachdem Anneliese und Heinz Ahlers eingezogen waren, haben sie nach und nach ihren Garten verändert. Drei Pflaumenbäume des Vorgängers wurden gefällt, »weil sie zu viel Sonne genommen haben«, und die Rhododendren gerodet. An deren Stelle gibt es ein Stück Rasen neben dem kleinen, mit Platten belegten Wirtschaftshof. Eine Hecke rahmt ihn links zu den Nachbarn und nach hinten, wo das 400 Quadratmeter große Stück Ackerland liegt. Ein schnurgerader Weg trennt es bis zur Grundstücksgrenze in zwei Hälften.

Vierhundert Quadratmeter sind wenig oder viel. Eine ausgewachsene Eiche (*Quercus robur*, die heimische Stieleiche) braucht den Platz für sich allein. Lockere Wildhecken aus Hundsrosen, Weißdorn und Holunder wachsen mindestens drei Meter in der Breite. Haselnuss wird noch breiter. Darum gibt es in dem Ackerteil des Gartens keine Hecken, weder bei Heinz Ahlers noch bei den Nachbarn. Nicht einmal die schmalste geschnittene Eiben- oder Buchenwand. »Da wird einfach ein Zaun gezogen. Das ist meins, das ist deins«, sagt Heinz Ahlers. »Hecken nehmen Platz weg und Kraft aus dem Land«, pflichtet seine Frau bei.

Jede Ecke im Nutzgarten ist ausgenutzt, praktisch eingerichtet wie in einer ständig gebrauchten Werkstatt, in der über Jahre Hobel, Schraubzwingen und Sägetische ihre funktionsgerechteste Position gefunden haben. Die Plätze an den Zäunen sind an Stachelbeerbüsche, Rhabarber, Brombeeren und einige der Johannisbeeren verteilt. Hier haben auch die Tomaten ihren Platz und überall, wo noch ein Fleckchen übrig ist, wachsen Sommerblumen.

Für den Rest des Bodens gibt der Grünkohl das Maß vor. Alle – die Eltern, die erwachsenen Kinder und die Enkel – schwärmen für die norddeutsche Spezialität. Also ist ein Drittel des Landes ab Anfang Juli für die gerüschten Gemüsewedel reserviert. Als zweite Tracht wird er zum einen dort gepflanzt, wo die Kartoffeln abgeerntet sind, und zusätzlich dort, wo alle zwei Jahre Erdbeeren gerodet werden. Weil Kartoffeln nicht zwei Jahre nacheinander auf dem gleichen Platz wachsen dürfen, wandert der Grünkohl ihnen folgend über die Ackerfläche.

Die anderen Pflanzen verteilt Heinz Ahlers in die Zwischenräume. Er braucht dafür keinen Plan. Im Winter, wenn er Schnee schippt, entsteht das Pflanzmuster. Zwei Reihen Brechbohnen, sechs Reihen Erbsen, vier mit Zwiebeln, ein Beet mit Kohlrabi, Porree, Salat und Sellerie, und so weiter. Mit dem Sellerie klappt es nicht gut. »Obwohl ich ihn mit Salzwasser gieße oder auch mal Salz bestreue und einhacke. Er kommt ja vom Meer.« Heinz Ahlers hat das in der Zeitung gelesen. Aber die Knollen bleiben klein. Auch Kohl will in Heinz Ahlers Garten nichts werden. »Vielleicht ist der Boden zu sandig.« Aber, ganz Mecklenburger Dickkopf, er gibt nicht auf. »Irgendwann klappt das mal.« Immerhin brachte der Rotkohl letzten Sommer wenigstens faustgroße Köpfe.

3. Juli. Die Erdbeeren sehen schlecht aus. Das Kartoffelkraut liegt schlapp am Boden. Die Saubohnen sind notreif. Es ist zu trocken. Seit gut zwei Wochen herrschen Hochsommertemperaturen. Das dauerfeuchte Wetter vorher hatte die Pflanzen so mächtig ins Kraut getrieben, dass sie jetzt viel zu schnell Feuchtigkeit verlieren.

1. August. Die Dahlien, sonst zu dieser Zeit riesengroß, kümmern. Die Astern sind klein und dünn. An den Zucchini sitzt kaum etwas dran. »Letztes Jahr haben wir 15 dicke Früchte an den Sohn im Nachbardorf weitergegeben.« Es bleibt trocken.

29. August. Der Garten ist wieder grün. Drei Wochen mit viel Regen haben der Natur gereicht, um aufzuholen. Die Dahlien stehen prächtig. Sogar die Möhren, die schon aufgegeben waren, wachsen. Unter einem Riesenkürbis steht ein Kindertischchen und fängt seine Last auf. Die Kräuselblätter des Grünkohls bedecken die Flächen, auf denen zuvor die Kartoffeln standen. Wie aus dem Nichts heraus haben sie sich plötzlich breitgemacht. Überall, wo noch ein Reihenabschnitt zu füllen war, an den Zwiebeln entlang, neben den Kartoffeln, vor den Blumen am Zaun, hatte Heinz Ahlers den Lieblingskohl ausgesät. Noch

Einführung | Selbstversorger

sind die Wedel nicht viel größer als Gänsefedern. Doch sie werden armlang und immer schöner. Grünkohl braucht den Frost, um zu schmecken. Im November, nachdem es den ersten Bodenfrost gegeben hat, wird geerntet. »Er pflückt dann, ich stehe mit zwei Wannen und dem Gartenschlauch im Hof und wasche die Blätter«, sagt Anneliese Ahlers. Sie kocht den Kohl kurz ab, »weil er sonst zu viel Platz wegnimmt«, und friert ihn ein.

Bohnen und Suppenkraut, Rote Bete und Kürbis werden eingeweckt. Stachelbeeren nur, wenn welche nach dem Kompott- und Grützekochen übrig bleiben, und Möhren auch. »Mir gefällt nicht, dass sie so weich werden, wenn man sie eingefroren hat«, sagt sie. Viel wird nicht dazugekauft. Kartoffeln, ja. »Und Kohl«, grinst Heinz Ahlers. Was die Beete hergeben, reicht nicht nur für die eigene Küche. Es wird auch an die Kinder verteilt – die haben zwar längst eigene Gärten, aber keines von ihnen pflegt Gemüsebeete.

Noch in den sechziger Jahren zeigte jedes allgemeine Gartenhandbuch dem Leser auf seinen Anfangsseiten verschiedene Pläne für die Einteilung eines Nutzgartens, den einen mit viel Obst, den anderen mit mehr Gemüse, den dritten zwischen beidem ausgewogen. Doch schon Anfang der Siebziger rutschte der Nutzgartenaspekt in den hinteren Teil dieser Ratgeber. Im allgemeinen Wirtschaftsaufschwung wurde das zur Liebhaberei, was in den Mangeljahren vorher mit Siedlungsprogrammen politisch gefördert worden war. Doch für Schlachter Ahlers und seine Frau gehört der Nutzgarten zum Leben. Früher, als beide noch arbeiteten, war er das Gegengewicht zur Arbeit hinter den Ladentheken, heute regelt er den Tages- und Jahresverlauf. »Sollen wir im Wohnzimmer sitzen und die Wand angucken?«, sagt Anneliese Ahlers. »Ich hab immer gern was zu tun.«

26. November. Das Ackerland liegt wieder blank da. »Das mit dem Mulch mögen wir nicht«, sagt Anneliese Ahlers. Der Nachbar hat mal mit Stroh gemulcht, aber das ist schon einige Jahre her, da konnte er es noch umsonst bekommen. Heute müsste er es kaufen. »Und dann ist das mit dem Mulch ja auch so, dass das Unkraut durchwächst, wenn er länger liegen bleibt. Das macht die Mühe umso größer. Ich hab' lieber schwarze Erde,« sagt Anneliese Ahlers. Ihr Mann schreddert viel. Und an Pflanzenresten kommt »alles, was weich ist«, in den Kompost. Drei Behälter haben sie. Einen, in dem Kompost reift, einen für frische Stängel und Blätter und einen hinten im Garten, auf dem der Kürbis wächst. Im Herbst gräbt Heinz Ahlers seinen Kompost unter, damit »er sich ordentlich zersetzen kann.« Eine Brachfläche hat er dieses Jahr mit Lupinen eingesät.

24. Dezember, Heiligabend. Dreißig Zentimeter Schnee bedecken den Garten, schon seit Wochen. Jeden Tag schaufelt Heinz Ahlers aufs Neue den Weg nach hinten frei. Er nutzt die Schneedecke und streut Thomaskali aus. Zwanzig Kilo braucht er jeden Winter. »Wenn der Schnee taut«, erklärt Anneliese Ahlers, »nimmt das Wasser die Nährsalze mit in den Boden«. Auch jetzt gehen sie gern durch den Garten und planen das nächste Jahr. »Hier Bohnen, da Kartoffeln.« Es werden die erprobten Pflanzen sein, kaum Neues. »Vielleicht«, sagt Anneliese Ahlers, »kann ich ihn zu dem einen oder anderen noch überreden.«

Grünkohl wie bei Ahlers

Zuerst kocht Anneliese Ahlers Kassler und Schweinebacke, nimmt die Brühe und gart in ihr den aus der Tiefkühltruhe genommenen Grünkohl. Manchmal gibt sie eine Zwiebel dazu, die sie vor dem Anrichten wieder entfernt. Kohlwürste werden in einem Extratopf erhitzt. »Sie bringen zu viel Fett in das Gericht«. Die zum Grünkohl gereichten Kartoffeln müssen klein sein und werden mit Salz und Zucker in der Pfanne geröstet. Früher, bei Anneliese Ahlers Eltern, wurden für das Resteessen am zweiten Tag die Salzkartoffeln in den Grünkohl gestampft und das Ganze in der Pfanne gebraten.

SCHNITTBLUMEN dürfen im Selbstversorgergarten nicht fehlen. Anneliese Ahler zieht Löwenmäulchen, Gladolien, Dahlien und mehr. Sie fügen sich zwischen Kohl und den Bohnen ein. Den Kürbis macht sie süßsauer ein, mit Essig, allerhand Gewürzen und »viel Zucker«. Auch Tomaten werden eingeweckt und eingefroren. Im Winter macht Anneliese Ahlers daraus Tomatensauce. »Das geht wunderbar.«

Planen

Zwei Fragen und sieben goldene Regeln

**Grundstrukturen:
Hecken – Wege – Beete**

Gartenplan

Zwei Fragen und sieben goldene Regeln

führen auf den richtigen Weg bei der Anlage eines Nutzgartens. Es muss nicht immer das Wegekreuz in der Mitte mit Fruchtfolge in vier Beeten sein. Auch ein Erdbeermuseum oder ein Honigbienenparadies sind denkbar. Und wer sagt, dass einmal entschieden auf ewig bleiben muss?

John Brookes, der berühmte englische Landschaftsarchitekt, stellt seinen Kunden zu Beginn einer Kooperation immer die zwei gleichen Fragen: **Was wollen Sie?** Und: **Was haben Sie?**
Diese beiden Fragen sind Dreh- und Angelpunkt jeder Gartenplanung. Wir wollten zunächst vor allem wenig Arbeit. Und wir hatten siebentausend Quadratmeter Grundstück. Aber darauf steht ein dreihundert Jahre altes Haus, und das wollten wir restaurieren. Gemächlich. Zimmer für Zimmer.
Die umgebenden Obstwiesen schienen wie geschaffen, den Garten erst einmal Garten sein zu lassen. »Höchstens eine Reihe Beerensträucher und hinten auf der Wiese ein paar Kartoffeln und Salatköpfe«, sagten wir uns. Etwas später: »Was wir jetzt nicht pflanzen, wächst auch nicht, wird nicht groß. Wenigstens eine Hecke, die den Hundezaun verbirgt und den Hausgarten von den Wiesen trennt.« Und dann: »Gut funktioniert das nicht mit den Kartoffeln auf der Wiese. Man sieht sie nicht und vergisst sie, sie verkommen. Schade um die Arbeit, die man hineingesteckt hat.«
Wir stellten uns die Frage neu. Was wollen wir? Antwort: einen Küchengarten direkt am Haus. Die älteste Gartenform und zugleich die modernste.

Der Küchengarten ist eine Zier

Lange Zeit war der berühmte französische Potager »Villandry« bei Tours nicht viel mehr als ein Reiseziel. Kaum jemand ließ sich von dem bunt mit Salaten, Kohlköpfen und Kräutern gemusterten Schaustück auf Selbstversorgergedanken bringen. Aber es regte Menschen an, Mangold und Goldmajoran in ihre Staudenrabatten zu setzen. Gemüse war nicht bloß zum Essen da, es wurde zur Zier.
Doch dann haben in den letzten Jahren einige der besten europäischen Landschaftsarchitekten großartige Küchengärten angelegt. Der Franzose Pascal Cribier baute in England einen aus komplexem Streifenmuster komponierten und nach Farben organisierten Potager für Rosamond Brown. Die Kunst liebende Gattin eines international arbeitenden Architekten legte Wert auf zweierlei: ästhetischen Reiz und Brokkoli aus dem eigenen Garten.
Der Belgier Erik Dhont konstruierte einen Nutzgarten für einen zwischen Brüssel und China pendelnden Regierungsbeauftragten, mit einer Riesenpergola als Festsaal in seiner Mitte. Statt das Ackerland hinter Hecken zu verbergen, betonte er es mit einem breiten Rahmen aus Rosenbeeten und Staudenrabatten.
Prinz Charles gärtnert seinen Landsleuten nicht nur in seinem Landsitz Highgrove in Cornwall biologisch-dynamische Methoden vor. Er schafft die Gemüsebeete auch in seine offizielle Londoner Residenz.
Und im schwedischen Gunnebo, einem gustavianischen Vorzeigeschlösschen nahe Göteborg, experimentiert der junge Chefgärtner Joakim Seiler mit neuen Kräuterbeeten neben den traditionell angelegten Küchengartenteilen und setzt dabei ganz auf ökologische Methoden. Die Produkte aus eigener Ernte gibt es in Gunnebos gemütlichem Restaurant zu essen.

PITTORESKE GEMÜSE Rotstieliger Mangold, blau bereifter Kohl, bronzeblättriger Fenchel und weißsamtiger Salbei sind für den Franzosen Pascal Cribier Farbwerte, die er mit Rasenstreifen trennt. Den Potager in Woolton House hat er nach konstruktivistischen Vorbildern entworfen.

Planen | Zwei Fragen und sieben goldene Regeln 17

STÄHLERNE HOCHBEETE Der Münchener Landschaftsarchitekt Alexander Koch hat für eine Kundin, die frische Kräuter für die Frankfurter gern selbst zieht, eine minimalistische Version des Nutzgartens erfunden.
MATERIALRECYCLING ist eine der Spezialitäten des Architekten Olle Lundberg. Auf seinem Wochenendgrundstück in Cazadero bei San Francisco nutzt er gebrauchte Gerüstbrettern und Bauzäune für seinen Gemüsegarten.

KÜCHENGARTEN MIT FESTSAAL In der Mitte der Gemüsebeete errichtete der Belgier Erik Dhont eine 32 Meter lange und 4,80 Meter hohe Riesenpergola: reichlich Platz für eine lange Tafel, Bänke und Stühle. Für die Konstruktion hat er doppelwandige japanische Holzverbindungen gewählt, damit die tragende Struktur bei der gewünschten Höhe nicht so massiv wirkt. »Der Mensch fühlt sich wohl unter hohen Decken«, sagt der Landschaftsarchitekt.

Das wollten wir auch haben, aber viel einfacher. Einen Garten voller Gemüse und Früchte, der sich gut neben unserer Arbeit pflegen lässt. Schön und nützlich. Nützlich, ja — aber wie schön kann ein Selbstversorgergarten sein? So schön wie das Rot einer Erdbeere oder der Stern einer Borretschblüte, die Porzellanhaut eines Kohlkopfs und der Wuchs eines Knoblauchs. Schönheiten, die gegessen werden. Und vorher gesät, gepflanzt, gepflegt und geerntet. Jeder Apfel duftet stärker, wenn er vom eigenen Baum stammt.

Mit dem Nutzgarten ist es wie mit der Küche im Haus. Sie ist der meist genutzte Raum im Haus, hier treffen sich die Bewohner. Wie die Tische in Küche, Werkstatt oder Arbeitsplatz sind die Gemüsebeete den Bedürfnissen ihres Besitzers als Maßanzug auf den Leib geschnitten. Wer also seinen Garten plant, sollte sich einige Grundsätzlichkeiten zu Herzen nehmen und zuerst klären, was für eine Art Selbstversorger er eigentlich ist.

1 Vergessen Sie die Pflanzen.
Wichtiger sind zunächst die Grundvoraussetzungen: dass sie wachsen können und die Arbeit in einem guten Maß bleibt. Also: Woher kommt das Wasser? Liegt der Kompostplatz zentral und ist bequem zu erreichen? Das sind zwei Punkte, die aufwändig zu installieren sind und lange bestehen bleiben. Sind die Wege bequem zu gehen? Brauchen Sie für Ihre Vorlieben ein Frühbeet? Wo verarbeiten Sie die Ernte? Ein Nutzgarten folgt praktischen Überlegungen. Dicht am Haus ist er am besten zu kontrollieren. Gerade Beete und gerade Wege sind am leichtesten zu bearbeiten.

2 Stehen Sie zu Ihren individuellen Vorlieben.
Niemand zwingt Sie, Möhren und Erbsen zu ziehen. Vielleicht wollen Sie lieber Tomatensorten sichten oder Sie schmachten nach Grünkohl? Dann bepflanzen Sie den halben Garten voll damit! Vielleicht geht es Ihnen vor allem um die Gerüche? Dann planen Sie einen Sitzplatz mit einem Rahmen aus duftenden Kräutern. Viel mehr als gefüllte Marmeladengläser interessieren Sie die raren Früchte der Vergangenheit? Legen Sie sich ein Erdbeermuseum an. Zu Ihren Lieblingsgerichten gehören Kartoffelkrapfen mit Grüner Sauce? Bauen Sie sich zwei Hochbeete für die nötigen Kräuter. Sie haben Spaß an Dekorativem? Dann experimentieren Sie mit bunten Salaten.

3 Lernen Sie verzichten.
Denn weniger ist mehr. Überlegen Sie nicht, wie viele verschiedene Gemüse- und Obstarten Sie haben möchten, sondern mit wie wenigen Sie auskommen. Bei der Selbstversorgung geht es um Einfachheit und um Zurückhaltung. Gehen Sie pragmatisch vor. Verzichten Sie auf das, was bei Ihnen nicht gedeiht. Richten Sie sich bei der Auswahl von Tomaten oder Birnen nicht nach deren Seltenheit, sondern nach Geschmack, Reichhaltigkeit der Ernte und Robustheit der Sorte. Säen Sie nur so viel, wie Sie verbrauchen. Portionieren Sie die Saat oder teilen Sie sie mit Freunden.

4 Seien Sie streng.
Dulden Sie keine Sonderplätze für Pflanzen, die zufällig mitten in Ihrem zukünftigen Nutzgarten stehen. Geben Sie nicht spontanen Eingebungen nach und setzen die Pfingstrosen, die Sie gekauft haben, weil Sie es nicht lassen konnten, ins Gemüseland. Auch nicht an die Ecke. Parken Sie keine Astern zwischen den Beerensträuchern, keine überzähligen Tulpenzwiebeln vor den Himbeeren. Auch wenn die Tulpen einziehen, die Astern erst klein sind, im nächsten Jahr machen sie den Nutzpflanzen Konkurrenz und stören beim Jäten und Hacken.

5 Blicken Sie in die Höhe.
Mehr Spaß macht das Gemüsegärtnern, wenn die Ästhetik stimmt. Da die meisten Gemüsepflanzen eher bodendeckend wachsen, ist willkommen, was Höhe bringt. Stangenbohnen bringen es auf gut zwei Meter, die fantastischen Artischocken und Karden ebenfalls.

6 Ertragen Sie Misserfolge.
Das Wichtigste am Gärtnern ist die Bereitschaft zum Experimentieren. Geben Sie nicht auf, wenn die Schwarzwurzeln nicht auflaufen. Säen Sie noch einmal. Suchen Sie andere Erdbeeren als die mickerigen Dinger, auch wenn die angeblich bei jedem prächtig wachsen. Fangen Sie mit wenig an, wenn Sie Anfänger sind. Nehmen Sie nur Kartoffeln oder Bohnen, dann schaffen Sie es auch.

7 Lassen Sie Veränderungen zu.
Der erste Gartenplan ist zum Lernen da. Vielleicht ist alles auf Anhieb an den richtigen Ort geraten. Wenn nicht, zögern Sie nicht, die Aufteilung zu ändern. Beim Tun entstehen die praktischen Lösungen.

Struktur muss sein

Damit ein Selbstversorgergarten funktioniert, braucht er ein übersichtliches Grundmuster. Seine Form folgt der Funktion. Dabei ist nicht Ästhetik, sondern Nutzen das Ziel. Hohe Bäume sind in ihm nicht erwünscht, wertvolle Blütensträucher blühen woanders. Hecken, Wege und Beete sind die einfachen Elemente, aus denen er besteht. Und schlau geplant, lässt sich – fast – alles wieder umsetzen.

HECKEN FANGEN DEN TAU EIN

Sie geben Windschutz und gliedern den Garten. In der sächsischen Flussaue, in der unser Grundstück liegt, fegt der Wind mit Wucht über das Land, pfeift im Haus zwischen den Türspalten hindurch und zieht die Feuchtigkeit aus dem Boden. Schlecht für Salat und Peperoni. Und der Grund, warum alte Küchengärten in dieser Gegend mit hohen Mauern umgeben sind. Die Alternative ist eine Hecke. Platz genug haben wir dafür. Die Frage war: Welches Gehölz sollten wir wählen?

Wir haben Hainbuche ausgesucht, nicht nur weil sie eines der besten Heckengehölze ist – sie lässt sich schmal halten, wird uralt, kann radikal zurückgeschnitten werden –, sondern weil ich kurz zuvor im Garten des norddeutschen Baumschulers Luz von Falkenhayn Buchenhecken gesehen hatte. Drei Meter hohe Wände in hellem Grün. Der regelmäßige Schnitt formte aus den Zweigen ein dichtes Gespinst. Der erfahrene Baumschuler hatte darauf geachtet, dass seine Hecken überall frei wachsen können, und sich mit ihnen eine grüne Architektur auf dem vormaligen Ackerland geschaffen. Ein doppelwandiger Gang schützt seinen Garten vor rauen Südwestwinden. Niedrige Riegel, die er wie Chorschranken in den Rasen setzte, erzeugen Vorder-, Mittel- und Hintergrund.

Unsere grobe Schätzung – Schrittmaß, ein Meter pro Schritt – ergab, dass wir etwa zweihundert Meter Hecke brauchen würden. Entsetzlich viel. Und wie würde es zunächst aussehen? Eine zippelige Reihe, wo wir vorher frei auf die Obstwiesen schauen konnten. Man könnte Heckenteile, zwei Meter hoch, perfekt zusammengewachsen als Meterware kaufen. Eine Lösung für Eilige. Aber unsere Hecke sollte kein Vermögen kosten. Wir besorgten uns daher Anfang April wurzelnackte Sämlinge. Die sind kaum kniehoch und zierlich wie die Stängel hoher Astern. Der Blick aufs Portemonnaie hatte nicht nur wirtschaftliche Vorteile. Sämlinge – jeder erfahrene Baumschuler weiß es, aber nicht jeder sagt es – wachsen schneller und ohne zu stocken an.

Fragte sich nur noch, wie viele Sämlinge wir brauchten. »Drei pro Meter«, sagte der Baumschuler; macht 600 hölzerne Stängel. Mit einem bis an den Fahrersitz von Hainbuchenbündeln gefüllten und von der Feuchtigkeit innen vernebelten Auto fuhr ich in einer Nacht-und-Nebel-Aktion von Hamburg nach Sachsen. Um Mitternacht schlugen wir die Pflanzen in ein Stück Land ein, nur einen Spatenstich tief, und traten sie leicht an. Die nackten Wurzeln durften nicht austrocknen.

Am nächsten Tag pflanzten wir bei Nieselwetter, streng nach Schnur, Loch für Loch, alle 50 Zentimeter eine Hainbuche. Eine dichtere Platzierung, so Uwes unbeirrte Meinung, hindere die Pflanzen am Wachstum und lasse sie verkahlen, sobald die Hecke höher werde. Das Ergebnis: Wir hatten Pflanzen für die Kompostbucht übrig und machten außerdem ein Experiment: Der letzte Abschnitt wurde eng gepflanzt, alle 30 Zentimeter ein Stängel. Tatsächlich sah dieses Ende nach zwei Jahren wie eine schöne glatte Buchenwand aus, während die anderen Hecken noch schütter waren. Doch der Vorteil war schon einen Sommer später ausgeglichen.

Um das Unkraut aus der Hecke zu halten, haben wir Häcksel unter der Hecke verteilt. Es hilft nicht viel. Giersch, Brennnesseln und Ackerwinden lieben die Verstecke zwischen den eng stehenden Gehölzen. Einen besseren Trick als Jäten haben wir noch nicht gefunden.

So pflanzen Sie Hecken am besten

■ **Platz schaffen.** Hecken müssen frei stehen. Schatten von größeren Pflanzen lassen sie schütter und kahl werden. Von Grundstücksgrenzen sollten sie 50 bis 100 Zentimeter entfernt sein, damit man sie auf eigenem Boden schneiden kann.

■ **Wurzelnackte Sämlinge wählen.** Sie gedeihen am besten, denn sie stocken nicht im Wachstum und holen teurere große Pflanzen mit Ballen schnell ein.

DER HECKENVERLAUF IST ABGESTECKT. Die Grasnarbe wir abgehoben, zum Verrotten in die Kompostbucht gefahren und dort mit den Halmen nach unten aufgeschichtet. In einem knappen halben Jahr bildet sich daraus Humuserde.

24 Planen | Grundstrukturen | HECKEN UND WEGE

■ **Tief graben.** Hecken brauchen nahrhaften Boden und vertragen keine Staunässe. 30 Zentimeter tiefes Umgraben reicht im Normalfall. Auf verdichtetem Boden müssen es 80 bis 100 Zentimeter sein.

■ **Schnur spannen.** Eine gerade Hecke lässt sich nicht nach Augenmaß pflanzen.

■ **Abstände wählen.** Allgemein gelten pro Meter für niedrige Beeteinfassungen sieben bis zehn Pflanzen, für mittelhohe Hecken (bis zwei Meter) drei bis fünf Pflanzen, für hohe Hecken (über zwei Meter) zwei Pflanzen.

■ **Wurzeln stutzen.** Krumme, verdrehte und beschädigte Wurzeln kappen. Einen runden Ballen erzeugen, der bequem ins Pflanzloch passt — dabei aber nie mehr als ein Drittel wegnehmen. Wurzel- und Astwerk müssen ähnlich groß sein. Wird unten viel gestutzt, muss oben entsprechend eingekürzt werden.

■ **Gründlich wässern.** Nach dem Pflanzen gut einschlämmen, dann die Pflanzlöcher zuharken. Im ersten Jahr weiter reichlich wässern, im zweiten nur noch in Dürrezeiten.

■ **Auf Linie bringen.** Laub abwerfende Gehölze gleich nach dem Pflanzen um ein Drittel kürzen, dann werden sie schneller dicht. Immergrüne Hecken anfangs nur an den Seiten schneiden, den Haupttrieb auf die gewünschte Höhe wachsen lassen.

■ **Reserve einplanen.** Hier und da gibt es in den ersten zwei Jahren einen Ausfall. Gut ist, irgendwo im Garten einige Ersatzpflanzen zurückzubehalten.

■ **Richtig schneiden.** Optimal sind ein Winter- und ein Sommerschnitt. In der absoluten Knospenruhe, zwischen Dezember und Februar/März, wird die Hecke in Form geschnitten. Das kann, wenn sie zu hoch oder zu breit ist, auch ein kräftiger Rückschnitt sein. Im Sommer, ungefähr zu Johanni (24. Juni), ist der Nachschnitt fällig. Jetzt dürfen vom grünen Mantel nur fünf bis zehn Zentimeter zurückgenommen werden.

WEGE ERZEUGEN EIN BILD

Und das sollte im Nutzgarten so einfach wie möglich sein. Denn keiner spurtet auf Schlängelwegen, um schnell ein paar Radieschen zu holen. Die Hauptwege müssen breit genug für Schubkarren sein, die mit gejätetem Unkraut, Pflanzenresten, Kompost oder Rasenschnitt hin- und hergefahren werden. Nebenwege und Trampelpfade auf dem Ackerland sollten so organisiert sein, dass man möglichst von zwei Seiten bequem und ohne den krümeliglockeren Boden festzutrampeln die Mitte der einzelnen Beete erreicht.

Bei einem klassischen Grundriss, so wie in dem Siedlungsgarten von Heinz Ahlers (siehe Seite 8 ff.), ist das Nutzland durch einen festen Plattenweg in zwei gleiche Hälften aufgeteilt. Trampelpfade führen nach links und rechts aufs Land. Wir haben es ähnlich gemacht und unsere Gemüseflächen auf den beiden Seiten eines breiten Grasstreifens angeordnet, außerdem die Beete mit den Beerensträuchern durch Graspfade voneinander abgetrennt. Das heißt, wir haben diese Wege weniger angelegt als auf dem ehemaligen Rasen stehen gelassen. Das war am einfachsten und ist eine schöne Lösung.

Die Rasenkanten stechen wir regelmäßig ab — zweimal im Jahr, besser wäre sicher viermal. In großen alten Gärten, wo noch nicht alles nach ökonomischen Gesichtspunkten geregelt ist, bewundern wir immer wieder, wie fein das aussehen kann. Ein zierlicher Graben verläuft dort zwischen Erde und Gras, leicht gewölbt zum Beet.

Daneben erscheinen gesetzte Kanten, gleich aus welchem Material, wie ein Korsett. Zwar macht das Mähen und Abstechen Arbeit, aber nicht mehr als die Pflege jedes anderen Weges. Mit dem halbkreisförmigen Rasenkantenstecher geht es sogar schneller, als wenn man Quecke, Gundermann oder andere Wiesenunkräuter zwischen Kantensteinen herauspult. Wichtig ist nur, dass man sich beim Rasenkantenstechen entlang gerader Wege eine Schnur spannt oder ein langes Brett als Richtmaß an den Rand legt. Und dass man die Graswege nach der Rasenmäherbreite eingerichtet hat, für das ein- oder mehrmalige Hin-und-her-Fahren.

Natürlich sind Graswege bei Regen nass. Wir könnten große Steinplatten einlegen, auf Spitze gesetzte, quadratische oder polygonale. Ratsam ist, dass dies professionell ausgeführt wird. Einfach leicht eingrabene und hingelegte Trittsteine erzeugen nur Stolperfallen. Anstelle eines Plattenbandes im Weg haben wir an den Anfang des breiten Grasweges polygonale Bruchsteinplatten gelegt. So kommen wir erstens mit trockenen Füßen aus der Hintertür. Und zweitens leidet die empfindliche Grasnarbe nicht, die gerade an Ein- und Ausgängen von Türen oder Pforten besonders beansprucht und schnell zertreten wäre.

So legen Sie gute Wege an

■ **Den Verlauf planen.** Klassische Modelle nutzen — etwa die Streifeneinteilung neben einem oder mehreren Hauptwegen oder die Vierteilung über einem Achsenkreuz.

■ **Irrwege vermeiden.** Wenn der Küchengarten nicht in erster Linie dekorativ sein soll, einen »Hürdenlauf« unbedingt vermeiden. Salat soll auf dem schnellsten Weg gefunden werden.

IMMERGRÜNE GEHÖLZE schaffen ein geschütztes Mikroklima. Besonders wertvoll sind Eibenhecken. **1** Europäische Eibe, *Taxus baccata*, bis 5 Meter, wird uralt. **2** *Taxus × media* 'Hillii', bis 2,50 Meter hoch, kurznadelig. **3** *Taxus × media* 'Hicksii', bis 2 Meter, langnadelig. Kirschlorbeer gibt es in einer schmal- und einer breitblättrigen Sorte. **4** *Prunus laurocerasus* 'Caucasica', bis 3 Meter, genügsam. **5** *Prunus laurocerasus* 'Schipkaensis Macrophylla', bis 2,50 Meter hoch, recht frostempfindlich. **6** *Thuja occidentalis* 'Smaragd', gut 5 Meter hoch, schmal. *Chamaecyparis*, die Scheinzypresse, wächst schnell, werden aber mit 30 Jahren nicht sehr alt. **7** *Chamaecyparis lawsoniana* 'Columnaris', bis 5 Meter, wird sehr breit. **8** *Chamaecyparis lawsoniana* 'Stardust', bis 4 Meter, gelbnadelig.

BUCHSBAUM ist ein Klassiker im Gemüsegarten. Mit ihm kann man Beete einfassen, aber auch grüne Kammern zum Beispiel für den Kompost bilden. Denn es gibt Buchs in niedrigen und mannshoch wachsenden Sorten. Die niedrigen Sorten wurden früher regelmäßig alle drei bis vier Jahre gelegt, das heißt: Man rodete sie, teilte sie und pflanzte sie neu. **1.** *Buxus microphylla* 'Faulkner', bis 50 Zentimeter, Hecke, glänzend, am schönsten im Schatten. **2** *Buxus microphylla* 'Herrenhausen', 25 Zentimeter, mit polsterartig weichem Wuchs. **3** *Buxus sempervirens* 'Blauer Heinz', bis 30 Zentimeter, besonders winterhart. **4** *Buxus sempervirens* var. *arborescens*, 30 Zentimeter bis 2 Meter. **5** *Buxus sempervirens* 'Rotundifolia', mit 3 Zentimeter großen Blättern, bis 2 Meter.

Schnurspannen gehört zu den häufigen Arbeiten im Nutzgarten. Den gleichen Dienst wie das antike Gerät leisten zwei Stöcke und eine Schnur.

■ **Breite einschätzen.** Hauptwege sollten so ausgelegt sein, dass zwei Menschen gut nebeneinandergehen können und man bequem an einer Schubkarre vorbeikommt; dafür braucht man 100 bis 120 Zentimeter Breite. Für Nebenwege zum Kompost reichen 50 bis 70 Zentimeter Breite, für unbefestigte Wege auf dem Gemüseland 30 Zentimeter.

■ **Material wählen.** Im Allgemeinen empfiehlt es sich, Wege so anzulegen, dass man sich nicht auf Dauer festlegt. Praktisch sind geschlossene Plattenwege in der Mitte des Ackerlandes. Kieswege mit einer wassergebundenen Decke passen zum einfachen Charakter eines Nutzgartens. Schön, aber empfindlich sind Graswege. Wenn sie intensiv genutzt werden, eine Mittelreihe aus Stein einsetzen.

■ **Qualität sichern.** Damit die Wege robust bleiben und nicht bei Frost aufreißen, auch bei schmalen Gartenwegen einen mindestens 40 Zentimeter starken Unterbau aus Kies, grobem Sand, Schotter oder Recyclingbeton herstellen. Darüber ein fünf Zentimeter dickes Pflasterbett aus Splitt als Planum harken, auf dem Klinker, Platten, Bruchstein verlegt werden. Fugen mit Brechsand oder Splitt auffüllen.

■ **Regenwasser ableiten.** Geschlossene Plattenwege brauchen ein Mindestgefälle von 2,5 Prozent. Im platten Land erzeugt man das durch ein Seitengefälle, wobei der Weg leicht zur Seite gekippt wird.

■ **Achsen ziehen.** Läuft der Weg auf eine Tür, ein Gatter oder eine Treppe zu, darauf achten, dass Weg- und Türachse zusammenfallen. Das ist nicht nur optisch, sondern auch für die Nutzung plausibler.

■ **Kanten befestigen.** Eine unsichtbare Möglichkeit, die Ränder von Gras- und Kieswegen zu gestalten, bietet das Lenné-Band, so genannt nach dem preußischen Gartenarchitekten Peter Joseph Lenné.

■ **Pflege einplanen.** Wege halten ewig, wenn sie richtig angelegt sind und gepflegt werden. Das heißt: regelmäßig Rasenkanten abstechen und Unebenheiten in Graswegen durch Besanden ausgleichen. Kieswege einmal jährlich mit Brechsand, Splitt und Wasser überarbeiten. Fugen in Plattenwegen alle zwei bis drei Jahre mit ein paar Schubkarren Brechsand auffüllen.

■ **Trampelpfade polstern.** Eine Deckschicht aus Gras, Stroh oder Häcksel gegen Unkraut auf die Wege im Ackerland legen. Im Herbst kommt das Material auf den Kompost. Die Alternative ist regelmäßiges Schuffeln und Abharken.

Tipp

Plattenwege selbst verlegen. Die Fläche unter den Steinen 40 Zentimeter tief auskoffern, mit grobem Kies, wegen der Ameisen besser mit Splitt auffüllen, dann abrütteln und mit einem Planum versehen, auf dem die Platten verlegt werden. Dabei unter jede Platte mittig eine flache Mulde graben. Wenn alle Platten verlegt sind, ist selten alles gleich in Waage. Mit einem Klotz und einem Hammer die Steine abschließend gerade klopfen. Das klappt, weil Kies oder Splitt in die gegrabene Mulde ausweichen können.
Dieses Vorgehen gilt für glatte Platten. Unregelmäßige Bruchsteinplatten werden wie Naturstein gestopft.
Abschließend fünf Zentimeter Höhenunterschied von den Platten zum Planum mit Mutterboden auffüllen, verdichten und mit Gras absäen. Bei geschlossenen Plattenwegen Sand oder Kies sorgfältig einkehren und reichlich einschlämmen.

BEETE VARIIEREN VON JAHR ZU JAHR

Sie werden in einem Nutzgarten nach funktionalen Gesichtspunkten geplant, sind eher lang gestreckt und in der Regel schmal. Denn sie sollen bequem von den Pfaden aus zu bearbeiten sein, ohne dass das Land betreten werden muss. Entscheidend für die Einteilung der Beete sind die jahrhundertealten Regeln des Fruchtwechsels. Doch diese früher einfache Angelegenheit hat heute den mitunter absurden Charakter einer Geheimlehre angenommen.

Trampelpfade werden durch zweimaliges kräftiges Hin-und-her-Stapfen erzeugt. Da die Fersen tiefer einsinken, wird so erst der linke, dann der rechte Rand fest getreten. Die Graswege auf dem Land sind nicht eigens angelegt, sondern vom Rasen übrig geblieben.

Die Fruchtfolge bestimmt den Platz

Schwach-, Mittel- und Starkzehrer, Mischkultur, Dreifelderwirtschaft oder Fünf-Beete-Rotation, Modulbeete, Brache und Erholungsland: Das Vokabular modernen biologisch-dynamischen Gärtnerns gleicht in seiner Kompliziertheit der mittelalterlichen Kabbala. Mit den Vokabeln verknüpft sind komplizierte Verfahren, bei denen die verschiedensten Pflanzengruppen in wechselnder Zusammenstellung definiert sind. Wer mit wem, wer zuerst, wer gegen alle: Man bräuchte einen Kombinationscomputer, um die Sache richtig zu machen. Kein Wunder, dass einem da die Lust vergeht. Jedoch: Experimentieren schafft Erfahrung. Bis auf einige Ausnahmen gehen die Gemüse nicht gleich ein, wenn man die Fruchtfolge nicht bedacht hat. Unser aus Versehen im zweiten Jahr auf dem gleichen Beet angepflanzter Sellerie ist trotzdem gewachsen. Er ist nicht einmal kleiner geblieben. Die Puffbohnen hingegen sind auf dem mit Grasschnitt reichlich gedüngten Stück Land elend eingegangen: Den Stickstoffüberschuss haben sie nicht vertragen.

Einfach und erfolgreich für alle, die keine Hochleistungsgärtnerei betreiben, ist eine Zweiteilung des Ackerlandes. Jahr um Jahr wird im Wechsel zuerst die eine, dann die andere Hälfte des Nutzlandes im Herbst gedüngt. Auf die mit frischem Kompost versorgten Beete kommen die Energiefresser, wie alle Kohl-Arten, Kartoffeln, aber auch Sellerie.

Auf den im Vorjahr gedüngten Beeten werden die Pflanzen angebaut, die nicht nur weniger Nährstoffe brauchen, wie etwa Rüben und Verwandte, sondern denen frischer Dünger auch schaden würde, wie Bohnen, Erbsen und Möhren. Auch die Zwiebeln gehören dazu, denn zusätzliches Wachstum geht bei ihnen auf Kosten der Lagerfähigkeit.

So organisieren Sie Ihre Beete

- **Größe planen.** Bei einer Breite von 1 bis 1,5 Metern ist die Mitte von beiden Seiten leicht zu erreichen. Beete mit Trampelpfaden abtrennen. Den Verlauf mit einer Schnur abstecken. Je nach Gemüseart pflanzt man in 4er-, 6er- oder 8er-Reihen.
- **Bewegung erzeugen.** Sie erhält gesund. Möglichst kein Gemüse auf dasselbe Beet pflanzen, auf dem es im letzten Jahr stand. Bei Starkzehrern wie Kartoffeln oder Kohl gilt ein Turnus von drei Jahren.
- **Reihen aufschließen.** Spinat, Radieschen und Salate brauchen wenige Wochen, um küchenfertig zu werden, und sind gleichzeitig nicht besonders kälteempfindlich. Man nutzt sie als Vor- und Nachkultur. Andere Gemüse wie Kartoffeln oder Kohl belegen die Beete monatelang. Sie heißen Hauptkultur. Vor- und Nachkultur ergänzen auf dem gleichen Beet die Hauptkultur.
- **Talente nutzen.** Tagetes beseitigt Wurzelälchen im Boden, ist daher gut für alle Pflanzen, die darunter leiden, wie etwa Tomaten. Sellerie vertreibt mit seinem Geruch Kohlschädlinge, ist nützlich für Blumen-, Weiß- und Rotkohl. »Das praktische Gartenbuch« von Horst Koehler, ein Klassiker der 1960er-Jahre, empfiehlt außerdem Pfefferminze als Begleiter für Kohl-Arten. Eine sympathische Vorstellung, man müsste sie ausprobieren.
- **Bündnisse schließen.** Möhren mit einigen Radieschensamen aussäen, das streckt die feine Saat. Wenn die schneller wachsenden Radieschen geerntet werden, machen sie den Möhren Platz.
- **Leerstand nutzen.** Im Spätherbst frei gewordenes Land mit Gründünger absäen. Das hält nicht nur Unkraut fern, sondern fördert die Nährkraft des Bodens.

Gemüse botanisch gegliedert

Orientierungshilfe für Nutzgärtner bietet die Kenntnis der botanischen Verwandtschaft. Es sollten keine Gemüse derselben Pflanzenfamilie zu- und nacheinander auf's gleiche Beet gesetzt werden. Sie brauchen nicht nur oft gleiche Nährstoffe, sondern leiden auch unter gleichen Schädlingen.

Doldenblütler: Möhren, Fenchel, Petersilie, Sellerie.
Kreuzblütengewächse der Gattung Kohl *(Brassica)*: Rot-, Weiß-, Blumen-, Rosen-, Grünkohl, Wirsing, Brokkoli.
Kreuzblütengewächse der Gattung Rettich *(Raphanus)*: Rettiche, Radieschen.
Nachtschattengewächse: Kartoffeln, Paprika.
Kürbisgewächse: Kürbis, Gurke, Zucchini.
Lauchgewächse: alle Zwiebeln, auch Porree und Knoblauch.
Schmetterlingsblütler: Bohnen, Erbsen. Diese Hülsenfrüchtler bilden Wurzelknöllchen, die Stickstoff aus der Luft speichern; sie tragen damit zur Verbesserung des Bodens bei.

32 **Planen** | Grundstrukturen | GARTENPLAN

Kräutergarten

Beerensträucher *Erdkeller*

Gemüsebeete

Schnittblumen

Tomatenhaus

Obstbäume

HAUS MIT OBSTWIESE

Unsere Wiese erstreckt sich nach Süden und Westen. Nebel über der nahen Mulde hält im Sommer ihr Gras lange feucht. Mit Buchenhecken haben wir uns einen Hausgarten eingegrenzt und formen davon jedes Jahr mehr in Küchenbeete um. Am frühen Morgen liegen sie noch im Schatten. Es gibt einen alten Erdkeller, der noch nicht wieder hergerichtet ist. An seiner Seite wachsen herbsttragende Himbeeren, Pfefferminze und Rhabarber. Die Beerensträucher sind in drei Streifen gepflanzt: Johannis-, Stachel- und Himbeeren. Graswege trennen sie voneinander. Wir halten unsere Nutzbeete überwiegend schwarz, das heißt mit nackter Erde. Sie sind für das Gemüse und Experimente gut. Letztes Jahr waren es Schwarzwurzeln. Sie überdauerten den Winter, blühten mit gelben Korbblüten ähnlich wie Löwenzahn und schmeckten auch noch danach.

Pflanzen

Kaufen:
Wochenmärkte – Pflanzenmärkte – Gärtnereien

Vermehren:
Aussäen – Saatgut sammeln – Stecklinge – Teilen

Kaufen erleichtert den Start

Wer nicht die Geduld zum Aussäen, keine Übung und keine Zeit hat oder erst mal auf den Geschmack kommen will, deckt sich bei den Anzuchtprofis ein. Sie ziehen in Gewächshäusern daumengroße Salat-, Kohl- und Porreepflanzen vor und liefern sie im Frühjahr auf Wochenmärkte, Gartenmessen, in manchen Gegenden auch in die Blumenläden. Wer allerdings Spezialitäten sucht, muss die richtigen Adressen haben.

Den guten Gärtner erkennt man daran, dass er sparsam aussät und eine übersichtliche Anzahl von Pflanzen im Garten hat, mehr nicht: ein schönes Gleichmaß, auf den Haushalt abgestimmt, gewürzt mit ein paar Experimenten. Er hat aus Erfahrung gelernt, was er braucht und wie viel er einsetzen muss, um sein Ziel zu erreichen. Nur Anfänger – und bei Uwe und mir bin das ich – wollen alles und alles auf einmal haben.

Dabei ist es mit Saattüten ganz ähnlich wie mit Tablettenpackungen: In den meisten ist mehr enthalten als nötig. Und weil es abgezählte Samen nicht gibt, bleiben Reste. Oft sind sie im nächsten Jahr noch zu gebrauchen. Doch ist das sicher?

So ein Tütchen mit Saat kostet zwei, drei Euro. Für den Preis bekommt man – grob über den Daumen geschätzt – zehn junge Pflanzen, das sind zehn Kohl- oder Salatköpfe. 20 Cent pro Winzling, bei Porree auch weniger, ist ein Durchschnittswert für einfache Gemüsearten. Schwerer zu ziehende Arten wie Artischocken und Karden kosten dagegen mehr. Aber man stelle sich vor: zehn Rotkohlköpfe. Wer braucht die? Oder zehn Salatköpfe. Wer will fast jeden Tag den gleichen Salat essen? Man könnte fünf aussäen. Einzeln in kleine, aus Erde gepresste Blöcke. Das wäre eine gute Möglichkeit. Die andere ist, sich nach Quellen für Jungpflanzen umzusehen.

WOCHENMÄRKTE
LIEFERN DAS BASISSORTIMENT

Im Frühling gibt es auf den Märkten und in den Blumenläden vorgezogenes Junggemüse. Das sind gängige Sorten, die zuverlässig und gegen Krankheitserreger resistent sind, dazu wüchsig und an das spezielle Klima einer Region angepasst. Die Pflanzen sind in kleinen Erdblöcken zu haben oder werden – bei zarteren Gewächsen wie Porree – einfach mit ihren nackten Wurzeln aus der Erde gezupft und abgezählt. Die Kästen mit den Jungpflanzen stehen das ganze Frühjahr vor den Geschäften – Kopfsalat bis in den Sommer hinein.

PFLANZENMÄRKTE
BIETEN DEN GRÖSSTEN ÜBERBLICK

Raritätenjäger lauern schon eine Stunde vor Beginn am Tor. Strategen wissen: Eine gute Stunde nach der Öffnungszeit ist wieder gutes Hereinkommen. Nur wer pünktlich kommt, steht und wartet. Der Pflanzenmarkt im Freilichtmuseum am Kiekeberg ist einer der schönsten in Deutschland. Auf hügeligem Gelände stehen zwischen Koppeln rekonstruierte Fachwerkkaten und Scheunen. Es gibt eine adrette Gastwirtschaft und ein paar artige Bauerngärten mit buchsgesäumten Beeten, es gibt die Schweinebucht mit dicker Sau und quietschfidelen Ferkeln. Alles ist wie früher, nur schöner.

Die Pfade, die durch das Idyll führen, sind an einem Wochenende im April und einem im August von Gärtnern gesäumt. Sie kommen aus Deutschland, Holland, Dänemark, manchmal auch Österreich. Die meisten bieten Stauden, vor allem was im Trend ist – Gräser, Farne, Hosta, Taglilien –, doch auch Kräuterspezialisten sind dabei. In keinem Gartencenter fände man eine reichere Auswahl. Dazu kommen im Frühjahr verwirrende Mengen vorgezogener Tomaten, Paprika und Chili.

Viele, die den Markt kennen, besuchen ihn mit der festen Absicht, nichts zu kaufen. So wie wir. Der Garten ist sowieso schon übervoll. Und der Hauptspaß ist der Spaziergang zwischen den Ständen. Mal sehen, welcher Gärtner sich auf Neues verlegt hat. Ist der mit den winterharten Feigenbäumen vom letzten Frühjahr wieder da? Feigen sind schöne Bäume. Man könnte es mit ihnen in Sachsen probieren. Und dann war da dieser eine Küchengarten auf Fünen, in dem Karden die Hälfte der buchsgesäumten Beete füllten. Ein großartiges Bild. Vielleicht lassen sich auch ein paar vorgezogene Karden finden. Denn ganz mit leeren Händen zu gehen käme dem Bekenntnis gleich, ein schlechter Pflanzendetektiv zu sein.

PFLANZENMARKT AUF DEM KIEKEBERG in Harburg bei Hamburg. Zweimal im Jahr, im April und im August, bieten Gärtner aus Deutschland, Österreich, Dänemark und der Schweiz dort Pflanzen an.

SORTIMENTSGÄRTNEREIEN und Baumschulen führen Listen ihrer Pflanzen, versenden in den meisten Fällen Gewünschtes mit der Post und helfen mit notwendigem Knowhow. Spezielle Kräuter und Obstgehölze sind so leicht zu finden.

Gärtner reisen gern. Und das Schöne an Pflanzenmärkten ist ihre Unterschiedlichkeit. Anita Fischer, die in Freising bei München den Pflanzenmarkt organisiert, lädt zum Beispiel jedes Jahr zu einem Vortragszyklus immer wieder andere interessante »Gartenmenschen« ein. Vor wenigen Jahren war Topher Delaney bei ihr, die amerikanische Gartenkünstlerin, die wenig später in dem Küchengarten von Gunnebo bei Göteborg eine Installation aufbaute. Thema: Pflanzen reisen. Oder Wolfgang Hundbiss und Dieter Gaissmayer, die in Illertissen nicht weit von Ulm ein Gartenfest ausrichten: Sie mögen Kulinarisches, haben Marktstände mit Leckereien und auch Floristen dabei.

Wahr ist allerdings auch, dass Pflanzenmärkte als »Gartenmessen« seit den 1990er-Jahren Mode geworden sind: für fliegende Händler eine Möglichkeit, Dekotrödel jeder Art loszuwerden. Pflanzen liefern da bloß das Alibi. Gute Gärtnereien lassen sich längst nur noch an ausgesuchte Orte einladen. Am besten orientiert man sich an ihnen, klickt ihre Internetseiten an und forscht nach den Veranstaltungen, auf denen sie anzutreffen sind.

GÄRTNEREIEN HALTEN DIE SPEZIALITÄTEN PARAT

Und sie liefern das dazu gehörende Know-how. Fast alle versenden per Post. Viele haben Internetseiten oder verschicken Kataloge. Die sind nicht nur Fundgruben gärtnerischen Wissens, sondern oft auch bibliophile Kostbarkeiten. In ihnen steckt die gleiche große Aufmerksamkeit, die diese Idealisten dazu bringt, mehr anbieten zu wollen als der pragmatische Marktgärtner. Drei Sparten sind zu unterscheiden:

Baumschulen sind die Adresse für Obst. Denn fast alle Früchte wachsen an Sträuchern oder Bäumen. Einzige Ausnahme sind Erdbeeren: Sie wachsen staudig. Weil im Garten alles Historische modern ist, gibt es in ganz Deutschland mittlerweile Baumschulen, die sich auf alte Apfel-, Pflaumen- oder Birnensorten spezialisiert haben. Alte Sorten haben viele Vorzüge, aber sie erfordern auch etwas Kenntnis. Die meisten Selbstversorger sind jedoch keine Sammler. Sie wollen von wenigen Bäumen reichlich Obst ernten. Pragmatisch ist es, Obstbäume bei regional ansässigen Betrieben zu kaufen. Denn sie kultivieren die Sorten, die an das besondere Klima in Meeresnähe, im Inland oder in gebirgigen Regionen angepasst sind. Was nützt der Apfel mit der interessantesten Provenienz, wenn er kümmert?

Kräutergärtnereien sind vor allem in den alten Bundesländern wie Pilze aus dem Boden geschossen. Denn Kräuter erfüllen am schnellsten die Sehnsucht nach etwas selbst Gezogenem. Und sie sind anpassungsfähig: Sie wachsen auf dem Fensterbrett und im Balkonkasten, liefern Einfassungen für Nutzbeete und bereichern Staudenrabatten. Kräuter finden immer ein Fleckchen. Sie sind unter den Pflanzen etwas Ähnliches wie die Zwergkaninchen oder Hamster bei den Haustieren. Und mitunter genauso vermehrungswütig. Besonders Minzen haben etwas von weißen Mäusen. Die Kataloge mancher Kräutergärtner listen an die 30 Namenssorten auf, die meisten treiben robuste Ausläufer, die in Kürze das Beet in alle Richtungen durchziehen.

Spezialisten, die alte Moschus-Erdbeeren anbieten, mehr als drei Rhabarbersorten sowie ein breites Sortiment an Stachelbeeren haben, sind besonders rar. Wer hier Ehrgeiz hat, muss sich in Gärtnernetzwerke einarbeiten. Eine vergnügliche Sache, denn hier geht es nicht um Profit.

Je spezieller die Sorte, desto weniger Menschen fragen nach ihr. Große Mengen seltener Erdbeeren oder Johannisbeeren zu erzeugen macht sich für den Spezialisten oft nicht bezahlt.

Wenn es kein kommerzielles Interesse gibt, zählt der Entdeckergeist. Bei den Kennern weist sich der Suchende mit Wissen aus oder mit einem eigenen Schatz begehrter Pflanzen. Wer die oder den nicht hat, findet und bekommt nichts.

Fast unmöglich ist es, Gärtnereien für Jungpflanzen von Gemüseraritäten zu finden. Zwar sind Tomaten und Chili Modepflanzen und in Kräutergärtnereien und Pflanzenmärkten zu bekommen. Doch schwerer ist es mit Artischocken oder Palmkohl. Spezielle Rüben, Bohnen und Salate werden gar nicht angeboten, da sie an Ort und Stelle auszubringen sind. Selbst säen ist deshalb der einzige Weg zum echten Feinschmeckergarten.

Vermehren ist eine Leidenschaft

Sie zielt auf Reichtum und Überfluss. Die Körnchen in den bunten Tüten, die unterwegs und bei Bekannten ergatterten Stecklinge malen in der Fantasie Bilder von dem eigenen üppigen, aromatischen Garten. Selbst vermehren ist der wohlfeile Weg zu leckeren Überraschungen.

Vor dem Säen, Stecklingeziehen und Teilen steht die Recherche nach dem verlockenden Gewächs. Die Leidenschaft, mit der Pflanzennarren heute Jagd auf Samen, Zwiebeln und Stecklinge machen, unterscheidet sich in nichts von der Energie, mit der zum Beispiel der Botaniker Carolus Clusius im 16. Jahrhundert Tulpen und Hyazinthen sammelte und wofür er einen Briefverkehr mit Kollegen in wer-weiß-wie-vielen europäischen Städten unterhielt. Heute sind es Samenkataloge, Pflanzenzeitschriften und diverse Internet-Foren, über die Gärtner sich austauschen.

In ihnen geht es nicht nur um Prachtlilien und seltene Krokusse, sondern ebenso um Kartoffeln, Kohl und Bohnen. Englands Salatkönigin, Joy Larkcom, ist nicht nur durch Europa, sondern um die halbe Welt gereist, um Kenntnisse über Salate zu sammeln. Die Bielefelderin Brigitte Wachsmuth sucht erst in Bibliotheken nach Hinweisen auf vergessene Gewächse, um dann an die genannten Orte zu gehen und etwa in den sächsischen Weinbergen bei Radebeul nach verschollenen Erdbeeren zu fahnden.

Ein besonderes Ziel ist das Aufspüren und Erhalten alter Nutzpflanzen. Es gibt weltweit etliche Vereine und Verbände, die den Samenaustausch organisiert haben. Der deutsche VEN (Verein zur Erhaltung der Nutzpflanzenvielfalt), die österreichische »Arche Noah« oder die Schweizer Organisation »ProSpecieRara« mit ihrem Motto »Erhalten durch Aufessen« sind nur drei der bekanntesten Beispiele.

Sie bündeln Gärtner und Gönner, die alte Nutzpflanzen durch kontrollierten Anbau erhalten, die Saat sammeln und an andere Interessenten weitergeben. Ihre Kataloge, online oder gedruckt, stellen den Nutzgärtner auf eine harte Probe. Denn plötzlich ist nicht Mangel an botanischer Vielfalt sein Problem, sondern Überfluss. Was alles nehmen von den interessanten Sorten? Bloß nicht zu viele auf einmal!

AUSSÄEN BRAUCHT KONZENTRATION

Wer die Körner nur schnell hinstreut, wird kaum Erfolg haben. Zwar gibt es unkomplizierte Pflanzen wie Radieschen und auch da interessante fremde Sorten, die, ab März direkt ins Beet gesät, schnell keimen, nur ausgedünnt werden und innerhalb von Wochen zu knackiger Ernte heranwachsen. Doch daneben locken die anderen, die wie Artischocken einen längeren Anlauf brauchen, denen Kälte schadet, die vorgezogen werden müssen, um schließlich als die Prächtigen über lange Zeit die Beete im Garten zu beherrschen.

Fergus Garrett, der kluge Nachfolger des großen englischen Gärtners Christopher Lloyd auf Great Dixter, empfiehlt, sich mit Ruhe und Gelassenheit ans Aussäen zu machen. Keine gebückte Haltung, alles, was nötig ist, ausgebreitet — und dann Konzentration. Säen ist kein Spaß für nebenbei.

So gelingt die Aussaat

Drinnen starten die wärmebedürftigen Gewächse, die keinen Bodenfrost vertragen und die man deshalb nicht vor den Eisheiligen auspflanzt. Das sind die Tage vom 12. bis 14. Mai, benannt nach den mittelalterlichen Märtyrern Pankratius, Servatius und Bonifatius. An diesen Tagen kommt es nach alten Bauernregeln regelmäßig zu Kälteeinbrüchen. Moderne Wetterforscher haben ermittelt, dass sich diese Kaltzeit noch eine gute Woche weiter gegen Ende Mai verschiebt. Zeit, die nicht verloren gehen soll. Für Tomaten, Chilis und Artischocken, vielleicht auch für Bohnen fängt daher die Keimzeit schon früher auf der Fensterbank oder im Frühbeetkasten an.

■ **Aussaattöpfe wählen.** Tontöpfe sind am besten geeignet, denn sie speichern Feuchtigkeit. Es funktionieren aber auch Joghurtbecher, alte Holzkisten, Keks- und Konservendosen — vorausgesetzt, man versieht sie mit Abflusslöchern.

■ **Drainage legen.** Größere Kiesel auf die Abzugslöcher legen. Dann groben Kies auffüllen, der Feuchtigkeit nach unten aufnimmt und verhindert, dass sich Nässe in der Aussaaterde staut.

Pflanzen | Vermehren | AUSSÄEN 41

Aussäen in Module

Das Aussäen Körnchen für Körnchen in Saattabletts, Quelltöpfchen oder selbst fabrizierte und vorgestanzte Erdballen hat viele Vorteile. Es sichert den Erfolg bei schweren Böden, in denen Saat sonst weniger gut aufläuft. Es schließt kaum kalkulierbare Störungen aus, wie Schädlingsattacken oder Nässestaus durch Platzregen. Es schont die Sämlinge beim Umpflanzen, verhindert, dass beim Pikieren (Vereinzeln) Wurzeln beschädigt werden, und lässt die einzelne Pflanze ohne Konkurrenz kräftiger werden. Und es hilft, Platz zu sparen. Denn man kann gezielt drei Salatköpfe, einige Kohlrabi und Rosenkohl bei einigermaßen ähnlichen Keimbedingungen in den Modulen gemeinsam auf kleinstem Raum vorziehen und später an ihren Platz bringen.

Tipp: Besonders feine Saat mit der angefeuchteten Spitze einer Ahle, Stopfnadel, Glasscherbe oder einem angespitzten Stöckchen aufnehmen und in die Keimmulde setzen. Wenn in einem Modul zwei Sämlinge wachsen, den schwächeren nach dem Keimen auszupfen.

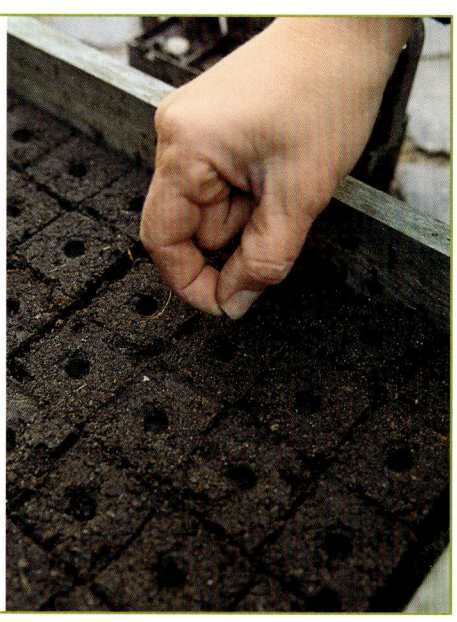

■ **Aussaaterde herstellen.** Der Stoff zum Wachsen darf sich nicht verdichten und muss mager sein. Hunger ist wichtig, damit die Sämlinge auf der Suche nach Nahrung Wurzeln treiben. Darum niemals Topferde nehmen, sondern scharfen Sand mit Lauberde, Gartenkompost oder gekauftem Torfkultursubstrat (TKS) 1 im Verhältnis 1:1 mischen. Als scharfen Sand Quarzsand nehmen oder aus Estrich-Kies die gewünschten Korngrößen absieben. Achtung: Lauberde und Gartenkompost dämpfen. Das heißt, beide zuvor in einem alten Topf im Backofen erhitzen, bis im Inneren 80 Grad erreicht sind, dann ist das Eiweiß in Krankheitserregern und Unkrautsamen geronnen.

■ **Füllmenge einhalten.** Substrat so weit auffüllen, dass nur noch ein knapper Zentimeter Platz unter dem Rand bleibt. Denn alle Sämlinge, die im Schatten keimen, wachsen vergeilt auf und fallen um. Boden andrücken, damit keine Hohlräume bleiben.

■ **Feuchtigkeit garantieren.** Schon vor dem Aussäen Topf ausgiebig wässern. Säen, wenn das Wasser von der Oberfläche weggezogen ist. Auch weiterhin Substrat immer feucht halten – aber nie nass. Für Gemüsesaat reicht in der Regel der anfänglich angelegte Feuchtigkeitsvorrat. Sollte das Substrat doch trocken werden, nicht überbrausen, sondern den Topf in eine knapp mit Wasser gefüllte Wanne setzen, bis er sich vollgesogen hat.

■ **Fingerspitzengefühl entwickeln.** Im Allgemeinen wird gleich aus dem Tütchen gesät. Fergus Garrett, Christopher Lloyds Schüler, findet das grob und ungeschickt. Um zu sehen, womit er eigentlich umgeht, schüttet er sich die Saat in eine kleine Schüssel. Zwischen den Spitzen von Zeigefinger und Daumen reibend, streut er sie dann so dünn es geht auf die Oberfläche der Erde.

■ **Verdunstung vermeiden.** Nach dem Säen noch einmal leicht überbrausen. Wenn alles schön feucht (nicht nass) ist, eine Glasscheibe auflegen, um zu verhindern, dass die Oberfläche austrocknet. Falls die Schale in einem Kalten Kasten steht, reicht auch ein Stück helles Papier. Sobald sich die Keimlinge zeigen, die Scheibe entfernen.

■ **Wärme halten.** Wichtig für die Keimung ist eine gleichmäßige Temperatur von 18 Grad Celsius. Nach dem Keimen so hell wie möglich, aber nicht sonnig stellen. Jetzt kann die Temperatur niedriger sein.

■ **Etiketten beschriften.** Wer will schon namenlose Sämlinge päppeln. Name und Aussaattermin helfen, die Übersicht zu behalten.

■ **Ernährung umstellen.** Wenn sich das erste richtige Blattpaar bildet, beginnt die zweite Wachstumsperiode. Anspruchsvolle Sämlinge wie Karden und Artischocken jetzt in nahrhaftere Erde umsetzen. Das meiste Gemüse kann allerdings gleich ins Beet ausgepflanzt werden.

Tipp

Beginnen Sie nicht zu früh mit der Aussaat. Wenn die Pflanzen recht lange drinnen ausdauern müssen, wachsen sie aus und kümmern. Eine Fehlentwicklung, die Sie später nicht wieder ausgleichen können. Genauso schadet es, etwa Tomaten bei scheinbar schönem warmem Wetter schon früher in den Garten zu setzen als empfohlen. In kalten Nächten bekommen sie einen Pflanzschock, von dem sie sich mitunter erst in Wochen wieder erholen. An kühlen Plätzen im Haus zurückgehaltene und später ins Freie gesetzte Pflanzen haben sie dann längst überholt.

Die Aussaat direkt ins Freiland

Die meisten Gemüse lassen sich direkt ins Freiland aussäen, denn als ein- oder zweijährige Pflanzen sind sie auf kurze Vegetationsphasen geeicht. Wurzelgemüse wie Möhren, Radieschen und Schwarzwurzeln sind sowieso nicht zu verpflanzen. Auch sie werden in der Regel gleich ins Beet gesät. Andere Gemüse wie Grünkohl oder Rosenkohl, die spät im Jahr zum Winter hin geerntet werden, sind robust und haben genug Zeit, draußen zu keimen. Man kann sie gut im Hintergrund heranziehen, solange auf den Beeten noch frühe Salate und Rüben wachsen.
Direkt ins Beet werden auch alle Schnitt- und Pflücksalate gesät, wie etwa Rucola.

■ **Hindernisse wegräumen.** Saatbeete makellos und weich zubereiten. Umgegrabenes, unkrautfreies Land so lange harken, bis alle Erdklumpen und Steine entfernt sind.

■ **Struktur verbessern.** Ist der Boden sehr schwer, also ton- oder lehmhaltig, vor dem Aussäen von feiner Saat fünf Zentimeter Sand aufbringen und gleichmäßig in die Erde einarbeiten.

■ **Spur legen.** Schnur spannen, mit dem Harkenstock eine Rille ziehen und möglichst dünn aussäen. Das sture An-der-Schnur-entlang-Arbeiten hilft, zaghafte Keimlinge frühzeitig zu entdecken, statt sie mit dem Unkraut auszureißen.

■ **Platz schaffen.** Weil man kaum so fein aussäen kann, wie zum Beispiel Möhrensaat winzig ist, werden die aufgelaufenen Sämlinge ausgedünnt. Das heißt, man zupft die schwächsten heraus, damit die anderen stärker und größer werden können. Eine andere Möglichkeit ist, die Saat mit etwas Sand zu strecken.
Rote Bete, auch ein Wurzelgemüse, lässt sich nur mit Vorsicht und Glück vereinzeln, also in Lücken oder eine zweite Reihe umsetzen.

■ **Mit Schwung aus dem Handgelenk.** Breitwürfig sät man Gründünger wie Senf oder Lupinen, aber auch Feldsalat (daher der Name). Damit sie gleichmäßig auf-

OLLE IST DABEI. Unser alter Irischer Terrier hat schnell gelernt, dass Beete tabu sind. Niedrige Steckzäune haben am Anfang geholfen.

Korn für Korn – die verschiedenen Keim-Typen

Viel Licht, kein Licht, Kälte, Wärme, wenig oder eine Menge Zeit zum Keimen: Jedes Körnchen benötigt andere Voraussetzungen.

■ **Lichtkeimer** (Melisse, Thymian, Gewürz-Tagetes, Kopfsalat, Sellerie, Petersilie) wollen frei liegen. Aussäen, andrücken, ganz leicht mit Sand überrieseln – mehr darf nicht sein.

■ **Kaltkeimer** (Bärlauch, Waldmeister, Weinraute, Gelber Enzian) brauchen unbedingt eine Kälteperiode unter 5 Grad Celsius. Sie werden ausgesät und am besten über den Winter mit ihrem Gefäß in einer schattigen Ecke bodenbündig in Erde eingelassen, sodass das Substrat nicht austrocknet.

■ **Dunkelkeimer** (Kürbis, Bohnen) beginnen nur unter einer schützenden Schicht Erde zu wachsen, die ein, zwei oder manchmal sogar drei Zentimeter dick sein soll.

■ **Langsamkeimer** wie die Petersilie brauchen mitunter sieben Wochen zum Auflaufen und narren ihre Gärtner.

Auf gekauften Saatpäckchen stehen Anleitungen für die Aussaat. Bei geschenkter Saat helfen Bücher und Broschüren von Saatgutfirmen weiter.

Als Faustregel gilt: Die Körner werden mit so viel Erde bedeckt, wie sie dick sind.

KALTKEIMER brauchen Wintermonate, um aufzulaufen. Aussaattöpfe in einer Schattenecke in den Boden setzen. Das schützt vorm Austrocknen.

laufen, die Fläche nach dem Säen noch mal leicht überharken und sachte anklopfen.

SAATGUT SAMMELN SICHERT INFORMATIONEN

Es ist nicht nur die einfachste Art, sich Pflanzenmaterial fürs nächste Jahr zu erhalten. Es ist auch die uralte Technik, über Auslesen zu schmackhafteren Erdbeeren und zarteren Bohnen zu kommen.
Die Erdbeere *Fragaria vesca* var. *semperflorens* 'Rügen' zum Beispiel hat Samen, die siegellackrot und so fein wie raffinierter Zucker sind. Brigitte Wachsmuth, die Bielefelder Pflanzensammlerin, nimmt sie von den Exemplaren, die bei ihr die dicksten Früchte tragen. 'Rügen' gehört zu den geschmacksintensiven Erdbeeren, die keine Ausläufer treiben. Man kann sie nur durch Teilen erhalten oder eben indem man ihre Samen abnimmt. Ein Vorgehen, das die Erdbeerforscher in Dresden trickreich beherrschen. Mit einem Skalpell ziehen sie der Erdbeere die Haut der Frucht ab, legen sie auf ein dickes Löschblatt, lassen sie trocknen und rubbeln dann die Körner ab.

Auch die Gemüsespezialistin Ulla Grall sammelt in ihrem Garten Saatgut, zum Beispiel von raren Bohnensorten. Sie macht es im professionellen Stil, beliefert damit eine vor Jahren von ihr gegründete Saathandlung, die auf »alte Nutzpflanzen« spezialisiert ist. Das sind Pflanzen, die durch Auslese bestimmten Regionen perfekt angepasst sind. Die robust sind, die schon immer für lohnenden Ertrag und guten Geschmack vermehrt wurden und deren Saat für die Selbstversorgung sortenecht ausfällt. Die aber möglicherweise zu leicht unterschiedlichen Zeiten reif werden, mal größer oder kleiner sind, die je nach den äußeren Gegebenheiten variieren können.

Das unterscheidet sie von der Saat industriell bedeutender Sorten, die mit dem Ziel gezüchtet wurden, massenhafte Verarbeitung zu sichern. Sie werden zu einem vorgeplanten Zeitpunkt reif, sie haben ein bestimmtes Aussehen, sie sind resistent gegen bestimmte Krankheiten. Sie sind optimiert, aber eben oft nur für gewisse Bedingungen, genau abgestimmte Dünger- und Pflanzenschutzprogramme. Diese speziellen Pflanzensamen müssen Jahr für Jahr neu gekauft werden, denn die meisten von ihnen »fallen nicht sortenecht«: Es sind von Biologen und Labortechnikern gewonnene F_1-Hybriden, die schon nach einer Generation beginnen, sich wieder in die Elternteile aufzuspalten, aus denen sie ursprünglich gekreuzt wurden.

Eigenes Saatgut ernten

■ Haupterntezeit für das Saatgut sind die Monate Juli, August und September.
■ Zwei grundlegende Pflanzenkategorien unterscheiden sich: die, deren Samen in fleischigen Früchten eingebettet sind (Tomaten, Gurke). Und solche, bei denen sie in Samenständen – Kapseln, Schoten, Hülsen – heranreifen (Grünkohl, Bohnen).
■ Fleischige Früchte vollreif ernten, Samen herauslöffeln, unter fließendem Wasser abwaschen und rubbelnd die Pflanzenrückstände entfernen; anschließend trocknen.
■ Samenstände ernten, wenn sie reif sind und im Schatten weiter trocknen. Nie in der Sonne! Profis bespannen sich Holzrahmen mit einer Gaze, denn so kommt Luft an alle Seiten der Samengehäuse. Wenn dann die Samenstände raschel- und knittertrocken sind, in Papiertüten füllen. Im Winter ist Zeit genug, um sie zu reinigen.
■ Lange Fruchtstände (Amaranth) kopfüber in eine große Papiertüte stecken, um die Samen aufzufangen, wenn sie ausfallen.
■ Über Springfrüchte (Bohnen) kurz vor der Reife eine Papiertüte binden, in der sich gleichfalls die Saat sammelt. Vor dem Aufbinden abschneiden und umdrehen.
■ Spreu vom Samen durch Schwingen in einer flachen Schale oder Pusten entfernen. Oder Samen zum Säubern durch einen Satz von Sieben mit feinen bis sehr feinen Maschen schütteln.
■ Behälter von Saatgut niemals luftdicht abschließen. Bei einem Glas mit Papierdeckel Löcher hineinstechen. Tütchen in einen ungebeizten Holzkasten legen. Auch aufhängbare Säckchen aus reinem Leinen sind gut. Saat kühl, aber frostfrei lagern.
■ Name und Erntezeit notieren. Denn einige Samen bleiben bis zu vier Jahre keimfähig (Bohnen), andere halten nur eine Saison (Schwarzwurzeln).

SAATTÜTEN mit ein paar Kniffen aus festem reinem Papier falten. Wichtig ist, dass keine chemischen Zusatzstoffe die Saat schädigen.

APFELFRÜCHTE der Mispel, einer der schönsten Obst- und Blütensträucher. Ihre Zipfel waren Kelchblätter. Über lange Fruchtstände und Springfrüchte eine Papiertüte stülpen, bevor die Saat ausfällt. Kopfüber zum Trocknen aufhängen. Auf dem weißen Teller liegen Zahnkapseln einer Schlüsselblume, ihre Wurzeln und Blüten ergeben einen guten Hustentee. Spreu durch Schwingen und Pusten von den Samen trennen.

Pflanzen | Vermehren | SAATGUT SAMMELN 47

RINGELBLUMENSAMEN Die wie gekrümmte Würmchen geformten Saatkörner zeigen, woher die Pflanze ihren Namen hat. Nebeneinander liegen Schoten des Grünkohls und Hülsen einer Feuerbohne.

Pflanzen | Vermehren | SAATGUT SAMMELN   49

STECKLING IST NICHT GLEICH STECKLING

Das Geheimnis der Stecklingsvermehrung liegt darin, zu wissen, welche Art von Stecklingen für welche Pflanzenart besonders geeignet ist. Danach ist die Sache — wenn man ein scharfes Messer hat und den immer vorteilhaften grünen Daumen — ein Kinderspiel. Denn Pflanzen können etwas, worum der Mensch sie beneidet: Aus einem abgerissenen Glied regenerieren sie das ursprüngliche Ganze. Stecklingsvermehrung ist eine vegetative ungeschlechtliche Vermehrung. Sie erzeugt Klone mit unverändertem Erbgut. Das heißt: Sie leistet im Unterschied zur generativen oder sexuellen Fortpflanzung (durch Bestäuben) keine Anpassung an die Umwelt.

So stecken Sie richtig

■ **Scharfer Schnitt.** Wichtig beim Stecklings-Schneiden ist, dass man erstens keine Schere nimmt, die quetscht, sondern ein scharfes Messer; und dass man zweitens nicht schräg, sondern gerade schneidet. Und zwar direkt unter einem Sprossknoten, denn dort ist das Wachstum am stärksten. Förderlich ist, wenn die Schnittstelle vor dem Stecken einige Stunden abtrocknet.

■ **Verdunstungsfläche reduzieren.** Blätter am unteren Drittel abstreifen, die übrigen zurückschneiden. So kann die Pflanze weniger Wasser abgeben.

■ **Hungern lassen.** Für Stecklinge gilt das Gleiche wie für Saat: Die Startbedingungen müssen das Wurzeltreiben provozieren. Das Substrat — wieder halb aus scharfem Sand und halb aus sterilisiertem Laubkompost — darf nicht zu nahrhaft sein.

■ **Richtig stecken.** Robuste, halb verholzte »Stopfer« direkt zwei bis drei Zentimeter tief in die Erde drücken. Für alle weicheren mit dem Pikierholz ein nicht zu tiefes Loch bohren, denn der Steckling darf später nicht in der Luft hängen. Nach dem Einsetzen die Erde mit den Fingern andrücken und sachte wässern.

■ **Gespannte Luft herstellen.** Zunächst verfügt der Steckling noch über keine Wurzeln, die die Wasserversorgung übernehmen könnten. Daher ist es in der Anfangszeit wichtig, für möglichst wenig Verdunstung zu sorgen. Das geht, indem man eine Plastiktüte über den Topf mit dem Steckling stülpt, mit einem Gummiband festsetzt und aufpustet. Die Tüte darf nicht über dem Steckling zusammenfallen. Um Fäulnis und Pilzbefall vorzubeugen, muss die Luft frei um den zukünftigen Spross stehen können und die Blätter dürfen die Wände nicht berühren. Statt der Tüte funktioniert auch eine abgeschnittene Plastikflasche, die mit ihrem Schraubdeckel eine Lüftungsvorrichtung mitbringt. Für größere Pflanzenmengen gibt es Minigewächshäuser mit Klappdach.

■ **Die Stecklinge nur beobachten, nicht dran zupfen.** Wenn sich die Blätter straffen und die Triebspitze zu wachsen beginnt, ist der Steckling auf einem guten Weg. Nach drei bis vier Wochen sollte er sich bewurzeln. Und es ist Zeit, ihn in einen Mix aus Lehm, Sand und Laubkompost umzusetzen.

Tipp

Stecklinge sind eine sichere Methode, etwa Rosmarin zu überwintern. Denn sie sind klein, passen in größerer Anzahl auf die Fensterbank und vergeilen in der lichtarmen Zeit nicht so leicht wie große Pflanzen. Im Sommer, nicht später als Juli, die nötigen Triebe abnehmen und stecken.

KOPFSTECKLINGE EINER WEINRAUTE Wichtig ist, dass die Blattmasse drastisch verringert wird, denn über sie verdunstet die Pflanze lebenswichtiges Wasser.

Pflanzen | Vermehren | STECKLINGE

Grün bis holzig – die verschiedenen Stecklingsarten

■ **Kopfstecklinge** werden im späten Frühjahr, wenn sich das Wachstum wieder verlangsamt, von Sprossspitzen genommen. Am besten frühmorgens, wenn die Pflanzzellen noch voller Wasser sind. Eine gute Methode für einjährige Pflanzen, die schwer zu bekommen sind.

■ **Grünstecklinge** in den Sommermonaten von kräftigen einjährigen Trieben nehmen. Darauf achten, dass die obere Knospe immer ein paar Millimeter unter der Schnittfläche liegt, gerade so viel, dass sie austrocknen kann. Gut für Beerensträucher.

■ **Risslinge** sind eine einfache Art, Lavendel und Buchs – von denen man für Einfassungen große Mengen brauchen kann – zu vermehren. Hierbei werden die Seitentriebe abgerissen und direkt ins vorbereitete Substrat gesteckt. Das klappt auch mit *Santolina,* Salbei und Pelargonien.

■ **Steckhölzer** helfen, Johannis-, Stachelbeeren, Holunder und auch Feigen zu vermehren. Zwischen November und März bleistiftstarke einjährige Triebe abnehmen. Sie müssen ausgereift sein, das heißt beim Biegetest brechen und sich nicht knicken oder um den Finger wickeln lassen. Man schneidet immer quer unter einer Knospe. Das obere Ende wird schräg angeschnitten. Stecklinge den Winter über frostfrei, kühl und vor dem Austrocknen geschützt in einer Plastiktüte aufbewahren. Im Frühjahr in einer geschützten, weder zu sonnigen noch zu schattigen Stelle eine 15 cm tiefe Furche ausheben, Sand für die Drainage einfüllen, die Steckhölzer in Abständen von 10 cm einsetzen. Boden auffüllen, andrücken und gut wässern. Das Jahr über darauf achten, dass der Boden nicht austrocknet. Im nächsten Herbst sollten die Steckhölzer Wurzeln getrieben haben.

DURCH TEILEN VERMEHRT MAN PFLANZEN LEICHT UND SICHER

Dabei wird mit einem scharfen, sauberen Spaten der Wurzelstock oder das Sprossachsensystem durchtrennt. Eine Technik, die im Gemüsegarten nur bei wenigen Pflanzen angewendet wird.

Geteilt wird etwa Rhabarber, doch nur, wenn Bekannte sich ein Stück erbitten. Denn das wuchsstarke Knöterichgewächs dauert bei regelmäßigen Kompostgaben gut 15 Jahre an einem Ort aus. Im September, wenn die Blätter gelb sind, die Sprossachse des Rhabarbers ausgraben oder, wenn sie sehr mächtig ist, freilegen. Rhizome abtrennen; darauf achten, dass die Mutterpflanze nicht zu sehr geschwächt wird und die abgetrennten Teile jeweils ein Auge haben. Gut ist es, die Wundfläche antrocknen zu lassen und mit Holzkohlepulver (aus dem Ofen) oder Steinmehl zu bestäuben.

Beim Einpflanzen aufpassen, dass Knospen knapp aus dem Boden herausschauen. Der Vorteil beim Rhizomteilen ist, dass man nicht auf Wurzeln zu achten braucht. Auch Erdbeeren, und zwar die süßen Moschuserdbeeren, werden geteilt. Sie bilden keine Ausläufer, dafür aber einen reich verzweigten Wurzelstock, der so oft geteilt werden kann, wie sich Triebe und Knospen daran finden.

Eine Teilung ist auch das Abtrennen von Ausläufern. Thymian, Rosmarin und Salbei, die man im Frühling gut anhäufelt, bilden den Sommer über an Seitentrieben zusätzliche Wurzeln. Im frühen Herbst Erde beseitigen und die bewurzelten Triebe kappen.

Wichtig: Abgetrennte Wurzelstockteile nie mit überlangen Wurzeln in ein Pflanzloch zwängen. Richtig ist es, die Wurzeln auf Handlänge abzuschneiden und mit genügend Platz einzusetzen.

SCHNITTLAUCH TEILEN Wenigstens alle zwei Jahre das verfilzte Wurzelgeflecht vorsichtig auseinanderzupfen und -ziehen. Nur so erhält man dem Kraut seine begehrte Würzkraft.

Pflegen

Boden:
Humus – Kompost – Mulch

Die Nonnen von Fulda

Boden ist das Kapital des Gartens

Am ertragreichsten ist Lehm. Aber wer kann sich das schon aussuchen. Unser Garten liegt in einer Flussaue, knapp hundert Meter von der Mulde entfernt. Der Boden wird in Hitzewochen so hart, als ob er im Ofen gebrannt worden wäre. Bei feuchtem Wetter klebt er an Spaten und Schuhen fest. Eine Analyse hat ergeben, dass wir einen stark sandigen, tonigen Schluff haben. Aber was ist das? Und ist es gut oder schlecht?

Sand kennt man, Ton auch. Doch Schluff kommt im Alltagsgebrauch kaum vor. Nachgeforscht ist die Sache einfach. Bodenstrukturen unterscheidet man nach der Körnung: Grob ist Sand, feiner (mehlig) ist Schluff, am feinsten (klebrig in feuchtem Zustand) ist Ton. Lehm besteht möglichst gleichmäßig aus allen drei Kornfraktionen. Bodenarten benennt man mit ansteigendem Schluff- beziehungsweise Tonanteil als tonigen Sand, sandigen Ton, lehmigen Ton, sandigen Schluff und so weiter. Es kommt also auf eine gewisse Ausgeglichenheit an. Unser Boden scheint nach der Lesart mittelprächtig zu sein, nahrhaft, aber schlecht zu bearbeiten, nicht staunass, dafür hält er auch das Wasser nicht, also auf jeden Fall zu verbessern.

Als wir das Land übernahmen, wucherte brusthohe Goldrute den alten Garten zu. Eine Wildnis, in der man nicht von einem Ende zum anderen schauen konnte. Wir dachten: Das dauert Jahre, bis wir die unter Kontrolle haben. Zurückgeschaut ging es schnell. Heute tauchen von der Goldrute nur noch hier und da Halme auf, die wir sofort ausreißen.

Anders als im Sachsenwald bei Hamburg gibt es kaum Giersch, dafür rosa blühende Ackerwinde und leicht zu meisternde Melde.

Die Ackerwinde ist zäh

Auch Brennnesseln wachsen gut, ebenso Schöllkraut, Ackerkratzdistel, Johanniskraut und Kletten-Labkraut sowie an gewissen Stellen Ackerschachtelhalm. Als Bodenbiographie gelesen, heißt das: Die Erde ist fruchtbar (Brennnessel), lehmig (Ackerkratzdistel und Kletten-Labkraut), feuchtnass (Ackerschachtelhalm) und zugleich trocken (Melde). Gegen Ackerwinde sind Quecke und Giersch harmlos. Für sie gilt besonders: Wer ist hartnäckiger und siegt – der Gärtner oder die Pflanze?

Die ersten schmalen, in das abgemähte Stück gegrabenen Beete waren Sisyphusarbeit. Das Unkraut wuchs schneller, als man hacken konnte. Zwei, drei Jahre lang – unsere Hauptaufmerksamkeit war beim Haus – gab es nur winzige Fortschritte. Trotzdem: Mit jeder untergegrabenen Karre Kompost, mit jeder Schicht Mulch ließen sich die Unkräuter leichter entfernen und wurden weniger. Jetzt widersteht uns trotz regelmäßigen Jätens vor allem noch die Ackerwinde. Wenn sie zu dicht an den Sträuchern wächst, wird sie wenigstens knapp über dem Boden abgerissen. »Verrückt«, sagt ein Kollege, »warum habt ihr nicht einmal mit Round-up abgespritzt? Das schadet nicht und schont den Rücken.« Er wird Recht haben. Aber den Rücken müssen wir noch nicht schonen.

HUMUS BRINGT DIE FRÜCHTE

Er entsteht aus organischen Stoffen, aus allem, was einmal lebte. Zwischen den groben und feinen, bis zu Schluff und Ton zerriebenen Gesteinsteilen des Bodens liefern Reste von Pflanzen und Tieren die Materie für neues Wachsen. Und mehr: Sie speichern Feuchtigkeit. Als Mutterboden findet sich Humus in der oberen Schicht. Er ist locker, dunkel und voll Bewegung. In jahrelanger Geduldsarbeit hat Uwe den Hamburger Waldgarten mit selbst gemachtem Laubkompost dahin gebracht, dass die schönsten Schattenpflanzen wachsen: *Trillium*-Arten, *Glaucidium palmatum* und Maiapfel – manches davon gehört zu den großen Liebhabereien, die ein Gärtner haben kann. Nun geht es darum, das Land in der Flussaue für Gemüse und Stauden fit zu machen, für Salat, Kohl und Rüben, die wir unter den hohen Bäumen schon lange nicht mehr anzubauen versuchen. Sie bekämen nicht genug Licht. Und für Rittersporn, der in der Hamburger Waldecke schneller von den Schnecken kurz und klein gefressen, als wir schauen können.

NEUE JOHANNISBEEREN SIND GEPFLANZT.
Kompost soll sie nähren. Wenige Wochen später
wird ein Unkrautflaum das Beet überziehen.
Wir sortieren die Pflanzenabfälle nicht und hätten
die Kompostschicht abdecken sollen.

PFLANZENRESTE in der Kompostbucht. Erstaunlich, wie viel im Sommer zusammenkommt und wie wenig davon nach einem halben Jahr noch übrig sein wird. Selten tut es uns leid, eine Blume, die nicht wachsen will, zu kompostieren, es entsteht ja Neues daraus.

Als wir kamen, war der Boden im neuen Garten zwar völlig vernachlässigt — aber ganz gleich, was wir in ihn steckten, es wuchs zu Meistergröße: Broccoli für eine Armee, Kohl, als ob man nie mehr etwas anderes essen wollte. So war es beim ersten Versuch und auch beim zweiten.

Asseln zersetzen das Laub

Dann verschwanden die Herbstchrysanthemen über den Winter. Einige Astern trieben nur noch wenige Stängel, andere kriegten Mehltau. Der Humus fehlte. Der Stoff, der neue Nährstoffe bereitstellt, der das Wasser hält und Wärme speichert. Ohne Humus laugt das Land aus.

Was Humus ist, spürt man am unmittelbarsten in einem Laubwald, besonders dort, wo er über viele Jahrzehnte in Ruhe gelassen worden ist. Da federt der Boden unter jedem Schritt. Es ist ein Gefühl, als ob man auf dem Fell eines großen Tieres laufen würde. Das Laub, das jeden Herbst fällt, hat sich zu einem dicken Mantel aufgeschichtet. Der Mantelstoff ist mullig, weil in ihm Käfer, Asseln, Würmer und Spinnen abgefallenes Laub, Knospen und Äste zerkleinern und umwühlen; weil Bakterien, Pilze und Algen das Schnitzelwerk weiter zersetzen, so lange, bis es in seine chemischen Bestandteile auseinandergenommen ist, die dann mit dem Regenwasser von den Baumwurzeln aufgenommen werden können.

Damit ist der Kreislauf geschlossen. Einen ähnlichen Prozess braucht auch das Gemüse- und Staudenland. Doch dort fallen Blatt, Blüte und Frucht nicht herunter und kehren »humifiziert« zu den Gewächsen zurück. Dort werden Pflanzenreste zusammengeharkt, abgesammelt und weggetragen. Im Garten gelingt dies nur mit dem Umweg über den Komposthaufen.

KOMPOST FORDERT PLATZ

Schatten soll er haben, einen praktischen Zugang, Raum zum Zwischenlagern und Sieben sowie jede Menge Zuwendung. Er muss vor zu viel Regen beschützt und bei Trockenheit befeuchtet werden. Er darf nicht zu dicht gepackt und nicht zu locker sein. Er soll gemischt, geimpft und umgebettet werden. Was, wenn für all das die Zeit fehlt?

Auch dann gibt es guten Kompost. Zum Glück haben wir genug Platz und konnten gleich neben den Gemüsebeeten eine umheckte Bucht unter Apfelbäumen anlegen. In der Mitte steht ein großer Käfig, der Garten- und Küchenabfälle aufnimmt. Links und rechts davor liegen Haufen mit Grasschnitt, Stängeln und Ästen zum Schreddern und Lehm, den wir im Haus ausbauen. Der Käfig besteht aus alten Zaunteilen, mit Betonpfosten als Ecken. Der vordere Teil ist als Tür zu öffnen.

Mit dem Platz, den wir haben, könnten wir reine Gartenabfälle von solchen mit Unkrautwurzeln und Unkrautsamen trennen, die dann unter Zugabe von Kalk heißer verrotten. Das würde nicht einmal viel Aufmerksamkeit brauchen. Aber es verhält sich damit wie mit der schnell gekochten Erbsensuppe: Klar ist die in fünf Minuten angesetzt. Sie braucht aber außerdem Routine, Muße und das freie Quentchen Grips, ohne das nichts funktioniert. Wir werden es haben, später einmal. Jetzt restaurieren wir nebenbei ein Haus. Da klappt es, allen Kompostfibeln zum Trotz, auch mit dem einfachen Haufen.

Ein Haufen reicht für grobe Fälle

Mathematisch sieht unser Komposthaufen nicht aus. Er ist nicht Selbstzweck, sondern der Ort, an dem die reichlichen Gartenabfälle, statt zu modern, sich wieder in etwas Nutzbringendes verwandeln. Tricks kommen mit den Jahren und machen ihn immer praktischer.

Seit dem letzten Frühjahr stehen zwei große Fässer da. Eines für Wasser und eines für Brennnesseljauche. Aus dem Garten eines Freundes kommt ein Ableger Beinwell, der an der Ecke der Kompostanlage in nur zwei Jahren zu einem stattlichen Placken gewachsen ist. Im Staudenbeet würde das mächtige Gewächs schnell stören, hier ist es mit seinen riesigen zungenförmigen Blättern und nickenden violettblauen Blüten schön und nützlich zugleich. Wir mähen die Blätter des Krauts mehrmals im Jahr und nutzen sie als Mulch für die Tomaten oder legen sie auf den Kompost. Beinwell holt sich Eisen, Kalium und Kieselsäure aus dem Boden, die im Komposthaufen wirksam werden. Und das in ihm natürlich vorhandene Allantoin lässt Stroh und andere cellulosehaltige Pflanzen schnell verrotten.

Grundregeln für guten Kompost

■ **Der strategische Ort.** Kompost gut erreichbar und zentral einrichten, möglichst an einem Platz, an dem er bleiben kann. Denn in ihm arbeiten Mistwürmer, hocheffektive Spezialisten, die, wenn sie endlich einmal da sind, im Boden weiterleben.

■ **Die kunstvolle Schichtung.** Auf den nackten Boden eine zwei Handspannen hohe Streuschicht aus Erbsenbusch, Heckenschnitt oder grobem Häcksel legen, mit Kalk einpudern, darauf 30 Zentimeter Abfälle, danach eine fingerdicke Schicht aus lehmiger Erde oder Komposterde, wieder 30 Zentimeter Abfälle usw. Man kann es aber auch nehmen, wie es kommt.

■ **Der große Irrtum.** Auch mit Pilzen und Schädlingen befallene Pflanzenteile werden

Kompostieren hat Geschichte

Woher kommt die Leidenschaft, mit der die Komposterei betrieben wird? Warum die vielen Rezpte und Regeln, die so anstrengend erscheinen, dass manchem die Lust am eigenen Kompost vergeht? Antwort: Kompostieren ist ein Politikum, das Zentrum, um das alles Landwirtschaften kreist. Denn jeder, der gärtnert, muss entscheiden: Ist der Boden eine chemische Gleichung, wie es Justus von Liebig 1840 in seinem Werk über die Agrikulturchemie beschrieben hat. Oder ist er der lebendige Organismus, den der Botaniker und Naturphilosoph Raoul Heinrich Francé knapp 100 Jahre später untersuchte und in dem er ein Kollektiv kleiner und kleinster Lebewesen – das von ihm benannte Edaphon – fand, die ihn beständig formen.

Was uns heute, ökologisch geschult, logisch erscheint, war es lange nicht. Bis in die späten 1960er-Jahre, bis in die Zeit von Flower Power und Woodstock, blieb der Glaube an den Kunstdünger ungebrochen. Kunstdünger bedeutete mathematische Klarheit, Fortschritt und Freiheit. Er passte zu grünen Baukastensystemen, die Gartenarchitekten entwarfen, um städtische Dachterrassen zu begrünen, und zu einer Utopie, die weit entfernt von Blut und Boden und Rassegesetzen Natur für moderne Menschen wieder erträglich machte. Er passte auch besser als ein Haufen krümeliger Erde voller Asseln zur Vision einer sauberen Atomenergie.

Doch die grünen Baukastensysteme setzten sich damals nicht durch, weil sie zu teuer waren. Und schwere Reaktorunglücke (als Erstes 1979 »Three Mile Island« bei Harrisburg) trübten den Glauben an die saubere Kernenergie derart, dass biologisch-dynamisches Gärtnern langsam Karriere machen konnte. Bis in die 1970er-Jahre war es in den Händen einer kleinen Gemeinde geblieben, die es aus den naturbegeisterten Wandervogeljahren Anfang des 20. Jahrhunderts durch das Dritte Reich in die Selbstversorgergärten der Nachkriegszeit getragen hatte.

Populär war die sogenannte »Kompostfibel« von Alwin Seifert (1890–1982), Reichslandschaftsanwalt unter Hitler. Mit der Energie eines Mannes, der im Sinne völkischer Reinheit die ausschließliche Verwendung heimischer Vegetation forderte, erforschte er gut 40 Jahre die Heilkräfte des Komposts. Er führte Statistiken, setzte im Lauf jeden Jahres 14 Meter Kompost auf, baute bewusst Unkraut und kranke Pflanzen ein und fand in ihm ein Allheilmittel. Keine kranken Pflanzen, kein schlechter Boden – und sei es der schwerste unbezwingbare Tonacker –, die durch ihn nicht gezähmt werden konnten. Sommer für Sommer feierte er Rekorde, die jeden mit Kunstdünger arbeitenden Landwirt übertrumpften. Für Seifert war Kompost »der Magen des Gartens«. Nichts entspannender, als ihn »in eine saubere biologische und mathematische Ordnung zu bringen«.

Raoul Heinrich Francés in den 1920er-Jahren veröffentlichte Theorie vom lebendigen Boden blieb bis zum Ende des 20. Jahrhundert fast unbeachtet.

in einem funktionierenden Komposthaufen zersetzt und müssen nicht notwendig aussortiert werden.

- **Die nötige Luft.** Reisig macht den Haufen luftig. Äste in Fingerlänge schneiden. Holzreicher Kompost ist besonders für schwere Böden zu empfehlen.
- **Die praktische Größe.** Gut zu bearbeiten sind Haufen mit 1 bis 1,20 Meter Höhe und 1,60 bis 2 Meter Breite. 3 bis 4 Meter Länge davon berechnet Alwin Seifert pro 100 Quadratmeter Garten, eine stattliche Menge. Praktisch sind zwei Haufen nebeneinander, ein frisch aufzusetzender und einer, der reift.
- **Der schützende Mantel.** Ist ein guter Meter aufgeschichtet, die Seitenwände schräg klopfen und den Haufen mit einer dicken Schicht Gras abdecken. Der Kompost soll nicht austrocknen, notfalls gießen. Wenn kein Baum zusätzlichen Schatten spendet, können ihn die großen Blätter von Zucchinipflanzen vor Sonne oder zu viel Regen schützen. Ihre Wurzeln machen ihn außerdem schön mürbe.
- **Die Regenwurmprobe.** Haben die Würmer den Kompost verlassen und sind nur noch die holzigen Teile in ihrer Form zu erkennen, ist der Kompost reif und fertig zum Gebrauch.

DIE KOMPOSTBUCHT IST EINE WERKSTATT. Verschiedene Haufen warten darauf, dass sie geschreddert oder umgesetzt werden. Jauchefässer stehen in der Nähe. Kurz nach dem Sieben lebt der Kompost noch sichtbar. Asseln krabbeln auf ihm herum. Sie gehören zu den ersten, die Pflanzenreste zersetzen. Asche verteilen wir meist direkt auf den Beeten. Nur wenn im Winter viel anfällt, landet sie auf dem Kompost. Ausgenommen ist Asche von Kohlebriketts. Sie gehört in die Mülltonne.

■ **Das perfekte Korn.** Vor dem Ausbringen Kompost durch ein Gitter mit 15 oder 20 mm Maschenweite werfen. Überreste kommen in den neuen Haufen. Wichtig beim Sieben ist ein mit Platten befestigter Standort. So wird verhindert, dass man sich beim Wegschaufeln unter das Sieb gräbt.

■ **Die richtige Zeit.** Genutzt wird Kompost, wenn er gebraucht wird. Kompost- oder Nährhumus ist nach etwa neun Monaten fertig, angerotteter Mulchkompost, der auf dem Beet weiter humifiziert, nach zwei bis drei Monaten.

■ **Die optimale Verwendung.** Kompost oben auf den Beeten liegen lassen, höchstens knapp einharken, das fördert die Bewegung der Bodenlebewesen. Vor dem Austrocknen durch eine Schicht aus Häcksel, Laubmulch oder Grasschnitt schützen.

■ **Die Extraportion an der Seite.** Stallmist nicht auf den Komposthaufen bringen, sondern separat mit lehmiger Erde oder halbreifem Kompost gemischt aufsetzen und dick mit Grasschnitt zudecken.

Die kleine Lösung

Wer weniger Platz hat – und weniger zu kompostieren –, kommt ebenso gut mit zwei Kompostierbehältern aus, die in Baumärkten zu kaufen sind. Ein Behälter wird für die frischen Abfälle gebraucht und einer zum Umfüllen und Reifen.

MULCH HEISST DAS LOSUNGSWORT

Denn er hindert Unkraut am Wachsen, macht bei Sommerdürre Wässern unnötig, wärmt den Boden gleichmäßig, macht ihn schön krümelig und schützt ihn bei Regengüssen vor Verkrusten und Verschlämmen. Mulch hält den Garten in Schuss.

Aber nicht alle Mulcharten sind gut für den Boden, nicht alle nützen den Pflanzen. Wie mulcht man also erfolgreich? Und: Was ist überhaupt Mulch?

Mulch ist das Material, das den Boden bedeckt. Was das sein kann, richtet sich stets nach dem besonderen Zweck. Ein Beispiel: Am Herrmannshof in Weinheim, berühmt für seine fantastischen Präriewiesen, haben die Gärtner einen Test mit vier verschiedenen Mulcharten gemacht. Sie wollten wissen, was die Wiesen nicht nur am besten erhält, sondern auch die Arbeit reduziert. Sie schufen vier exakt gleiche Beete und bedeckten sie einmal gar nicht, dann mit Sand, mit feinem Splitt und mit grobem Splitt. Wobei sie überzeugt waren, dass grober Splitt am besten abschneiden würde.

Tatsächlich jedoch war Sand der Testsieger. In einer zehn Zentimeter dicken Schicht aufgebracht, sorgt er dafür, dass der Unterboden feucht bleibt und die Oberfläche trocken, dass sich kein Unkraut ansiedelt, sich dafür aber Wiesenkräuter wie gewünscht selbst aussäen.

Das Experiment war zwar nicht auf Nutzgärten ausgelegt, aber auch dort kann Sand nützlich sein. Er hilft bei schweren Tonböden, in denen Möhrensaat schlecht keimt. In einer Fünf-Zentimeter-Schicht aufgebracht, macht Sand den Boden leichter. Doch die Kur hilft nur oberflächlich, denn in Jahren mit viel Regen staut sich das Wasser auf den tiefer liegenden Bodenschichten und die Möhren verfaulen trotzdem. Es ist, wie es ist: Nicht überall müssen Möhren wachsen.

Welcher Mulch wofür?

Nützlich als Mulch sind Materialien, die im Garten natürlich anfallen, die nichts kosten, die viel zu schade sind, um als Abfall vernichtet zu werden – und von denen es viel mehr gibt als auf den ersten Blick vermutet:

■ **Rasenschnitt** fällt zumindest im Frühsommer wöchentlich an und war in den ersten Jahren ein ziemliches Problem. Er darf nicht in dicken Haufen liegen bleiben, denn die feuchten Halme faulen schnell und kleben zu einer stinkenden Platte zusammen. Wir haben gelernt, mit ihm umzugehen. Wir breiten ihn, so gut es geht, aus und lassen ihn anwelken, bevor wir ihn aufschichten und im Herbst noch einmal umheben. Im Frühjahr wird er aufs Land gebracht, breitflächig untergegraben und verrottet schließlich in der Erde. Im Herbst hätte das wenig Zweck, weil dann die Bodenlebewesen kaum aktiv sind. Da die Grashalme einen extrem hohen Stickstoffanteil haben, ist Rasenschnitt der reinste Stickstoffdünger und nur bei Starkzehrern angebracht, wie bei Kartoffeln, Kohl oder Porree. Auch Rhabarber erhält vor dem Austreiben dicke Packungen. Auf Beete, die für Möhren oder Bohnen gedacht sind, darf nichts von diesem Stickstofflieferanten kommen.

■ **Häcksel** kann man nie genug haben. Er entsteht aus Wassertrieben und anderen gestutzten Zweigen von Obstbäumen und Beerensträuchern, aus harten Staudenstängeln und großen Mengen von Heckenschnitt. Über Monate eingesammelt, wächst er schnell zu Haufen an und wird ein- oder zweimal im Jahr zerhäckselt. Häcksel ist eine gute Kompostbeigabe, wirkt aber ebenso als Mulch auf dem Boden unter Beerensträuchern und Buchenhecken.

■ **Laub** ist eine natürliche Mulchdecke. Die abgefallenen Blätter schützen den Boden zwischen Gehölzen vor Kälte. Sie bleiben bis zum Frühjahr liegen. Das gilt nicht für Wege und Rasen, auf denen das Laub

zusammengeharkt wird und anschließend auf keinen Fall in Müllsäcken an die Straße zum Abtransport gestellt werden soll. Laubmulch oder auch -kompost sind Kostbarkeiten. Nicht etwa, weil so viele Nährstoffe in ihm enthalten wären – Pflanzen ziehen vor der Winterruhe alle brauchbare Energie aus den Blättern, darum werden sie gelb und fallen ab –, sondern weil Laubkompost wie eine Kuscheldecke wirkt, weich und mollig ist und alle Extreme mildert. Im Frühsommer auf die Beete gebracht, nutzt er mehr als Rindenmulch oder Häcksel, die beide beim Zersetzen viele Nährstoffe binden.

■ **Laub-Sonderfälle** sind zum Beispiel Walnussblätter. Sie enthalten »Terpene«, herbizid wirkende Stoffe, mit denen der Baum verhindert, dass sich Unterwuchs am Stamm ansiedelt. Etwas vorsichtig sollte man auch mit reinem Eichenlaub sein,

DIE LAUBBUCHT. Von frisch gefällten Fichten die 2,5 bis 3 Zentimeter dicken Äste nehmen. Im Wald geht das nur mit Erlaubnis des Försters. Äste von Zweigen befreien, anschließend mit dem Ziehmesser schälen. Pfosten standfest in die Erde graben und daran Querriegel befestigen. Löcher vorbohren, dann die Äste festschrauben, erst eine Reihe diagonal rechts, dann links. Nageln funktioniert nicht, es würde das extrem harte Holz aufspalten. Die überstehenden Enden absägen und die Käfigwände von innen mit Maschendraht auskleiden. Die Bucht steht so lange, wie die Pfosten nicht modern. Fichtenäste sind extrem harzig und halten quasi ewig.

es enthält viele Gerbstoffe (Tannine) und ist damit sauer und zersetzt sich schwer. Rhododendren lieben reinen Eichenlaubmulch – für andere Pflanzen sollte man ihn leicht kalken. Mit dem Rasenmäher kann man die Blätter auf einer planen Fläche klein schnitzeln, das fördert die Verrottung. Doch wer sortiert schon »Läuber«, wie Rudolf Borchard in seinem Buch »Der leidenschaftliche Gärtner« schreibt. Meistens kommt alles auf einen Berg, wird einmal umgesetzt und liefert nach einem Jahr feinen erdigen Mull, besser als Torf und perfekt als Zusatz zu Aussaat- und Topferde. Auch gut für Blaubeeren, falls das Laub nicht gerade von Bäumen stammt, die auf kalkhaltigem Boden wachsen.

■ **Kiefernadeln** sind gut für alle Heidegewächse. Sie verrotten langsam und hinterlassen einen Humus, der sauer ist. Man darf es mit ihm also nicht übertreiben. Unsere Kiefer nadelt in manchen Jahren gewaltig. Das nützt den Blaubeeren, denn auch sie gehören zu den Heidegewächsen. Im Garten haben wir einige Kultursorten, deren Ursprungsart aus nordamerikanischen Kiefernwäldern stammt. Vor dem Mulchen düngen – einfach mit Blaukorn –, um den Stickstoffverlust beim Zersetzen der Nadeln auszugleichen.

■ **Hühnermist** haben wir nicht. Noch nicht. Mit Neid schauen wir auf die Hühnerbuchten und Volieren erfahrener Gärtner. Denn sie haben etwas von Produktionsstätten für Superdünger. In einem Fall sind die Hühner schon uralt. Seit Jahren legen sie keine Eier mehr. Und weil ihnen keiner den Kopf abschlagen mag, bleiben sie und produzieren Mist, der zum Nahrhaftesten gehört, was man bekommen kann. Er enthält zum einen Kalk, zum anderen mehr Stickstoff (N), Phosphor (P) und Kali (K) als Rinder- und Pferdemist. Diese Kernnährstoffe für Pflanzen sind die Bestandteile der klassischen Kombinations- oder Volldünger wie Blaukorn. Besseres als Hühnermist (bzw. Taubenmist) gibt es also nicht.

■ **Kuhmist** wirkt ausgleichend und milde. Durch den langen Weg im Kuhmagen weitgehend vorverdaut, ist er warm, im Gegensatz zum **Pferdemist**, den man hitzig nennt. Pferdemist benutzt man besonders gerne als unterste Schicht in Frühbeeten, wo er den Boden anheizen soll, wenn es draußen noch kalt ist.

■ **Stroh** schenkt uns Annegret, eine befreundete Bäuerin im Nachbarort. Wir häckseln es klein und legen es um die Erdbeeren. Vorher ordentlich jäten hilft, denn das zwischen den Halmen herauswachsende Unkraut ist kaum herauszunesteln. Teile des Strohs treten sich im Lauf der Saison ein. Die losen Reste sollten nach der Erdbeerzeit abgeharkt und kompostiert werden. Das Risiko, dass sich im Stroh Krankheitspilze halten, ist groß.

■ **Hacken** in den Gemüsebeeten ähnelt dem Mulchen. Es scheint altmodisch zu sein, aber wir mögen es. »Zweimal gehackt, ist einmal gegossen«, hieß es früher. Zwischen dem Kohlrabi, dem Fenchel, den Reihen mit Schnittblumen, dort also, wo schnell etwas anderes wächst, mulchen wir nicht. In der Folge trommelt der Regen auf dem offenen Boden die Oberfläche zu einer kompakten Schicht fest. Wenn dann nicht gehackt wird, trocknet der Boden schnell aus. Das Hacken unterbricht die Kapillaren und hält damit Feuchtigkeit länger im Boden. Hacken durchlüftet außerdem das Beet. Das ist wichtig, weil Bakterien beim Zersetzen von organischen Materialien Sauerstoff verbrauchen, wodurch sich bei geschlossener Oberfläche Kohlenstoffdioxid im Boden staut.

Allgemeine Mulch-Regeln

■ Mulchen erhält den Status quo. Schädlich ist, den Boden abzudecken, wenn er kalt, quatschnass oder ausgetrocknet ist – Zustände, die Pflanzen am Gedeihen hindern. Der richtige Zeitpunkt kommt, wenn die Erde angenehm feuchtwarm ist. Im Frühling nach dem Pflanzen lieber warten. Im Sommer, wenn nötig, vorher wässern.

■ Der beliebte Rindenhäcksel verbraucht beim Zersetzen Stickstoff. Der ist wichtig für das Wachstum der Blätter – zu wenig lässt Pflanzen kümmern, zu viel fördert Mastigkeit. Daher düngen, bevor Rindenmulch ausgebracht wird.

■ Je dicker die Mulchschicht, desto effektiver ist sie. Große Pflanzen wie Tomaten wachsen glücklich aus einem handspannendicken Kissen aus Stallmist. Aber: Noch kleine Pflanzen sollten nicht vom Mulch bis an die obersten Blattspitzen zugeschüttet sein.

■ Im Lauf der Monate kompostiert organischer Mulch und verwandelt sich in Humus. Was an der Oberfläche bleibt, verschwindet durchs Hacken und Jäten. Neue Mulchdecken sind im Frühjahr fällig.

Achtung
Auch Schnecken sowie Feld- und Wühlmäuse fühlen sich in Mulchdecken wohl. In feuchten Sommern besser hacken als mulchen.

Die Nonnen von Fulda: Strateginnen gesunder **Bodenkultur**

Im Benediktinerinnenkloster zur Heiligen Maria gärtnern die Schwestern seit den 1950er-Jahren nach biologischen Grundsätzen und geben ihr Wissen an die Außenwelt weiter. Ihr Vorbild war eine emanzipierte englische Landfrau, ihr Schatz ein Pflanzenpräparat, das als »Humofix« berühmt wurde.

Das weiße Tütchen könnte ein Erfrischungstuch enthalten. Die Größe ist typisch. Aufgeschnitten, rinnt ein fein pudriges Pulver heraus. Es ist olivgrün mit einem Stich ins Löwenzahngelb und riecht nach getrockneter Wiese und Baumrinde. Ein gestrichener Teelöffel voll, mehr ist in dem Tütchen nicht enthalten. Die Portion »Humofix«, so steht es auf dem Begleitzettel, startet die Rotte im Kompostberg, hilft Saat dabei zu keimen und Blumen zu blühen. Ein Liter Wasser – mehr sei zur Entfaltung seiner Wirkung nicht nötig.

Unter den Anhängern des naturnahen Gärtnerns ist Humofix so berühmt wie die Rescue-Tropfen unter den Verfechtern homöopathischer Heilmethoden. Doch kaum einer von ihnen hat jemals von Miss Bruce gehört, der Landsmännin und Zeitgenossin von Vita Sackville-West und Virginia Woolf – und nur wenige wissen von Schwester Laurentia, der gelehrten Ordensfrau in der Abtei zu Fulda, die, schon 63 Jahre alt, plötzlich den Spaten nimmt, in Gummistiefel schlüpft und anfängt zu gärtnern.

Schwester Laurentia hört von Miss Bruce

Ein Schriftstück gibt den Anlass. 1950 stößt die deutsche Nonne beim Übersetzen des Jahrbuchs der englischen Schwesterabtei Stanbrook (das erste völlig ökologisch arbeitende Kloster weltweit, damals in Worcestershire, seit 2007 in North York Moors) auf den Bericht über ein Mittel zur Umwandlung von Pflanzenresten in Kompost. Eine Landlady namens Maye Emily Bruce, so liest sie, habe das Mittel erforscht und dem Kloster zur Verfügung gestellt. Ist es die Nähe zu der alten Benediktiner-Tradition, die Schwester Laurentia daran so fasziniert? Seit je ist die Liebe zur Natur ein zentrales Motiv des Ordens. Oder ist es das selbstlose Handeln von Miss Bruce, die ihr Wissen weitergibt, das der Nonne imponiert? Was es auch sein mag, Schwester Laurentia nimmt Kontakt zu der englischen Landfrau auf.

Miss Bruce lernt von den Anthroposophen

Miss Bruce (1879–1964) ist die Tochter einer vermögenden, aus Irland nach England eingewanderten Familie. 1921 hatte sie sich ein aufgelassenes Gut bei Cirencester in den Cotswolds gekauft. Warum sie das tat, wissen wir nicht. Der Boden ist steinig und ein Rest Stallmist, den sie als Dünger nutzt, ist bald aufgebraucht. Miss Bruce macht sich Gedanken, wie ihr Land wieder fruchtbar werden kann.

Vom Hörensagen erfährt sie von Rudolf Steiner und einer englischen Gruppe, die ganz in ihrer Nähe nach den Lehren dieses deutschen Anthroposophen lebt und arbeitet. Steiner hatte an Pfingsten 1924 auf Schloss Koberwitz bei Breslau seinen ersten Kurs über die »geisteswissenschaftlichen Grundlagen zum Gedeihen der Landwirtschaft« gegeben. Vor 130 geladenen Gästen verkündet er seine Thesen: Die Erde sei alt geworden. Ihre Vitalität müsse neu stimuliert werden. Ein Präparat aus Kräutern, unter bestimmten Bedingungen hergestellt und eingesetzt, leiste

SCHWESTER WEINREICH betreut heute den Garten der Abtei. Dabei sammelt sie ihre Erfahrungen und schreibt sie in den »Winken« auf. Dreimal im Jahr erscheint die vom Kloster verlegte Broschüre.

dabei die entscheidende Hilfe. Miss Bruce schließt sich den Anthroposophen an. Sie begreift den Sinn eines beständigen Rhythmus aller Arbeiten. Säen, Pflanzen, Ernten, Kompost aufsetzen: Das muss ein in sich geschlossener Kreislauf sein. Sie versteht, dass verdorrte Stängel und welke Blüten nicht Abfall, sondern Nahrung für folgende Pflanzengenerationen sind. Sie lernt vieles und bezweifelt doch manches. All die mystischen Rituale – müssen die sein? Müssen Brennnesseln zwölf Monate lang in einem Torfbett Erdstrahlen aufnehmen? Entwickeln Schafgarbe, Kamille oder Baldrian nur dann ihre Kraft, wenn sie in Kuhmagen und Hirschblase geruht haben? Ist das alles nicht viel einfacher: »Die Göttlichkeit«, so denkt Miss Bruce, »liegt in der Blüte allein.«

Noch mehr als der Hokuspokus stört sie die Exklusivität. Das nutzbringende Präparat soll den Anthroposophen vorbehalten sein. All den Selbstversorgern, die von den Erträgen ihrer Scholle leben, verwehrt man das nützliche Hilfsmittel, solange sie nicht Steiners Schüler werden wollen. Miss Bruce löst sich von den Anthroposophen und beginnt selbst, erfolgreich mit Pflanzenpräparaten zur Aufbereitung von Gartenabfällen zu experimentieren. Vier Wochen im Frühjahr, acht im Sommer, zwölf im Herbst brauchen die von ihr behandelten Komposte zum Reifen. Und das ohne Umsetzen. 1935 lässt sie sich ihr »Quick Return Powder« lizensieren und gibt seine Rezeptur freizügig an Kleinbauern, Schrebergärtner und an die gärtnernden Nonnen der Benediktinerinnen-Abtei in Stanbrook weiter. Die berichten über die Wirkung des Pulvers in ihren Klosterannalen – Notizen, die Schwester Laurentia im fernen Fulda findet.

Schwester Laurentia knüpft ein Netzwerk

Schwester Laurentia beginnt nach dem Fund nicht nur mit Miss Bruce einen regen Briefwechsel, sondern auch mit anderen Pionieren des ökologischen Gärtnerns. Darunter sind Gertrud Franck, die eine komplexe Methode der Reihenmischkultur entwi-

GUTER KOMPOST braucht Feuchtigkeit, um reifen zu können. Eine dicke Schicht Rasenschnitt liefert den nötigen Schutz. Eine Probe zeigt den Reifegrad der verrottenden Masse. Noch arbeiten die Mistwürmer in den Pflanzenresten. Erst wenn sie verschwunden sind, ist der Kompost gar.

ckelt; Heinz Jahn, ein Kompostmeister und Spezialist für Vulkanerden aus dem Schwäbischen; das Ehepaar Stellwag, Landwirte aus dem Ostpreußischen, die eine Broschüre mit dem Titel »Kraut und Rüben« herausgeben; Oswald Hitschfeld, der die frühe ökologische Zeitschrift »Naturgemäßer Land- und Gartenbau« verlegt, sowie viele andere.

Ganz in der Tradition der großen schreibenden Botaniker, wie Carolus Clusius und Carl von Linné, knüpft Schwester Laurentia ein Netzwerk aus Korrespondenten. Das Ziel: Informationen sammeln und weitergeben. Informationen auch über eigene gärtnerische Experimente, die sie, unterstützt von Schwester Agatha und Olivia, im Klostergarten unternimmt.

Erst naive Anfängerinnen, werden sie zunehmend zu Expertinnen und Ratgeberinnen. Gemeinsam testen sie pflanzliche Spritzbrühen als Dünger für Kohl und Tomaten (Brennnessel) oder als Mittel gegen Mehltau (Ackerschachtelhalm). Sie säen Gründünger auf abgeerntete Beete, finden heraus, was das Erdreich lockert (Ölrettich), was den Boden reinigt (Senf) oder Stickstoff spendiert (Kleearten, Lupinen und Winterwicken). Sie mulchen schon in den späten 1950er-Jahren, als in Deutschland noch niemand das englische Wort kennt. Sie nennen ihre Technik »Bodenbedeckung«.

Ökologie ist eine unbekannte Vokabel

Doch das größte Steckenpferd von Schwester Laurentia ist der Kompost. Es gibt andere wie Alwin Seifert, der die Eigenschaften des Komposts erforscht. Doch seine Methode ist der Ordensfrau zu kompliziert, vor allem zu diktatorisch. Sie will es wie Miss Bruce haben, einfach und praktisch für jedermann. Und so erwerben sie und ihre Mitschwestern die Lizenz der Engländerin und fertigen ab 1951 ihren eigenen, »Humofix« genannten Kompostbeschleuniger. Wie Miss Bruce geben auch die Nonnen von Fulda ihr Präparat von Anfang an gegen einen geringen Betrag an Interessierte weiter. Zwar bleibt in den 1950er-Jahren die Nachfrage noch spärlich. Ökologie ist damals eine weithin unbekannte Vokabel. Drei bis vier Tütchen pro Monat, mehr wird nicht erbeten. Doch der Bedarf steigt, erst langsam, ab den 1970ern immer schneller. Heute werden im Jahr bis zu 30 000 Päckchen verschickt. Inhalt: ein Mix aus Baldrian, Brennnessel, Kamille, Löwenzahn, Schafgarbe, Eichenrinde, Honig und Milchzucker. Der ist wichtig, damit sich die positiven Bakterien schnell vermehren. Jahrzehnte lang sammeln die Nonnen die nötigen Kräuter in der Feldflur außerhalb der Klostermauern. »Doch seit geraumer Zeit ist das kaum noch möglich«, sagt Schwester Christa, »wir finden nicht mehr, was wir brauchen.« Zunehmend wachsen die wilden, für das Präparat nötigen Pflanzen im Schutz der Abtei.

Schwester Christa übernimmt die Gartenregie

Christa Weinreich ist Nachfolgerin von Schwester Laurentia. Als ausgebildete Lehrerin für Deutsch, Sachunterricht und Religion tritt sie 1976 ins Kloster ein und kommt wie alle Neulinge »gleich zum Helfen in den Garten«. Sie mag diese Arbeit spontan und so sehr, dass sie im Wintersemester 1979 beginnt, in Osnabrück Gartenbau zu studieren. Wenige Jahre später übernimmt sie Klostergarten und ökologische Korrespondenz.

Heute stehen biologische Rezepte in ungezählten Gartenbüchern. Doch erprobt und auf den Weg gebracht, ohne dass es jemand erzählt, wurden sie von den Nonnen der Abtei Fulda. Voller Geduld, konzentriert auf das Wesentliche, fanden sie heraus, was den Garten fruchtbar sein lässt. Seit 1961 veröffentlichen sie ihre Erfahrungen in kleinen Heftchen. Dreimal im Jahr erscheint »Winke für den Biogärtner«, eine seit 1984 von Schwester Christa geschriebene Broschüre. Auf 32 Seiten berichtet sie von ihren Erfahrungen im Klostergarten. Jüngstes Beispiel: Weiße Fliegen, der Schädling Nummer eins im Sommer 2010. Früher nur in Gewächshäusern gefürchtet, überfielen sie landauf, landab alle Kohlarten und Erdbeeren in den Gärten. Noch sei kein Heilmittel gefunden, berichtet die Nonne. Doch Tests scheinen zu zeigen, dass Weiße Fliegen »allem, was nach Zitronen duftet, ausweichen«. Man könne es mit Zitronenmelisse versuchen.

DAS BAROCKE KLOSTER wurde 1626 durch Fürstabt Johann Bernd Schenk von Schweinsberg gegründet und 1631 fertig gestellt. Der eingefriedete Garten ist nur für die Nonnen zugänglich.

Obst

Rhabarber
Erdbeerforscher im sächsischen Weixdorf
Erdbeeren
Beeren
Kirschen
Experte für alte Obstbaumsorten
Pflaumen
Äpfel
Birnen
Imker im eigenen Garten

Rhabarber

Rhabarber bringt den Frühling und die erste große Ernte im Jahr. Unkompliziert und treu wächst das fruchtige Gemüse auf seinem Dauerplatz. Die dürren Riemen, die man kurze Zeit im Laden bekommt, sind kein Vergleich zu den knackigen Stangen aus dem eigenen Garten. Man kann sie von April bis Juni ernten und braucht sie nicht einmal zu schälen. Etwas Sortenkenntnis erhöht den Spaß.

Auch wer nie etwas über Herkunft und Vergangenheit der kräftigen Staude gehört hat, versteht bei ihrem Anblick sofort, wie aus Naturbeobachtungen Märchen werden. Noch bevor die Stachelbeerbüsche Blätter treiben, schiebt der Rhabarber seine Knospen wie dicke Fäuste aus der Erde, unabhängig von Wärme und Sonne, als wolle er den Winter aus dem Garten boxen. Dunkelrot und verknittert, hat der Trieb etwas Koboldhaftes und so Fremdes, dass die Kräuterkundigen Matthiolus und Camerarius noch im Jahr 1586 notierten, was man damals von dem Kraut für glaubwürdig hielt: »Man habe es zuerst bei den Troglodyten im Mohrenland gefunden, solchen Menschen, die in Erdhöhlen wohnen und Schlangen fressen.«

Wunderwurzel aus dem Morgenland

Schon die alten Römer kannten *Rha barbaricum,* allerdings nicht als Pflanze, sondern nur als getrocknetes Pulver – ein Mittel, das abführt, das gegen Magenbeschwerden, Flechten und manches andere helfen sollte, das teurer als Pfeffer und schwer zu beschaffen war. Lange fand kein Europäer heraus, wo die Pflanze wächst. Nur so viel berichtete der Entdeckungsreisende Marco Polo am Ende des 13. Jahrhunderts: »Die Chinesen ernten Rhabarber in großen Mengen und liefern ihn in die ganze Welt.« Über Jahrhunderte schafften es die Herrscher im Morgenland, die Fundorte der Pflanze geheim zu halten und den Handel mit dem lukrativen Pulver zu monopolisieren. Doch das Rätsel der Herkunft und der mögliche Gewinn heizten die Jagd nach der Wunderwurzel an. Und auf ewig lässt sich keine Pflanze verbergen. Rhabarber-Samen gelangten nach Europa und wuchsen in botanischen Gärten zu imponierenden Stängeln mit mächtigen gewellten oder gezackten Blattschirmen. Aber welche der hier und da entdeckten Rhabarber-Arten (botanisch *Rheum*) war die richtige, welche die wirkkräftige? Der russische Forscher Nikolai Michailowitsch Przewalski (1839–1888), berühmt durch die von ihm entdeckten Wildpferde, war wohl der erste Europäer, der auf seiner Chinareise 1870 bis 1873 am Blauen See Kuku-Nor und im Quellgebiet des Jangtse den »Ächtesten unter den Ächten« sah: *Rheum palmatum*.

Nicht auf Anhieb hatte man entdeckt, dass sich Rhabarber essen lässt. Hier und da steckte ein Gärtner ein Stück vom Stängel in den Mund und spie das saure Zeug gleich wieder aus, bis gegen Ende des 18. Jahrhunderts ein Feinschmecker mit etwas Experimentiergeist die Stängel schälte, in Stücke schnitt, sie kochte – »karamellisiert mit Zucker und ein bisschen Zimt« – und feststellte: »Es schmeckt wie Stachelbeer-Pie.«

Niemand weiß, aus welchen Ursprungsarten der Küchenrhabarber entstanden ist: *Rheum* x *hybridum* oder, nach neuer Bezeichnung, *Rheum rhabarbarum*. Doch um 1810 boten englische Bauern erste Rhabarberstangen auf dem Londoner Markt an. Noch heute finden sich unter den Engländern die größten Rhabarber-Fans. In Harlow Carr und Wisley wird die »National Plant Collection« des Krauts gehütet, mit über 100 Sorten und Arten, dabei viktorianische Leckerbissen wie 'Prince Albert' und 'Victoria'. Es ist die einzige Sammlung von Nutzpflanzen, die die »Royal Horticultural Society« unter ihre Obhut genommen hat.

Einmal um den Globus

In Deutschland bauten 1848 Bauern in Kirchwerder, dem südlichsten Teil der Vierlande bei Hamburg, erste Rhabarber-Stöcke an. Zögernd eroberten sie sich von hier aus die Gärten der Umgebung. Rhabarber blieb bis zum Ende des 19. Jahrhunderts eine norddeutsche Spezialität, und noch bis 1960 war das 'Vierländer Blut' als erste erntefrische Marktware nach dem Winter begehrt. Dann begannen rund ums Jahr aus südlichen Ländern gelieferte Gemüse und Früchte ihm Konkurrenz zu machen – und der Absatz sank.

Heute liegt Rhabarber im Trend. Er könne nicht so viel liefern, wie bestellt wird, sagt der Schweizer Landwirt Roland Fasnacht. In Sugiez, am Fuss des Mont Vully im Kanton Freiburg, baut er über zwanzig Sorten Rhabarber an, beliefert Gärtnereien mit Jungpflanzen – 80 Prozent nach Deutschland –, hat einen Sichtungsgarten und in Bamberg einen Sortenversuch stehen.

Obst | Rhabarber 75

RHABARBER braucht Gefühl. Die Stangen werden beim Ernten nicht gebrochen oder abgeschnitten, sondern wie Maiglöckchen gezogen.

Rhabarber: Obst oder Gemüse?

Botaniker unterscheiden zwischen Früchten (Obst) und Gemüse. **Früchte** sind die Pflanzenteile, die sich aus den bestäubten Blüten entwickeln, meist aus den Fruchtknoten. Beispiel: Kirschen. **Gemüse** sind alle essbaren Pflanzenteile außer den Früchten. Also: Blätter (Spinat, Kohl), Blüten (Artischocke), Stängel (Porree, Fenchel), Wurzeln (Möhren), Knollen (Kartoffeln), Knospen (Rosenkohl), Samen (Erbsen), Blütenstände (Blumenkohl). Gemüse stammt meist von einjährigen Pflanzen und wird gekocht, daher die Ableitung des Wortes »Mus« aus dem Mittelhochdeutschen für Brei. Köche nennen auch botanische Früchte »Gemüse«, die sie salzig oder herzhaft zubereiten. Dazu gehören Tomate, Paprika und Gurke. Umgekehrt werden eindeutige Gemüse als Süßspeisen zubereitet, etwa Rhabarber als Grütze und Kuchen. Was von Koch und Botaniker in unterschiedliche Kategorien sortiert wird, nennt man **Fruchtgemüse**.

Seit circa 1910 wächst in der Schweiz Rhabarber. Er gedeiht dort, weil es kühl ist, und Rhabarber braucht Kälte. Bei zunehmender Klimaerwärmung wird es immer aufwändiger, ihn in südlichen Teilen Deutschlands anzubauen. Neben Norddeutschland, wo der größte Rhabarberbauer inzwischen wieder 25 Hektar bestellt, sind Schweden, Schottland und das südliche Alaska Rhabarberländer geworden. Und so ist das Kraut, in China aufgebrochen, in knapp 300 Jahren einmal um den Globus gewandert.

Rhabarber im eigenen Garten

- Rhabarber gedeiht mehr als 15 Jahre an einem Ort und ist auch im Halbschatten neben unserer Hainbuchenhecke und vor dem *Cornus kousa* noch ziemlich ertragreich. Die Wurzelstöcke in ein extra Beet setzen, vielleicht zusammen mit Engelwurz oder Pfefferminze, Knospen nur leicht mit Erde bedecken. Pro Pflanze einen Quadratmeter Platz einplanen. Erst ab dem dritten Jahr ist sie kräftig genug zum Ernten.
- Der Starkzehrer braucht Kraftnahrung, ansonsten ist die Pflanze genügsam. Eine dicke Packung reifer Kompost oder mehrfach umgesetzter Rasenschnitt im Herbst oder Spätwinter reichen.
- Etwa ab Mitte Mai treibt der Rhabarber mächtige Rispen mit kleinen sahnefarbigen Blüten. Sie kosten die Pflanze Kraft und werden daher ausgebrochen. Eigentlich ist das schade. Ab und zu lassen wir sie stehen.
- Rhabarber sammelt Kältegrade. Friert es im November und Dezember heftig, treibt er früh, möglicherweise schon im Januar. Ein warmer Winter verzögert den Neustart.
- Aus England stammt der »Forcer«, ein bodenloser Steintopf, der über den Rhabarber gestülpt wird. So geschützt, treibt die Pflanze etwa vier Wochen früher milde, zart rosafarbene Stangen. Das gleiche Resultat erreicht man mit einem über die Pflanze zu stülpenden Eimer, einer Kiste oder einem alten Korb, von dem man erst den Boden entfernt und ihn dann als losen Deckel mit einem Seil befestigt hat. Das Ganze von außen mit Stroh, Mist oder Heu umhüllen.
- Stangen wie Maiglöckchen ziehen, nicht brechen oder schneiden. Den Wurzelstock schonen. Nie mehr als drei bis vier Stangen pro Pflanzen abnehmen. Letzter Erntetag ist traditionell der 21. Juni.
- Kräftige Knollen im Spätherbst mit einem scharfen Spaten teilen. Die Wundfläche antrocknen lassen, in feuchten Jahren mit Holzkohlepulver oder Steinmehl bestäuben.

Tipp

Mit Rhabarberblättern lässt sich nackter Boden – etwa bei Neupflanzungen – gegen aufkeimendes Unkraut abdecken.

Nährstoffe in 100 Gramm

Energie 13 kcal – Wasser 93,7 g – Kohlenhydrate 1,4 g – Vitamin C 10 mg – Fett 0,1 g – Kalium 270 mg – Kalzium 52 mg – Magnesium 13 mg.

Sorten

Unser robuster Rhabarber ist ein Erbstück. Grüner oder roter – mehr Unterschiede machte man im Dorf früher nicht. Wobei die roten Sorten gut aussehen, die grünen aber angeblich besser schmecken. Mehr als ein Dutzend Rhabarbersorten hat der Schweizer Spezialist Roland Fasnacht getestet. Er empfiehlt: 'Timperley Early' (früheste Sorte, feine Haut, lange, brüchige Stängel, eine fast buschig wachsende Pflanze); 'Sutton Stockbridge' (ertragreich, früh); 'Goliath' (beste Sorte für Saft), 'Frambozenrood' (gut durchgefärbt, eher spät), 'Red Valentine' (rothäutig und rotfleischig, spät).

Rhabarber-Küche

Die frischen Stiele halten etliche Tage, besser als manches Gemüse, am besten kühl bei 10 bis 12 Grad Celsius und wenn sie in ein feuchtes Tuch geschlagen sind.
Konserviert wird als Marmelade, Saft und Sirup. Zwei »Bülten« reichen für ein paar Mal Grütze und Kuchen, sowie ein paar Gläser Konfitüre.
Wer Saft machen will, braucht mehr. Sieben Pflanzen, so rechnete man früher, reichen einen Sommer lang für eine Familie.
Gartenfrischer Rhabarber muss nicht geschält werden, Abwischen reicht normalerweise.
Für den Saft Rhabarber in etwa 3 Zentimeter lange Stücke schneiden und in den Dampfentsafter geben. Reichlich zuckern.
Aromatisch passt das Fruchtgemüse zu Fleisch und vielerlei Käse.

Klaus Olbricht: **Erdbeerforscher** im sächsischen Weixdorf

Während alte Moschus-Erdbeeren wie Schätze gesucht und von Gärtner zu Gärtner weitergegeben werden, zerlegen Industrie-Labore die Frucht in ihre chemischen Bestandteile. Mit einem Katalog von mehr als 70 Kriterien wollen Züchter neue Beeren erschaffen. Die Natur übertreffen werden sie nie, weiß Klaus Olbricht.

Es ist ein verflixtes Jahr. Noch Anfang Juni gehen die Temperaturen nachts auf vier Grad Celsius herunter. Tagsüber scheint zwar hin und wieder die Sonne, aber die Luft bleibt kalt. Erst regnet es ununterbrochen, dann, nachdem die Erdbeeren endlich geblüht haben, bleibt es zwei Wochen lang trocken. Die wenigen Früchte, die rot werden, sind winzig. Wir essen weiter Rhabarber, dem die Witterung nichts anhaben kann. Erdbeeren, die in den Läden ein Vermögen kosten, gibt es aus dem Garten zuerst nur kompottschüsselweise. Mit drei Wochen Verspätung beginnt das süße Schlemmen.

Auf fünf Kilo bringt es jetzt an guten Tagen der sächsische Erdbeerforscher Klaus Olbricht. Sein Versuchsfeld liegt in Weixdorf nördlich von Dresden. Bis zum Dunkelwerden verbringt er die Tage auf strohgepufferten Pfaden zwischen seinen Testobjekten. 56 Reihen, jede 180 Meter lang. Hier wachsen 100 Sorten, 1 200 Klone, 26 000 Sämlinge, die begutachtet werden müssen. Ungezählte Male bückt sich Klaus Olbricht. Er schwenkt die Frucht vor der Nase. Duftet sie? – Er drückt sie vorsichtig. Ist sie fest? – Er steckt sie in den Mund. Wie steht es mit Säure, Süße, Festigkeit? Wie ist das Mundgefühl? Fest, weich, fasrig oder mehlig? Schmeckt sie saftig oder schon wässrig?

360 chemische Komponenten hat die Erdbeerfrucht, das sind chemisch nachweisbare Substanzen. Mehr als 70 Kriterien muss eine Sorte erfüllen. Dazu gehören Größe, Aussehen, innere Struktur – und »shelf-life«, die Haltbarkeit der äußeren Hülle und ihre Lagerfähigkeit. Beides sind die Hauptmerkmale für Hochleistungssorten der Supermärkte. Sie gehen voll auf Kosten des Aromas. »Denen fehlen wichtige Ester«, sagt Klaus Olbricht. Das will er besser hinkriegen.

Drei Wochen dauert die Hauptsaison. Für den Forscher heißt das: drei Wochen Erdbeeren essen. Wir beneiden ihn. Dort, wo die Stecketiketten mit den Testnummern schräg in der Erde stehen, wo der Forscher schon seinen Happen genommen hat, dürfen wir zugreifen. Doch unser Gaumen macht schon nach dreißig Proben schlapp. Die leckerste Erdbeere gibt es nun nicht mehr. Jede weitere hat etwas Bitteres, Fades oder Saures. Wie hält der Profi-Tester das aus? – »Salzbrezeln sind gut, Fleisch neutralisiert«, empfiehlt Klaus Olbricht.

Hinten auf dem Land steht die Genbank – zwei lange Reihen aus Holz umranden kleine Extrabeete. Hier wachsen *Fragaria*-Arten aus der ganzen Welt. Die wilden Früchte sind nicht größer als der Fingernagel am kleinen Finger – aber sie sind süß und stecken voller Überraschungen. Die elfenbeinfarbene *Fragaria nilgerrensis* aus Südostasien schmeckt nach Kokos, Banane und Pfirsich. Die chilenische Stranderdbeere, *Fragaria chiloensis,* hat Blätter, die wächsern überzogen sind. Das macht sie gegen Pilze resistent und schützt sie an ihrem natürlichen Standort gegen salzige Meeresluft. *Fragaria iturupensis* stammt vom Fuß des Vulkans Azonopuri auf der Kurilen-Insel Sachalin, die noch immer militärisches

DIE ERDBEERE, *FRAGARIA,* ist eine Sammelnussfrucht. Die Nüsschen sitzen auf der äußeren Schale der fleischig gewordenen Blütenachse. Die verfärbt sich rot, um Igel, Amsel, Ameise und Mensch anzulocken.

JUNI IST ERNTEMONAT und für den Züchter Klaus Olbricht die anstrengendste Zeit im Jahr. Täglich schreitet er 56 Versuchsreihen ab, pflegt Mutterpflanzen im Gewächshaus und außerdem eine Genbank mit den bekannten Erdbeerarten der Welt. Hier steht auch *Potentilla indica* aus Südostasien. Sie bildet kleine runde Scheinerdbeeren, die fade schmecken. Dieses Gewächs wurde im 19. Jahrhundert in Europa eingeführt.

Sperrgebiet ist. Sie ist eine unserer Gartenerdbeere verwandte Art außerhalb Amerikas und deshalb interessant für Kreuzungsvorhaben. Zwischen den Erdbeeren steht ein Fremdgänger: *Potentilla palustris,* das Sumpfblutauge. Ein Fingerkraut. Es lässt sich mit Erdbeeren kreuzen und erzeugt die rosa blühenden Sorten. Auch die in Deutschland heimischen Arten sind vertreten: *Fragaria vesca,* die Walderdbeere, *Fragaria viridis, die* Hügelerdbeere, mit grünen bis rosa Früchten und die seltene *Fragaria moschata,* die Moschuserdbeere. 150 Pflanzen gedeihen hier, von 150 Orten, jede auf das Genaueste an ihren Heimatstandort angepasst. Hat die Natur die perfekte Erdbeere nicht längst erschaffen? »Kochen Sie mal Marmelade aus Walderdbeeren«, erwidert darauf Klaus Olbricht, »die wird bitter. Zu viele Terpene.«

Klaus Olbricht ist der jüngste Erdbeerzüchter in einer langen Kette. Jahrhundertelang versuchten Gärtner in Europa, den heimischen Arten größere Früchte abzuluchsen. Einem französischen Handelsgärtner namens Pierre Fressant soll es schließlich gelungen sein, eine fast pflaumengroße Beere zu züchten: die nach ihm benannte *Fragaria vesca* 'Fressant', mitunter *Fragaria hortensis* (Gartenerdbeere) genannt. Doch den Titel 'Fressant' führt auch die zweite heimische Art, die *Fragaria moschata*. Sie ist auf alten Fruchtstillleben zu sehen als binsenartig dünner Einzelstängel mit vielen kleinen Früchten. Manchmal sind die Stiele sogar zum Strauß gebunden. Denn die 'Moschata' oder auch 'Capron' (nach ihren Kelchblättern in Form der Kapuzen von Kapuzinermönchen) genannte Art wird groß und buschig mit langen Trieben. Sie ist eine schöne Blütenpflanze in Waldrandbeeten zwischen *Geranium*, *Hosta* und *Thalictrum*. Bis ins 19. Jahrhundert wird sie in den Vierlanden bei Hamburg angebaut. Und noch heute gibt es in der Nähe von Mailand, in Tortona, die wegen ihres Duftes begehrte Moschata-Sorte 'Profuma di Tortona'.

Die hocharomatischen Sorten der Moschus- und der Monatserdbeeren (*Fragaria vesca*, zu der auch die berühmte in Putbus gezüchtete 'Rügen' gehört) sind leidenschaftlich gesammelte Pflanzen, deren Kenner in einem regen Kontakt miteinander stehen.

Die heute gebräuchliche Gartenerdbeere, das Forschungsgebiet von Klaus Olbricht, stammt dagegen aus einer ganz anderen Ecke der Welt. Sie ist als Kreuzung einer nord- und einer südamerikanischen Art entstanden, die erst in Europa aufeinandertrafen. Die frisch säuerliche, allerdings eher kleine und scharlachrote *Fragaria virginiana* wächst spätestens seit 1623 in Europa. Man weiß es vom Garten des Apothekers Jean Robin (1550–1629), der Hofgärtner bei drei aufeinanderfolgenden französischen Königen in Diensten ist. Angeblich walnussgroße Früchte hat hingegen *Fragaria chiloensis*. Amédée Francois Frézier (1682–1773), ein ziemlich abenteuerlicher Charakter, Mathematiker, Feuerwerksingenieur, Spion und Entdecker, bringt sie 1714 von seiner Forschungsreise aus Südamerika mit.

Jede für sich wachsen sie jahrzehntelang getrennt. Erst als sie in dem einen oder anderen Garten nebeneinander geraten, sich gegenseitig befruchten und kreuzen, entsteht *Fragaria × ananassa,* die Ananaserdbeere, unsere heutige Gartenerdbeere. Antoine Nicolas Duchesne (1747–1827), ein Versailler Beamtensohn, präsentiert sie Ludwig XV. Als der den damals erst 19-Jährigen damit beauftragt, eine Sammlung aller bekannten Erdbeeren anzulegen, beginnt die große Zeit der Erdbeerzucht.

Duchesne schreibt das erste einer langen Reihe von Erdbeerbüchern. Gärtner entwickeln spezielle Töpfe, Häuser und Techniken, um die Erntezeit zu verlängern. Bis zum Ende der 20er-Jahre des letzten Jahrhunderts ist für dieses erste reife Obst im Jahr keine Mühe zu groß. Noch in den 1960er- und frühen 1970er-Jahren verdienen sich Nebenerwerbsbauern rund um die großen Städte ein Taschengeld mit zusätzlichen Erdbeerreihen, deren Ernte sie körbeweise auf dem Markt und am Gartenzaun verkaufen – so lange, bis immer mächtigere Supermarktketten die Versorgung mit frischem Obst übernehmen. Erdbeeren müssen nun haltbarer werden, damit sie die langen Transportwege aushalten. Die Züchtung schafft feste, große, rote Superfrüchte, nur schön zum Ansehen. Und die Erdbeere, die nach Erdbeere schmeckt, wird zu einer Feinschmeckerfrucht.

Obst | Beeren | ERDBEERFORSCHER 81

Erdbeeren

Erdbeeren sind das einzige Obst, das als Staude wächst. Sie haben ein vielfältigeres Aroma als Äpfel, verderben jedoch schnell. Und weil sie nicht nachreifen, müssen sie naschfertig gepflückt werden. Das macht Erdbeeren zu einem besonderen Genuss. Wer sie im Garten haben will, unterliegt festen Regeln.

So pflanzen Sie Erdbeeren richtig

- Erdbeeren brauchen Platz. Für zwei Kilogramm reichen gut acht Pflanzen, die mit einem Reihenabstand von einem Meter gepflanzt werden, die Herzknospe über dem Boden. Ende Juli oder Anfang August auf frei gewordenes Rüben- oder Fenchelland, damit sie gut einwurzeln.
- Erdbeeren müssen wandern. Tradition im Bauerngarten ist der klassische Dreijahresturnus in beispielsweise drei mal zwei (macht sechs) oder drei mal drei (neun) Reihen. Denn die Pflanzen tragen im ersten Jahr spärlich, reich im zweiten, im dritten lässt die Energie nach, und die Erdbeeren werden nach der Ernte gerodet.
- Erdbeeren sind Waldsaumpflanzen. Sie müssen luftig stehen, damit sie schnell abtrocknen können.
- Erdbeeren haben Antipathien. Sie mickern dort, wo im letzten Jahr Kartoffeln standen.
- Eine Packung sauberes Stroh in und zwischen den Reihen hält die Feuchtigkeit im Boden und die Früchte sauber. Wenn es zu trocken wird, morgens wässern.
- Nach der letzten Ernte alle Blätter sieben (bis zehn) Zentimeter über dem Wurzelhals abschneiden und altes Stroh entfernen. Boden zwischen den Reihen lockern.
- Gepflückt wird traditionell vor Arbeitsbeginn, wenn die Früchte noch nicht von der Sonne aufgeheizt sind. Die Ernte dauert etwa fünf Wochen, von Mai bis Mitte Juni.
- Erdbeeren vermehren sich durch Ausläufer sortenecht. Mitte Juli bis Anfang August abranken, wenn der Neuling selbstständig wächst und drei bis vier kräftige Blätter getrieben hat.

Nährstoffe in 100 Gramm:

Energie 32 kcal – Wasser 98,8 g – Kohlenhydrate 5,5 g – Vitamin C 65 mg – Fett 0,4 g – Kalium 145 mg – Kalzium 25 mg – Magnesium 15 mg.

Sorten

Bisher haben wir kein großes Glück mit Erdbeeren. Weiße Fliegen sind eine Plage, Pilze machen sich breit. Die Sorte, die es bei uns aushält, ist 'Senga Sengana' (1954), die es Klaus Olbricht zufolge »überall kann, als Einzige sogar in Finnland«. Neben ihr steht die viel gerühmte 'Mieze Schindler' (1925), die grundsätzlich einen Fremdbestäuber braucht. Sie ist lecker, aber der Ertrag Glückssache. Neu gepflanzt sind die historische Gartenerdbeere *Fragaria × ananassa* 'Königin Luise' (1905, mit herzförmigen hocharomatischen Früchtchen), die Moschuserdbeere *Fragaria moscata* 'Capron Royal' (bekannt seit 1766, selbstfruchtend, mit hellroten, fast weißlichen Früchten) und die weiß-»fleischige Walderdbeere *Fragaria vesca* 'Blanc Amélioré'«.

Erdbeer-Küche

Gewaschen werden Erdbeeren grundsätzlich mit Stiel, damit kein Saft im Spülwasser verloren geht.
Der wichtigste Vorrat ist Marmelade. Nach dem Grundrezept auf den Gelierzuckerpackungen gekocht, mit etwas Zitronenschale gewürzt, sind acht Gläser in weniger als zwei Stunden fertig. Erdbeeren gelieren in kühlen, feuchten Jahren schlecht. Hinzugefügter Saft von Weißen oder Roten Johannisbeeren erhöht den Säuregehalt und die Gelierfähigkeit.
Mehr dazu aus dem Garten
Zitronenmelisse würzt geschlagene Schlagsahne zu frischen Erdbeeren. Grüner Salat lässt sich gut mit Erdbeeren ergänzen; Salz, Pfeffer, Balsamico-Essig oder Zitrone hinzufügen. Erdbeeren sind die ersten Gartenfrüchte für den Rumtopf.

ERDBEEREN SIND NICHT NUR LECKER. Es gibt Arten, die wunderbare Zierpflanzen sind. Hier die Kreuzung einer Gartenerdbeere mit der wilden *Fragaria virginiana*. Zuchtziel war eine Verbesserung des Geschmacks, entstanden ist eine Pflanze mit schönen gefüllten Blüten.

Beeren machen gesund. Ein paar Sträucher passen auch in den kleinsten Garten. Rote Johannisbeeren in die Staudenrabatte, Himbeeren ans Ende vom Salat- und Kräuterbeet, Stachelbeeren mitten auf den Rasen, als Hochstämmchen in Form geschnitten oder als Spindel in einer Reihe gezogen. Wer Beeren im Garten hat, braucht weder Vitamin- noch Mineralstoffpillen.

Beerensträucher waren das Erste, was wir in unseren neuen Garten pflanzten. Sie konnten wachsen, während wir mit dem alten Haus beschäftigt waren. Einmal gesetzt, machen sie über Jahre wenig Arbeit, garantieren aber schon nach zwei Jahren Grütze, frische Marmelade und einige Flaschen Saft. Außerdem geben uns unsere Sträucher jedes Jahr ein Gefühl von Luxus und Überfluss, wenn wir zur Johannisbeerzeit die abenteuerlich teuren Früchte in den Läden sehen. Woher der Preis, fragt man sich? Antwort: Sie müssen von Hand gepflückt werden. Beeren machen die Welt wieder gerecht. Arbeit erzeugt Lohn, sichtbar und lecker.

Bei uns wachsen sie klassisch in schmalen Reihen, die von Rasenwegen getrennt sind. Zwei Reihen Himbeeren, sommer- und herbsttragende, eine Reihe mit vier Roten und drei Schwarzen Johannisbeeren, dazu eine Reihe Stachelbeeren.

Johannisbeeren pflücken ist die reine Lust. Der Korbstuhl steht auf dem Rasenweg, dann im Beet und zwischen den Sträuchern. Die Sonne ist warm. Der Nachbar hämmert und die Roten wandern mit Stiel in die Schüssel, die Schwarzen gleich einzeln. Das geht gut, weil sie eine dickere Schale haben.

Beerensträucher geschickt wählen und pflanzen

- Wirtschaftlich ist es, Beerensträucher der gleichen Art in Sorten zu pflanzen, die zu verschiedenen Zeiten reif werden, am besten im Herbst.
- Gleich nach dem Pflanzen die Triebe stark zurückschneiden, Stachel- und Rote Johannisbeeren um ein Drittel einkürzen, Schwarze Johannisbeeren sogar bis auf drei, vier Augen über der Erde, Himbeeren auf gut doppelte Handspanne.
- Alle Johannisbeerbüsche sind ausladend und wurzeln flach. Das heißt, zwischen ihnen entsteht viel freie Fläche. Mit Mulch, Holzhäcksel oder Stroh abgedeckt, ist das darin locker wachsende Unkraut schnell beseitigt. Aber es gibt nette Ideen, die man ausprobieren könnte. Eine ist, Maiglöckchen, eine andere, Artemisien zwischen die Sträucher zu pflanzen. Beides soll die Johannisbeeren gesund erhalten.
- Johannis- und Stachelbeeren gedeihen in der Sonne und im lichten Schatten. Himbeeren brauchen volle Sonne.
- Alle Beeren lassen sich einfrieren.

ROTE JOHANNISBEEREN ERZIEHEN DEN GÄRTNER

Für eine gute Ernte brauchen sie den regelmäßigen Schnitt. Der verlangt Konzentration, lässt sich aber viel schneller lernen als der richtige Schnitt von Obstbäumen. Mit der Anleitung neben uns haben wir es in den ersten zwei Jahren ordentlich gemacht. Die Ernte war fantastisch. Dann gab es viel Arbeit im Haus und eine schnell ausgebreitete Schicht Mulch musste reichen. Ein Gewirr von Trieben und weniger Früchte waren die Quittung dafür. Wirklich übel genommen haben es die Johannisbeersträucher zum Glück nicht.

- Ziel für den Schnitt für Rote und Weiße Johannisbeeren (Weiße sind nur eine Abart der Roten) ist ein in der Mitte offener Strauch, sodass viel Licht zu den Beeren gelangt, die sich an den sogenannten Fruchtspießen des alten Holzes bilden. Bei sieben Sträuchern ist das eine Sache von wenigen Stunden.
- Im Sommer, gleich nach der Ernte, den Johannisbeerbusch auslichten. Das lenkt das Wachstum in die richtigen Bahnen und beugt möglichen Krankheiten vor. Jährlich ein Drittel der dunklen alten Triebe wegnehmen, ein bis zwei junge heranziehen. Sieben starke Leittriebe insgesamt sind genug. Die überschüssigen Seitenzweige entfernen.
- Im Herbst oder Spätwinter, wenn es nicht friert, die Grundform überarbeiten. Die Leittriebe um etwa die Hälfte ihres Zuwachses

kürzen. Auch wieder die Seitentriebe reduzieren. Zur Orientierung: Alle Handspanne ein langer Trieb genügt. Die dazwischen wachsenden Triebe auf gute Fingerlänge kürzen.

■ Sollte der Busch stark vernachlässigt sein, kann man es mit einem radikalen Rückschnitt versuchen. Alle Äste über dem Boden kappen, nur zwei oder drei schwächere stehen lassen. Sie fungieren als »Zug-Äste«, regen das Wachstum an und helfen dem Johannisbeerbusch neu auszutreiben.

■ Rote Johannisbeeren dürfen nicht überdüngt werden. Sie bilden sonst unnötig viele Zweige und Blätter, dafür wenig Beeren. Es reicht, die Sträucher alle drei Jahre mit Gartenkompost zu versorgen. Ein gesunder, gut eingewachsener Busch liefert dann etwa fünf Kilogramm Früchte.

Nährstoffe in 100 Gramm:
Energie 43 kcal – Wasser 81 g – Kohlenhydrate 7,3 g – Vitamin C 36 mg – Fett 0,2 g – Kalium 240 mg – Kalzium 30 mg – Magnesium 13 mg.

Sorten
Unsere Roten Johannisbeeren haben wir vor Jahren in einer kleinen Gärtnerei gekauft. Der Name der Sorte war damals unerheblich. Sie schmecken gut und tragen reich, wenn sie gut geschnitten sind. Aus Neugierde und weil es in der Schüssel hübsch aussieht, haben wir zwei der weißen Abarten dazugepflanzt: 'Gloire de Sablons' (weiß-rosa, von 1867, aromatisch) und 'Weiße Versailler' (weiß, mildes Aroma, ein Klassiker seit der Mitte des 19. Jahrhunderts).

SCHWARZE JOHANNISBEEREN
DUFTEN

Die Blätter, die Früchte, der ganze Busch riecht nach Cassis, so wie der aus den Früchten gewonnene französische Likör heißt – mit Weißwein aufgegossen, ist er als Kir, mit Champagner als Kir Royal berühmt geworden. Auch gut: Vögel mögen sie nicht. Und noch besser: Schwarze Johannisbeeren sind von allen Beeren die besten Vitaminlieferanten.

■ Den ersten Fehler haben wir in unserem alten Garten gleich beim Pflanzen gemacht und den Busch zu hoch gesetzt. Nach wenigen Jahren bildete sich ein kurzes Stämmchen, das sieht vielleicht ganz hübsch aus, ist aber für Schwarze Johannisbeeren unvorteilhaft.

■ Aufgabe ist es, den Busch dazu zu bringen, immer neue Triebe aus dem Wurzelstock emporzuschieben, denn an ihnen wachsen die Früchte. Das klappt gut, wenn die Pflanze etwas tiefer gesetzt wird, als sie in der Baumschule stand. Man erkennt das an Einfärbungen der Rinde.

■ Der Schnitt von Schwarzen Johannisbeeren folgt am besten einem dreijährigen Zyklus, in dessen Verlauf der Busch komplett erneuert wird. Im Sommer nach der

Ernte ein Drittel der alten, dunkel und schrundig gewordenen Triebe dicht über dem Boden absägen. Die verbleibenden verschlanken, das heißt, nur eine Spitze nach oben wachsen lassen. Acht bis zehn Triebe sind gut. Im Spätwinter die Form überarbeiten.

■ Die vitamin- und ballaststoffreiche Schwarze Johannisbeere braucht besonders viel Gartenkompost. Auch Grasschnitt ist prima, wenn er gut verrottet ist.

■ Christopher Lloyd, der große englische Gärtner, Herr von Great Dixter und Genießer, erinnert in seinem schönsten Buch, »Gardener Cook«, an eine alte Profiregel: Wenn die Johannisbeersträucher acht oder zehn Jahre gut getragen haben, »schulden sie einem nichts mehr«. Er rät seinen Lesern alt gewordene Büsche getrost zu kompostieren und neue zu pflanzen. Was auch auf solche zutrifft, die einem nicht schmecken und die schlecht wachsen. Es macht keinen Sinn auszuhalten, was einmal gepflanzt ist. Nutzsträucher sollen ihren Zweck erfüllen. Ein junger Johannisbeerstrauch kostet neun bis zwölf Euro. Dabei sollte man die Vorteile nutzen, die man als Selbstversorger hat. Denn wo die Beeren direkt vom Garten in die Küche gelangen, brauchen sie keine dicken Schalen, können groß, dünnhäutig und saftig sein. Seinem Rat sind wir gefolgt und haben dieses Jahr neu gepflanzt.

Nährstoffe in 100 Gramm:
Energie 57 kcal – Wasser 78 g – Kohlenhydrate 10,3 g – Vitamin C 189 mg – Fett 0,2 g – Kalium 341 mg – Kalzium 53 mg – Magnesium 17 mg.

Sorten
Einen auf dem Grundstück vorgefundenen Strauch Schwarze Johannisbeeren haben wir dieses Jahr gerodet. Wir hatten ihn umgepflanzt, gestutzt und gedüngt. Er trug große Blätter, aber nur wenige lange Beerenrispen mit kärglichen und harten Früchten. Stattdessen probieren wir jetzt 'Noire de Bourgogne' (besonders aromatische, für die Herstellung von Cassis verwendete Sorte) und 'Hedda' (eine Sorte zum Naschen) aus.

HIMBEEREN MACHEN ARBEIT

Die Ruten müssen gepflegt werden. Sie brauchen ein Gerüst, wollen immer wieder neu gepflanzt werden, kriegen Würmer und werden von Vögeln gestohlen. Doch kein anderes Obst bietet sich in Augenhöhe so verführerisch zum Naschen an. Mit leichtem Zupfen vom Zapfen gelöst, ohne Putzen sofort in den Mund gesteckt, reicht ein sanfter Druck und der Saft rinnt – reich an Eisen, Kalzium und Magnesium.

Gleich zu Anfang haben wir zwei Sorten Sommerhimbeeren gepflanzt, eine, die im Gartencenter zu haben war, deren Namen wir nicht wissen und die so fade schmeckte, dass wir nach wenigem Probieren die Beeren sitzen ließen. Die andere heißt 'Schönemann'. Wir hatten über sie gelesen und sie per Post kommen lassen. Wie in der Beschreibung angekündigt, bildet sie recht zögernd neue Ruten, ist aber wie erwartet lecker und süß. Die Namenlose haben wir bei der ersten Gelegenheit gerodet. 'Schönemanns' spärliche Jungruten wurden gehütet, im Herbst ausgegraben und in Reihe gesetzt.

Doch bevor wir pflanzen konnten, musste ein Gerüst gebaut werden. Vier mächtige Eichenhölzer, über zwei Meter lang, wurden mit jeweils drei Meter Abstand in die Erde gerammt und oben mit einer geschälten Fichtenstange verbunden. Eine Konstruktion, die Jahre halten wird und ohne Pflanzen ziemlich martialisch aussieht. Zwei Drähte, einer kniehoch, der andere brusthoch, wurden von Pfahl zu Pfahl gezogen. Darunter kamen die schmächtigen Ruten, alle 40 Zentimeter eine – vorschriftsmäßig mit der Knospe fünf Zentimeter unter der Erdoberfläche und gleich auf 25 bis 40 Zentimeter gekappt, also gut doppelte Handspanne. Dann gibt es zwar erst im übernächsten Jahr Himbeeren, dafür wachsen kräftige Jungruten.

Es war ein Erlebnis, spontan im Halbdunkeln Früchte vom Strauch zu zupfen und eine warme Himbeersauce fürs Vanilleeis zu kochen. Es gibt nichts Einfacheres: Himbeeren, etwas Wasser, Zitrone und Zucker erwärmen. Fertig.

■ Sommerhimbeeren fruchten an den Ruten aus dem vorhergehenden Jahr. Sie werden nach der Ernte direkt über dem Boden abgeschnitten. Von den dann auch schon schulterhoch gewachsenen Jungruten lassen wir nur so viele in einer akkuraten Reihe stehen, wie wir brauchen, und entfernen die restlichen. Im Spätwinter werden diejenigen Spitzen gekappt, die kümmerlich werden oder ihre Wuchsrichtung ändern.

■ Der Zyklus bei herbsttragenden Sorten sieht ganz anders aus. Sie werden im Spätwinter, also Februar und März – nicht früher, sonst treiben sie früh –, komplett heruntergeschnitten, denn sie tragen an den im gleichen Jahr neu wachsenden Ruten. Ihr großer Vorteil: Sie brauchen keine Stützen. Dafür bilden sie schon bald ein dichtes Dickicht, das kaum zu beherrschen ist, wenn man es nicht immer wieder auslichtet.

■ Ein kapitaler Fehler war es, beide Sorten nebeneinanderzupflanzen, wie wir es im ersten Jahr mit den nur wenigen gekauften Ruten getan haben. Himbeeren vermehren sich über unterirdische Ausläufer. Sie hatten sich im Handumdrehen miteinander vermischt. Wir wussten im Herbst kaum noch, welche Ruten zu herbsttragenden Himbeeren gehören und welche nicht. Jetzt wachsen sie hübsch auseinandergesetzt an zwei Stellen im Garten, weit voneinander getrennt.

■ Reichlich Kompost, Stallmist, Rasenschnitt geben. All das ist geeignet, um die Himbeeren zu düngen. Sie brauchen viel Nahrung und Wasser, wenn es im Juli glutheiß wird. Eine dicke Decke Mulch hilft, die Feuchtigkeit im Boden zu halten.

Nährstoffe in 100 Gramm:
Energie 34 kcal – Wasser 84,3 g – Kohlenhydrate 4,8 g – Vitamin C 25 mg – Fett 0,3 g – Kalium 170 mg – Kalzium 40 mg – Magnesium 30 mg.

Sorten
'Schönemann' (rot, groß, länglich, Juli bis August);
'Willamette' (dunkelrot, fest, ab Juni);
'Gelbe Antwerpener' (gelb, vor 1800 datiert, im Sommer reif);
'Sucrée de Metz' (gelb-orange, 1866; kleine Früchte, die ersten im Sommer reif, trägt ein zweites Mal im Herbst);
'Fallgold' (gelb, 1967 aus den USA, außergewöhnlich süß, Herbsthimbeere).

STACHELBEEREN SIND MAGISCH

Sie gehören zu den Gewächsen im Garten, an denen sich die sogenannten phänologischen Jahreszeiten ablesen lassen. Wenn die wie kleine grüne Rüschen aussehenden Blätter sprießen, ist endlich und sicher der sogenannte Erstfrühling da. Die Lieblingsfrucht der Engländer hat es allerdings in Deutschland schwer. Zu sauer, zu hart, zu mehltauanfällig und zu stachelig: Die Vorurteile sind massiv. Schade, denn das macht es schwer, die interessanten Sorten zu bekommen, die es von der säuerlich-süßen Beere gibt.

■ Stachelbeerpflege ist einfach. Die Büsche müssen nicht großartig in Form gebracht werden. Wichtig ist, dass sie luftig und offen bleiben. Zweige, die nach innen führen und andere bedrängen, abschneiden. Regelmäßig altes Holz entfernen und junge, aus dem Boden hervorwachsende Triebe groß werden lassen. Seitentriebe einkürzen, bei dichtem Wuchs etwa jeden zweiten auslichten.

■ Bei Hochstämmchen darauf achten, dass die Krone nicht zu schwer wird und sich Fruchtholz im Kroneninneren bildet. Also maximal acht Langtriebe – einen etwa in der Mitte – stehen lassen, insgesamt kürzen, die Seitentriebe bis auf vier bis sechs Augen (gute Streichholzlänge) zurückschneiden.

■ Da unsere sieben Stachelbeerbüsche viel zu viele Früchte für uns tragen und die stacheligen Biester mir beim Ernten und Unkrautjäten immer die Hände zerkratzen, will ich sie seit Jahren zu Spindelbäumen erziehen. An sich eine einfache Sache, die ich nur einmal mit Konsequenz durchsetzen müsste: Pro Busch lässt man einen Ast stehen und streckt ihn, indem man ihn an einen kräftigen langen Bambusstab bindet. Dann werden alle neuen Triebe im krautigen Zustand über dem Boden abgerissen und alle Seitentriebe auf 20 Zentimeter eingekürzt. Wenn die Spindel müde wird, kann man einfach einen neuen Trieb nachwachsen lassen und den alten absägen.

■ Wir düngen mit Holzasche, die unsere Öfen im Haus hergeben. Für Stachelbeeren genau das Richtige. Sie brauchen für das Ausbilden der Früchte vor allem Kalium, das in der Asche reichlich enthalten ist.

■ Und was den Mehltau angeht: Der Karlsruher Landschaftsarchitekt Ulrich Singer, der in seinem 200 Quadratmeter großen Garten Feigen, Kiwi, Wein, einen Kirschbaum und Stachelbeeren pflegt, verrät den Trick. Er kneift jedes Frühjahr die frischen jungen Triebspitzen ab. Das hilft, genauso wie das gelegentliche Einpudern mit Holzasche. Seit Jahren sind unsere Büsche gesund, auch die Lieblingsstachelbeere, die angeblich sehr mehltauanfällige 'Hönings Früheste'. Goldgelb, behaart, wunderbar aromatisch und in diesem Jahr – eine Folge des Rückschnitts – fast so groß wie kleine Walnüsse.

Nährstoffe in 100 Gramm:
Energie 44 kcal – Wasser 85,7 g – Kohlenhydrate 8,5 g – Vitamin C 35 mg – Fett 0,2 g – Kalium 200 mg – Kalzium 30 mg – Magnesium 15 mg.

Sorten
'Hönings Früheste' (hellgelb, stark behaart, süß aromatisch);
'Früheste Gelbe' (gelb, borstig);
'Early Green Hairy' (dunkelgrün, borstig);
'Achilles' (rot, groß);
'Weiße Triumph' (weiß, bereits um 1800 erwähnt, mittelfrüh, dünnschalige saftige Erfolgssorte aus dem 19. Jahrhundert).

BLAUBEEREN MACHEN MÄULER

Wider besseres Wissen haben wir Blaubeeren in unseren sächsischen Garten gepflanzt. Blaubeeren sind nicht anspruchsvoll, aber eigen. Die Heidegewächse brauchen sauren Boden, auf Lehmböden – wie bei uns – gehen sie ein. Zwar wachsen die Sträucher, doch fielen die Beeren ab, statt blau zu werden. War das nun die Dürre oder der falsche Boden? Einen Tipp probieren wir noch aus: Wir werden unsere Sträucher wieder ausgraben, das Pflanzloch erweitern und eine dicke Packung Fichten- oder Kiefernnadeln hineingeben.

■ Beim Pflanzen auf einen Abstand von 1,5 Metern achten. Höchstens mit Knochenmehl (oder Kaffeesatz) düngen. Zu viel Stickstoff, etwa von Stallmist, macht Blaubeeren krank.

■ Im Herbst totes, vergreistes und abgetragenes Holz knapp über dem Boden herausnehmen, auf ein ausgeglichenes Verhältnis von alten und jungen Bodentrieben achten, ansonsten nur ein wenig die Form korrigieren.

■ Blaubeeren sind selbstfruchtbar, tragen aber besser, wenn zwei verschiedene Sorten gepflanzt sind. Ein gut eingewachsener Strauch soll etwa fünf Kilogramm Früchte bringen. Geerntet wird fortlaufend, vom Sommer in den Herbst hinein.

Nährstoffe in 100 Gramm:
Energie 42 kcal – Wasser 84,8 g – Kohlenhydrate 7,4 g – Vitamin C 30 mg – Fett 0,6 g – Kalium 73 mg – Kalzium 13 mg – Magnesium 2 mg.

Sorten
'Goldtraube' (früh, ab August), 'Berkeley' (mittelspät, pittoresker Wuchs), 'Coville' (spät, niedriger Ertrag, sehr aromatisch).

Fränkischer Blaubeerkuchen

Der Fotograf dieses Buches, Jürgen Holzenleuchter, isst gerne Blaubeerkuchen. Jeden Sommer, wenn die Schwarzbeeren, wie man in Nürnberg sagt, reif sind, backt seine Mutter. Pro Blech braucht sie ein Kilogramm Früchte.

Zutaten für den Hefeteig: 500 g Mehl, 60 g Margarine, 50 g Zucker, 1–2 Eier, ¼ l Milch, 20 g Hefe, Prise Salz, Zitronenschale.

Zubereitung: Für den Teig Margarine, Zucker, Salz und die fein zerbröselte Hefe in die Milch geben und diese erwärmen. Das lauwarme Gebräu auf das Mehl gießen, Eier hinzufügen, Zitronenschale darüberreiben und das Ganze so lange kneten, bis sich ein gleichmäßig beschaffener Teig vom Schüsselrand löst. Lauwarm und zugedeckt gehen lassen. Wenn der Teig etwa zur doppelten Größe aufgequollen ist, noch mal mit etwas Mehl durchkneten und weitere 10 bis 15 Minuten gehen lassen. Teig auf dem Blech ausbreiten, einen Rand formen, damit später der Saft nicht vom Boden läuft. Wenn die Blaubeeren schon sehr reif sind oder eingefroren waren, eine dünne Schicht Zwiebackbrösel auf den Teig streuen, bevor die Beeren darauf ausgebreitet werden. Bei 180 bis 200 Grad etwa 30 Minuten backen. Zur Kontrolle den Teig anheben, ob er schon unten braun wird.

Kirschen naschen, korbweise geschenkt bekommen oder selbst in Massen verschenken. Ein Süßkirschbaum wächst zum Riesen heran. In seinem Schatten lassen sich Sommertage verdösen, bis zu seinem Stamm Wiesenkräuter säen. Doch er wächst nicht überall. Sauerkirschen sind die wirtschaftliche Variante. Die Bäume sind kleiner, robuster und anspruchsloser. Aus den Früchten entstehen Suppe, Saft und Marmelade. Und es gibt Sorten, die einem den Mund beim Naschen nicht zusammenziehen.

Auf der Wiese haben wir eine Weichselkirsche gefunden. Sie steht am Rand, ein nicht allzu großer Baum mit zarten hängenden Ästen. Als Wurzelausläufer ist sie vor mehr als 20 Jahren vom Nachbarn herübergewachsen. Auf Weichselkirschen schwor die schleswig-holsteinische Bäuerin Hertha Heidelmann. Zu ihr ging ich als 16- und 17-Jährige, um im Tabak mein Taschengeld zu verdienen. In der Scheune haben wir mit zwei, drei anderen Frauen aus dem Dorf die gepflückten Blätter für den Ofen auf Stangen geklemmt. Abends waren die Finger schwarz vom Pflanzensaft. Jeden freien Augenblick war ich in der Erntezeit auf ihrem Hof. Bei Frau Heidelmann gab es selbst eingeweckte Senfgurken und Kürbis, alle Sorten Marmelade. Sie hatte eine Laube aus Knöterich, üppige Dahlienbeete und trocknete jeden Sommer mehrere Meter Wäscheleine voller Strohblumen, die im Winter – zu baumstammdicken Sträußen gebunden – in ihrer Stube standen. Ich habe viel von Frau Heidelmann gelernt. Auch den Namen Weichselkirsche. Frau Heidelmann sagte: »Eine Weichselkirsche muss in jeden Garten«, und verschenkte ihre Ausläufer.

Der Findling vom Bahndamm

Im Vergleich zu Sauerkirschen hat unsere Weichsel einen leicht nussigen Geschmack, auch roh ist sie lecker, das macht sie unvergleichlich. Die Nachbarn im sächsischen Dorf kennen sie unter dem Namen »Bahndammkirsche«. In manchen Jahren trägt der Baum so wenige Früchte, dass man sie in ihrem Gespinst aus dünnen Zweigen suchen muss. Auch das macht Spaß und reicht immer für ein paar Kirschsuppen und mehrere Gläser Marmelade – die dann am schnellsten von allen Sorten leergegessen sind. In reichen Jahren, wenn wir uns vor Kirschen nicht retten können, wird Saft gemacht.

Rätselhafte Weichselkirsche

In Büchern lasen wir, dass die Weichselkirsche (*Prunus mahaleb*) eine Wildform ist, mit schwarzen Früchten, nicht größer als Erbsen und völlig ungenießbar. Sie dient als Unterlage für Veredlungen von Sauerkirschen, von denen dann keine wurzelecht ist, also auch keine sortenechten Ausläufer bilden kann. Was für eine Sorte hatten wir also vorgefunden?
Der Kirschbauer im Nachbarort des Dorfs, in dem Frau Heidelmann lebte, könnte es wissen. Doch von ihm lernte ich nur etwas über ʼGisela 5ʼ, eine schwachwüchsige Kirschbaumunterlage, die in einem Forschungsprogramm der Universität Gießen entstanden ist und die welt-, europaweit und auch bei ihm dafür sorgt, dass endlich die Süßkirschenbäume auf Reckhöhe minimiert worden sind. Sauerkirschen kennt auch er nur in veredelter Form. Die wurzelechte Weichselkirsche in unserem Garten blieb ein Phänomen.
Wie so oft hat mir schließlich der Wiesbadener Baumschuler Günter Diamant geholfen. Er kennt Bäume wie kein anderer, nicht nur als Gärtner, sondern auch als Botaniker, Biologe und Historiker. Die von ihm gegründete Gärtnerei – mit einem Schmuckrand ausgesuchter Gehölze – wird heute von seiner Tochter Gerhild geführt. Ich brauchte nicht viel erzählen, Günter Diamant kannte die von mir beschriebene Kirsche sofort. Auch er fand sie, jedoch schon in den 1950er-Jahren, auf seinem Grundstück. Es ist eine Kulturform einer Weichsel, da hatte Frau Heidelmann Recht. Sie vermehrt sich wurzelecht, hat dunkelrote Früchte, wurde von Gärtner zu Gärtner weitergegeben und gelangte nie – ähnlich wie die Haferpflaume – in den Handel. Im Winter, so Günter Diamants Rat, sollten wir Ausläufer abnehmen, die kleineren, denn die wachsen besser, sollten sie großziehen und dann ebenfalls weitergeben.

ROBUSTE SAUERKIRSCHE

Weichseln, Morellen und die anderen sauren Kirschsorten stellen keine hohen Anforderungen an den Boden, sind robust und tragen zuverlässig – wenn man sie regel-

Obst | Kirschen | SAUERKIRSCHEN

KIRSCHEN ENTSTEINEN Eine halbe Stunde, nicht einmal, dauert es mit einer Gabel, dem einfachsten Werkzeug, bis die Schüssel voll ist.

Obst | Kirschen | SAUERKIRSCHEN 97

mäßig von totem Holz befreit, etwas auslichtet und damit zugleich verjüngt. Gut ist es, die Baumscheibe um den Stamm so lange frei zu lassen, bis der junge Baum groß ist und trägt. Er kommt außerdem schneller voran, wenn ihm keine Wiesenkräuter Konkurrenz bei der Wasser- und Nährstoffaufnahme machen.
Sauerkirschen sind – anders als die süßen Verwandten – meist selbstfruchtbar und können durch den Wind bestäubt werden. Wenn allerdings Insekten (Bienen, Wildbienen, Hummeln) die Bestäubungsarbeit leisten, gibt es höhere Ernten.

Reife: Juli, August.
Ertrag pro Buschbaum: 15 Kilogramm.
Platzbedarf: 20 Quadratmeter.

Nährstoffe in 100 Gramm
Energie 58 kcal – Wasser 84,4 g – Kohlenhydrate 11 g – Vitamin C 12 mg – Fett 0,4 g – Kalium 115 mg – Kalzium 8 mg – Magnesium 8 mg.

Sorten
Auf die 'Schattenmorelle' haben wir verzichtet. Sie ist uns zu sauer. Stattdessen haben wir zu unserem Findling vier weitere, veredelte Weichselkirschen zum Ausprobieren gekauft. Wir haben alle Sorten als Buschbäume genommen, damit sie möglichst schnell tragen und nicht so viel Platz beanspruchen:
'Morellenfeuer' (dunkelrote, mittelgroße Weichselkirsche, sehr saftig, kaum moniliagefährdet, spät);
'Heimanns Rubinweichsel' (groß, kugelig, schwarzbraun, robuste Sorte, früh);
'Karneol' (Kreuzung aus Koröser Weichsel und Schattenmorelle, fast süße Sauerkirsche, festfleischig);
'Koröser Weichsel' (große Weichselkirsche, resistent gegen Monilia, braucht für gute Befruchtung mehrere Süß- oder Sauerkirschen in der Nähe, ist selbst ein guter Befruchter für 'Büttners', 'Hedelfingers Riesenkirsche', 'Kassins Frühe' und 'Schneiders Knorpelkirsche', spät).

WÄHLERISCHE SÜSSKIRSCHE

Auch Süßkirschen haben wir gepflanzt. Teure Bäume, Hochstämme, weil das ökologisch besser ist, weil sie gut 70 Jahre alt werden, weil wir sie nur zum Naschen haben wollten und den Vögeln ihre Beute gönnen. Einen der beiden Bäume haben wir nach drei Jahren gerodet. Und auch der andere wächst zögerlich. Sieben Kirschen im fünften Jahr. Ob er sich jemals zu dem Riesen entwickelt, in den man mit der Leiter klettert, um sich im Kirschenparadies den Mund vollzustopfen?
Es gibt etliche Gründe, warum der Baum nicht recht will. Süßkirschen sind lange nicht so unkompliziert wie Weichsel und Sauerkirsche. Sie leben besser auf warmen Böden, vertragen keine Staunässe und keinen hohen Grundwasserstand. Unser Garten liegt in der Muldenaue. Da haben wir teilweise hohe Wasserstände. Der hohe Tonanteil hält die Böden lange kalt. Es ist daher kein Süßkirschland.

■ **Süßkirschen sind selbststeril,** davon gibt es nur wenige Ausnahmen. Wie Äpfel und Birnen brauchen sie einen zweiten Kirschbaum als Fremdbefruchter. Doch selbst das reicht nicht. Es muss der richtige sein. Denn anders als die übrigen Obstgehölze sind Süßkirschen in bestimmten Kombinationen kreuzungsunverträglich. Man teilt sie in 22 sogenannte Intersterilitätsgruppen. Stammen zwei Sorten aus den verkehrten Gruppen, klappt es mit der Befruchtung nicht. Wichtig ist also, die richtigen Bäume zusammenzubringen. Gut füreinander sind zum Beispiel 'Büttners Rote Knorpelkische', die 'Große Schwarze Knorpelkirsche' und die 'Hedelfinger Riesenkirsche'. Auskunft über andere verträgliche Kombinationen geben Befruchtertabellen im Internet.

■ **Bienen müssen fliegen.** Süßkirschen brauchen die Insekten notwendig zum Befruchten. Aber Bienen machen sich erst bei zehn Grad Celsius auf Nahrungssuche und bleiben bei unbeständigem Wetter in der Nähe ihres Stocks. Sie lassen sich auch von reicher Tracht weglocken, leckeren blühenden Löwenzahnwiesen etwa oder Rapsfeldern in der Nähe – erst recht, wenn die Kirschsorte nur wenig Nektar bietet.

■ **Es gibt einige Tricks,** den Baum zum Tragen zu bringen, auch wenn weit und breit keine andere Süßkirsche wächst. Erstens taugen manche Sauerkirschen zum Pollenspender. Zweitens können auf einem Baum auch mehrere Sorten wachsen, man kann also einen Ast mit einem Pollenspender auf den zu befruchtenden umveredeln. Wichtig ist dabei, auf die gleichzeitige Blütezeit zu achten. Und drittens kann man dafür sorgen, dass Bienen und Wildbienen ganz in der Nähe, am besten im eigenen Garten, sind (siehe Seite 125 ff.).

Ist der richtige Platz ausgesucht, sind Pollenspender gewährleistet, auch Bienen in der Nähe, der blühende Löwenzahn abgemäht, und der Baum wächst, ist seine Pflege einfach. Mehr als totes Holz und Äste, die sich überkreuzen, braucht man nicht zu entfernen. Der Rasen kann ruhig bis an den Stamm wachsen.

Reife: Juni, Juli.
Ertrag pro Halbstamm: 30 Kilogramm.
Platzbedarf: etwa 80 Quadratmeter.

Nährstoffe in 100 Gramm
Energie 63 kcal – Wasser 82,6 g – Kohlenhydrate 13,3 g – Vitamin C 15 mg – Fett 0,3 g – Kalium 210 mg – Kalzium 17 mg – Magnesium 11 mg.

Sorten
Man unterscheidet Herz- oder Saftkirschen (*Prunus avium* subsp. *juliana*) mit weichen und sehr saftigen Früchten von den Knubber- oder Knorpelkirschen (*P. a.* subsp. *duracina*) mit sehr großen, festfleischigen Früchten, die allerdings bei starkem Regen leicht platzen.
'Burlat' (dunkelrot, groß, resistent gegen die Kirschfruchtfliege, früh);
'Büttners Rote Knorpelkirsche' (hellgelb mit roter Backe, groß, frostfest, spät);
'Große Schwarze Knorpelkirsche' (schwarzglänzend, saftig, gut zum Einmachen, ein robustes Gehölz, spät);
'Hedelfingers Riesenkirsche' (dunkelrot bis schwarz, mit kleinen Steine, gut zum Einmachen, spät).

Kirschen-Küche

Kirschen halten sich frisch nur wenige Tage. Falls sie nicht sofort verarbeitet werden können, nur bei trockenem Wetter und immer mit Stiel pflücken. Es lohnt sich, Sauerkirschen einzufrieren, am besten entsteint. Im Winter ist Zeit, Marmeladen-Nachschub, Sirup, Kuchen und Kirschsuppen mit Grießklößen zu bereiten.

Kirschkerne nach dem Entsteinen nicht wegwerfen, sondern als **Wärmekissen** in schmale Beutel einnähen. Zuvor gründlich reinigen: Kerne vom Fruchtfleisch befreien – entweder im Sieb unter fließendem Wasser und mit der Bürste oder im Eimer mit scharfem Sand –, dann abkochen und nochmals abspülen. Vor dem Einnähen gründlich an der Sonne oder im Backofen trocknen, 50 Grad Celsius reichen.

Kirschen in Sirup konservieren, gut für Kuchen- und Strudelfüllungen: 2 Kilogramm Sauerkirschen entsteinen. Eine Hand voll Kirschkerne in ein Mulltuch binden und mit dem Nudelholz zerstoßen, das Kirschkerngebrösel liefert einen angenehmen Mandelgeschmack. 2 Liter Wasser mit 4 Tassen Zucker erhitzen, bis sich der Zucker aufgelöst hat, das Mullsäckchen dazugeben, Sirup aufkochen, 5 Minuten köcheln lassen. Kirschen dazugeben, bei mittlerer Hitze weitere 5 Minuten kochen, Kirschen herausnehmen und in Gläser füllen. Sirup weitere 5 Minuten eindicken lassen, darüber füllen. Dann die Gläser einwecken.

Sirup aus Zuckerextraktion: Für den Sirup Kirschen mit Zucker im Verhältnis 1:1 mischen, über Nacht im Kühlschrank ziehen lassen und am Tag darauf durch ein Sieb abgießen. Den Kirschsaft in Plastikflaschen einfrieren.

Pflaumen

Pflaumen pflücken, Hefeteig ansetzen, Zwetschgen aufschneiden und dicht an dicht wie Dachschindeln auf den ausgerollten Boden setzen. Ab August gibt es Pflaumenkuchen, danach wird Mus gemacht. Am Rand der Obstwiese, fast im Schotterbett der Straße, haben wir einen alten Baum gefunden. Sein Stamm ist kaum beindick. Die Krone steckt voll wirrer dünner Äste. Die Ernte ist Glückssache.

Frage: Ist es eine Pflaume oder Zwetschge? Köche würden antworten: Schmeckt der Kuchen, kann es nur die Zwetschge sein. Denn nur sie hat die richtige Säure. Gärtner beurteilen den Boden: So sandig und steinig, wie er da ist, wo der Baum durchhält, muss es eine Zwetschge sein. Nur die kann sich so anpassen. Botaniker sehen erst mal auf das große Ganze. Pflaume, Kirsche, Pfirsich oder Mandel, alles Steinobst und eine Gattung: *Prunus*. Zu der gehört die Art: *Prunus domestica (prunus* für Baum, *domestica* für häuslich). Sie setzen uns auf eine interessante Spur.

Auch ohne Frucht erkennen Botaniker die Pflanze am Stein. Beim Pfirsich ist er groß und von tiefen Runzeln durchfurcht. Die Steine der Mandel sind bootsförmig, mit zimtfarbener Haut und essbarem Innerem. Die Kirsche hat die kleinsten und glatte Steine. Sie sind rund und eignen sich zum Zielspucken. Bei der Pflaume sind sie länglich, flacher und – jetzt kommt es – an einer oder zwei Seiten spitz. Die mit den zwei spitzen Enden ist die Zwetschge. Diese Erscheinung, so vermuten Wortforscher, erklärt die Herkunft ihres Names. »Zwiespel« heißt im Mittelhochdeutschen »zweifach«. Daraus abgeleitet ist die Zwispel, Zwespel, Zwetschge: die Pflaume mit dem doppelseitig zugespitzten Kern. Eine andere Erklärung folgt dem althochdeutschen Wort »queck« für »lebendig«: Demnach sei Quetsche, Zwetschge der Pflaumenbaum, der wurzelecht ist und nicht veredelt werden muss. Anders als veredelte Mirabellen, Pflaumen und Renekloden treiben bei Hauszwetschgen die dicht unter der Oberfläche laufenden Wurzeln aus. Ähnlich vermehren sich auch Schlehen, weshalb man annimmt, dass sie zu den Urahnen der Zwetschge gehören. Praktisch gehen Autoren älterer Gartenhandbücher vor. Sie richten zwei Gruppen ein. Die erste Gruppe gehört den robusten **Zwetschgen** (*Prunus domestica*) und ihren lokalen Sorten. In die zweite sortieren sie die empfindlicheren **Edelpflaumen** (*Prunus domestica* subsp. *rotunda*), die **Renekloden** (*Prunus domestica* subsp. *claudiana*) und **Mirabellen** (*Prunus domestica* subsp. *syriaca*).

Wir haben zu unserer zauseligen Zwetschge von jeder Sorte einen jungen Baum gepflanzt. Eine weitere Hauszwetschge zum Marmelademachen, eine Reneklode zum Naschen und die Mirabelle fürs Kompott. Nach vier Jahren haben uns die jungen gerade mal eine Handvoll grüner und gelber Kugeln zum Probieren spendiert. Der alte Zausel dagegen tröstet uns in dem Jahr, in dem Apfel- und Birnenernte komplett ausfallen, plötzlich mit einer Superernte.

Pflaumen-Küche

Die Früchte von Hauszwetschgen sind fester und trockener als die der anderen Pflaumen und eignen sich rundum als Wirtschaftsfrucht zum Dörren, Backen, Kompott einwecken und Pflaumenmus machen. Die saftigeren Mirabellen und Renekloden lassen sich gut einwecken. Edelpflaumen sind schlecht zu konservieren. Sie sind zu nichts anderem gut, als vernascht zu werden.

Pflaumenmus

1,5 Kilogramm reife Pflaumen entsteinen, mit 375 Gramm Zucker und drei bis vier Esslöffeln Essig in einem Topf vermengen. Maximal bis zur Hälfte füllen. Über Nacht stehen lassen und am nächsten Tag kochen. Nicht zudecken, nur beobachten, nicht rühren. Wenn die Menge zäh und dickflüssig wird, Temperatur herunterschalten und durchgehend rühren, weiter eindicken lassen, bis die die richtige Konsistenz erreicht ist (Löffelprobe). Gläser füllen, schließen, kurz auf den Kopf stellen und abkühlen lassen.

Ohne stundenlanges Rühren klappt das auf einem Induktionskochfeld, weil das exakt regelbar ist. Hier reicht es, sobald das Mus dickflüssig zu werden beginnt, die Watt-Leistung möglichst weit herunterzuregeln und die Temperatur auf 80 Grad zurückzunehmen.

DREIFACH KOLORIERT Dunkellila und bereift ist die Hauszwetschge, unser alter Zausel vom Wiesenrand, rot die berühmte 'Königin Viktoria', die ohne reichlich Sonne fade wird, gelb und kugelrund die zuckersüße 'Mirabelle de Nancy'.

So pflegen Sie Pflaumen

■ **Halbstamm wählen,** damit besonders in kleinen Gärten noch Platz für andere Pflanzen unter der Krone bleibt. Denn diese ist bei den niedrigeren Buschbäumen keineswegs kleiner. Allgemein sind für den Baum mindestens fünf Meter im Durchmesser zu veranschlagen.

■ **Kontrolle reicht als Pflege.** Zwetschgen und Pflaumen sind pflegeleicht. Baumschuler erziehen die Gehölze so, dass sie einen »Quirl« bilden. Das heißt, aus einem Punkt im oberen Stammende wachsen alle Äste hervor. Darauf achten, dass diese nicht zu dicht stehen. Vier bis fünf aufstrebende Äste reichen; die überzähligen ausdünnen, denn zu dichte Kronen können unter der Last der Früchte brechen.

■ **Struktur eventuell verjüngen,** indem ähnlich wie bei einem Johannisbeerbusch junge Äste nachgezogen – hier aus dem »Quirl« – und alte gekappt werden. Pflaumen tragen an mehrjährigen Zweigen. Die sind bei den Zwetschgen feingliedrig, bei Edelpflaumen und Renekloden etwas gröber. In beiden Fällen brauchen sie nicht weiter in Form geschnitten zu werden.

■ **Ernte abwarten.** Hauszwetschgen brauchen bis zu zehn Jahre, bevor sie tragen. Schneller geht es mit Frühzwetschgen und Pflaumen. Ringeln (das Abschnüren der Versorgungsbahnen) mit einem Metallreifen hilft nur bedingt. Besser eine schneller tragende Frühzwetsche dazupflanzen.

■ **Befruchtung sichern.** Hauszwetschgen, die 'Mirabelle von Nancy' und die berühmte Edelpflaume 'Königin Viktoria' sind selbstfruchtend und damit unabhängig. Doch einige Renekloden wie 'Graf Althans' und bedingt auch die 'Große Grüne Reneklode' brauchen Pollenspender. Der Baumschuler hat Befruchtungstabellen.

Reife: Mit Mirabellen und Renekloden fängt die Ernte im August an. Zuletzt werden die Hauszwetschgen im Oktober reif.
Ertrag: Pro Halbstamm 20 Kilogramm.
Platzbedarf: 40–60 Quadratmeter.

Nährstoffe in 100 Gramm (Zwetschge)
Energie 43 kcal – Wasser 86,3 g – Kohlenhydrate 8,8 g – Vitamin C 4 mg – Fett 0,1 g – Kalium 240 mg – Kalzium 13 mg – Magnesium 8 mg.

Sorten

'Mirabelle de Nancy' (vielleicht ein Synonym von 'Drap d'Or', kugelrund, klein und leuchtend gelb, gut zum Einwecken, im August reif);

'Königin Viktoria' (braucht viel Sonne, goldgelb bis rot, reich tragend, früh);

'Graf Althans Reneklode' (um 1850 von Jan Prochazka auf Schloss Swoyschütz in Böhmen ausgelesen, groß, blaurot, vollreif im September pflücken);

'Große Grüne Reneklode' ('Reine Claude', sehr alte, eventuell bis ins 16. Jahrhundert zurückreichende Sorte, auch »Zuckerpflaume« genannt, mittelgroß, rund, grün, sehr süß und saftig, reif August bis September, guter Pollenspender!);

'Wangenheimer Frühzwetsche' (um 1840, dunkelviolett, ertragreich, süß, saftig, würzig, im August reif),

'Hauszwetsche' (blaurote bis schwarzblaue längliche Frucht, goldgelbes Fleisch, in der Regel nach Renekloden und Mirabellen im September, manchmal auch Oktober reif).

Meinolf Hammerschmidt: Experte für **alte Obstbaumsorten**

Zwanzig Jahre arbeitete der Gärtnermeister als Entwicklungshelfer in Afrika. Dabei beobachtete er, wie Obstbauprogramme scheitern, die sich über regionale Gegebenheiten hinwegsetzen. Zurück in Deutschland, begann er 1986 in Winderatt-Sörup historische Apfelsorten zu sammeln, die robust, auf das lokale Klima geeicht sind.

Es ist 8 Uhr 30, ein golden gefärbter Herbsttag im frühen November. Meinolf Hammerschmidt bereitet das Apfelbüfett vor. Zum Probieren schneidet er Schnitze von gut 30 Apfelsorten. Schön, wenn er wüsste, wie viele Menschen heute kommen. An manchen Wochenenden waren es schon gut hundert. Viele fahren zwei- bis dreihundert Kilometer, um seine Spezialbaumschule für alte Obstsorten in Sörup, fast an der dänischen Grenze, zu besuchen. Sie kommen aus dem Harz, aus Mecklenburg-Vorpommern, sogar aus dem Süden Niedersachsens. Etliche waren schon ein- oder zweimal da, haben sich auf dem Weg in den Dänemarkurlaub die Baumschule angesehen. Sie haben überlegt, was sie in ihrem Garten pflanzen können, und holen nun bestellte Bäume ab.
Ist Meinolf Hammerschmidt ein Pomologe? »Hach. Ich würde eher sagen, ich bin mit meinen Sorten vertraut. Ein richtiger Pomologe pomologisiert, hat seinen Obstgarten und seine Kernsammlung. Er hat Zeit. Die habe ich nicht. Nein, ich würde mich als Obstgärtner bezeichnen.« Zu viel anderes neben der reinen Apfelkunde beschäftigt ihn. Und der Weg, der ihn zu den alten heimischen Sorten führte, war lang und eigenwillig, ein Exempel für alle, die über Selbstversorgen vor dem Hintergrund einer globalisierten Welt nachdenken.
Meinolf Hammerschmidts Vater war Werkmeister, Schlosser. Die Familie lebte im sauerländischen Lasbeck bei Iserlohn. Das Haus war groß, oben wohnte der Onkel mit Frau und Kindern, das untere Stockwerk gehörte den Großeltern, in der Mitte lebte Meinolf Hammerschmidts Familie. Rund um das Haus lag ein typischer Selbstversorgergarten. Ein großer 'Boskoop' stand neben der Eingangstür. Im Norden lag die Jauchegrube. West- und Südseite des Hauses waren von Spalieren aus Birnen bedeckt. Den viergeteilten Nutzgarten hatten die Großeltern kurz nach dem Hausbau 1928 angelegt. In jedem Geviert standen Obstbäume. »Eher zierliche Gehölze«, erinnert sich Meinolf Hammerschmidt, »und so licht, dass darunter Erdbeeren, Gemüse, alles, was man braucht, wachsen konnte. So war das Land unten und oben genutzt.« Hinter dem Garten gab es noch ein dazu gepachtetes Stück Wiese, »da standen Obstbäume, von allem etwas, vor allem wunderschöne Pfirsiche, die verschiedensten Sorten«.

Lernen in Afrika

Meinolf Hammerschmidt lernte Gärtner, ging zum Bund, war bei den Gebirgsjägern, wollte noch weiter weg und bewarb sich schon während des Wehrdienstes bei der Entwicklungshilfe. Kaum war er da entlassen, machte er seinen Meister und reiste, 22 Jahre alt, in den Niger. Eine neu zu errichtende Baumschule für Zitrusfrüchte war die erste Arbeitsstation. »Der Idee nach«, so Hammerschmidt, »wollte man mit Vitamin C die Ernährung der Bevölkerung verbessern. Wachsen sollten Zitronen, Orangen, Pampelmusen, Mandarinen, was man so kennt in

EIN WOHLVERSORGTER SCHNITT. Ständige Pflege gehört zum Apfelgärtnern. Trotzdem soll der Baum eine stattliche Krone haben. Gekappt wird nur, was stört.

EINEN APFELGARTEN MIT 730 SORTEN pflegt der Norddeutsche. Gestutzt, korrigiert und mit Schnitten gelenkt werden die Bäume im Spätwinter, bevor der Saftfluss wieder einsetzt. Wichtig ist, dass Wunden sauber verschlossen werden, damit keine Keime das Holz zum Rotten bringen. Irgendwann blättert der Wundschutz ab und der Baum beendet den Heilungsprozess von alleine.

Europa.« Die Entwicklungshelfer zogen Zäune, gruben Brunnen, zogen aus wild wachsenden Limonen- und Mangokernen Unterlagen für die Edelreiser. Als die Baumschule fit gemacht war, zog Meinolf Hammerschmidt weiter, aus dem Niger an die Elfenbeinküste. Die Deutsche Entwicklungshilfe betrieb mit Firmen der freien Wirtschaft in dem damaligen afrikanischen Wirtschaftswunderland Riesenprojekte, so auch eine Ananasplantage in Bonoua. 3 000 Hektar Urwald wurden dafür gerodet. Importierte Riesenmaschinen pflügten, düngten, spritzten Ananas. Ausgewählte Bauern wurden zu Arbeitskommandos aufgestellt. Nachts zum Beispiel reizten sie die Pflanzen mit gashaltigen Flüssigkeiten zum Blühen, denn die angeschlossene Konservenfabrik brauchte 200 Tonnen reife Früchte pro Tag.

Zwei Jahre blieb Meinolf Hammerschmidt, mit einem wachsenden schlechten Gewissen. Er lernte seine Frau kennen. Wie er stammte sie aus Deutschland, wie er arbeitete sie in der Entwicklungshilfe und beide fühlten ihre Ideale verraten. »Was hier geschah, war nicht, was wir wollten.« Das Paar reiste nach Deutschland zurück und zog sich »zum Neuorientieren« erst einmal auf den Hof der Schwiegereltern zurück, hoch oben im schleswig-holsteinischen Sörup. Hier fand Meinolf Hammerschmidt einen richtigen »Angeliter Appelgarn«, mit Obstbäumen, »so große hatte ich noch nie gesehen.« Für ihn war es eine Entdeckung.

Obstsorten vom Dorf

War es die Gigantomanie der Wirtschaftsmanager, die ihm das Individuelle wertvoll machte? Waren es die exotischen Pflanzen, die Hammerschmidt mit anderen Augen auf die heimischen Obstgehölze sehen ließ? Etwas von beidem ließ ihn Ausschau nach den alten Sorten halten. Er begann, Reiser zu sammeln, in Sörup und Umgebung.

'Iversensapfel', 'Jessenapfel', 'Gretapfel' hießen seine Ersten. Alles Volksnamen für Äpfel, deren Bäume irgendwann ins Land gekommen oder aus Sämlingen entstanden waren. Bäume, deren Früchte so lecker schmecken und die so reich tragen, dass man sie über Generationen pflegte, statt sie umzuhauen. Die Reiser veredelte Hammerschmidt auf Bäume im Obstgarten der Schwiegereltern. So waren die Sorten erst einmal sichergestellt.

Er sattelte um und studierte Biologie und Geoloie auf Lehramt. Doch dann ging er 1982 noch einmal nach Afrika, nun mit Frau und Kindern. Dieses Mal in

---

»Die Krone soll so luftig sein, dass sich ein Hut quer hindurchwerfen lässt.«

»Ein Schnack ist die alte Faustregel«, sagt Meinolf Hammerschmidt, »mit dem schon manche Baumverstümmelung gerechtfertigt wurde.« Und Grausen sei die richtige Reaktion auf Aststümpfe mit abgezählten Resten von Zweigen. »Zu einem Baum gehört eine Krone, in die sich Vögel setzen und ihr Nest bauen können.« Doch weil es beim Schnitt um Grundsätzliches gehe, kommt es »zu regelrechten Kämpfen zwischen Baum und Mensch«.

Auch einen alten vernachlässigten Baum eben mal wieder schneiden, sodass er aussieht, wie es im Buch steht, erzeugt unweigerlich besenartige Aufsitzer oder Reiter. Ist das geschehen, Wasserschosse im direkt folgenden Juni ausreißen (nicht schneiden!). Einzelne Zweige stehen lassen und auf zwei bis drei Knospen herunterschneiden. So werden sie zu fruchttragenden Ästen umprogrammiert. Richtig ist, darauf zu achten ist, dass Äste sich nicht gegenseitig stören und dass der Wind in die Krone hineinfahren kann, damit Regen schnell abtrocknet.

MANCHMAL HILFT NUR RABIATES EINGREIFEN. Wächst der Baum gar nicht, alle Äste auf zwei bis drei Augen zurückschneiden.

EINE ANDERE METHODE ist das Herunterbinden. Viele Apfelbauern nutzen diese, um den Fruchtansatz zu fördern.

EINE KRONENKORREKTUR bei jungen Bäumen zielt darauf ab, alles, was in die Krone hineinwächst, wegzunehmen. Vier Leitäste soll eine junge Baumkrone mindestens haben.

FEHLT EIN LEITAST, kann man eine geeignete Knospe gezielt dazu bringen auszutreiben. Über der Knospe senkrecht ins Holz schneiden, dann mit schrägem Schnitt von oben die Rinde entfernen. So werden die Leitungsbahnen unterbrochen und der Baum zum Austreiben an der Knospe genötigt.

den Senegal. Die Aufgabe war, Bauern auszubilden und ein Selbsthilfesystem für die senegalesische Landwirtschaft zu schaffen. Als es 1986 für den ältesten Sohn Zeit war, auf das Gymnasium zu wechseln, kehrte die Familie nach Deutschland zurück. Meinolf Hammerschmidt fand eine Stelle an der Universität Flensburg. Auf dem Hof der Schwiegereltern hielt er erst einmal Schafe.

Nebenbei, »ganz harmlos«, beschäftigte er sich weiter mit Apfelsorten. Er besorgte sich starkwüchsige Wildlinge als Unterlage, »das geht am leichtesten, bei Schwachwüchsigen hat man gleich das Unkraut als Konkurrenz«. Er las über alte lokale Sorten und gab seiner Schwiegermutter Suchzettel mit, wenn sie zum Kaffeeklatsch ging. Auf die Zettel notierte er für sie Apfelnamen, damit sie fragen konnte: »'Sommerprinz', 'Schaalbyer Rosen', 'Römischer Kikker' – kennt ihr die? Oder kennt ihr jemanden, der die kennt?« Das Suchsystem funktionierte. Am Ende der 1980er-Jahre zählte Meinolf Hammerschmidt insgesamt 87 Sorten in seiner wachsenden Sammlung.

Es sprach sich herum, was er tat. Menschen kamen zu ihm. Wenn sie Äpfel brachten, die seit Urzeiten in ihren Gärten wachsen, fragte er sie immer: »Wo steht der Baum? Wie nennen Sie ihn? Wie alt ist er? Was machen Sie mit den Äpfeln? Wie sieht der Stamm aus? Gibt es Verdickungen? Haben Vorfahren etwas zu dem Baum gesagt?« Manchmal auch: »Gibt es vielleicht Aufzeichnungen?«

Blieben die Früchte namenlos, bekamen sie erst einmal Nummern. »Gut die Hälfte der Äpfel ist nicht beschrieben. Es sind Familien- und Dorfsorten, Sämlinge, die jemand vor ein oder zwei Generationen aus dem Knick geholt hat.« Andere haben wandelnde Namen, so wie der 'Iversensapfel', der auch 'Prinzessinnenapfel' heißt und 'Doppelter Gretapfel' und 'Favorit', weil er großartig ist und von Garten zu Garten, von Dorf zu Dorf weitergegeben wurde.

Meinolf Hammerschmidt hatte zu sammeln begonnen, als die historischen Sorten rar wurden, als sich mehr und mehr nur noch die Alten an ihre Namen erinnerten und die Regierung das Abholzen von Streuobstwiesen mit 20 Mark pro Baum prämierte: eine Maßnahme, mit der man massiv den Erwerbsobstbau förderte. Weg vom Selbstversorgergarten, hin zur subventionierten Landwirtschaft.

Die Einführung des leicht zu produzierenden, extrem ertragreichen 'Golden Delicious' markiert für Meinolf Hammerschmidt die Wende. »Damit war es um die alten Sorten geschehen.« Rhododendren ersetzten in den Gärten die arbeitsintensiven Obstbäume. Äpfel werden nicht mehr geerntet, sondern im Supermarkt gekauft. Damit sie sich in die Warenlogistik einfügen, müssen sie stoßfest und transportfähig sein. »Die weichen Sorten, die, die wir in Seidenpapier und Watte packen, passen da nicht hinein«, sagt Meinolf Hammerschmidt.

Apfelklischees

Großproduktionen brauchen Sorten, die »Apfelklischees« bedienen. Das sind: glatte Frucht, Einheitsgröße, süßer Geschmack und vor allem ein »krachender Biss«. Der erste Happen muss schmecken. Der übersüße 'Golden Delicious' wird zum Bestseller. Dass mürbe Äpfel wie die köstliche 'Signe Tillisch' ihr volles Aroma erst »mit dem Abgang entwickeln, erleben die Leute gar nicht«, sagt Meinolf Hammerschmidt. Die runzelige Schale, die zum reifen Apfel gehört, das saftige weiche Fleisch, der Duft, die feine Säure, der Sortenreichtum – sie verschwinden. Wenn nicht gekocht wird, braucht keiner Pfannenkuchenäpfel, Most- und Kompottäpfel. Mit der Massenproduktion wird »das Regionale abgeschafft« und damit die Geschmacksvielfalt.

Doch die Leute erinnern sich an den Geschmack ihrer Kindheitsäpfel. Sagten sie früher »Wat schall de Schiet mit de ollen Appels, de wü op'n Böön schleppen möt und se im Freujahr weder dahl smit«, roden sie heute ihre Fichten und pflanzen wieder Obst.

Am Anfang hat Meinolf Hammerschmidt Bäume verschenkt, doch irgendwann wurde das zu viel. Im Jahr 1993 gründete er offiziell seine Baumschule. Heute hat er 730 Sorten in seinen Obstgärten stehen. Er vermehrt immer mal andere, um den Sortenreichtum zu erhalten. Und nach wie vor ist er auf der Suche nach Raritäten.

SCHARFES WERKZEUG IST WICHTIG. Keinen Fuchsschwanz als Säge nehmen, der vibriert zu stark und reißt das Holz auf. Gut sind Bügelsäge, Klappsäge, Baumschulhippe und als Gartenschere vor allem keine Amboss-Schere, denn die quetscht. Lac Balsam hilft als Wundmittel.

Äpfel

Äpfel soll man täglich essen. Oder zumindest von September bis April. Denn so lange kann die eigene Ernte den Bedarf decken, wenn die Bäume schlau ausgesucht sind und wenn die Lagerhaltung stimmt. Äpfel gehören für den Selbstversorger zur Grundausrüstung. Taschenfertig portioniert, liefern sie nicht nur Vitamine, sondern sorgen auch für reichlich Diskussionsstoff. Alte Sorte oder neue Sorte? Welche nützt? Und was tun, wenn man zur wachsenden Gruppe der Apfelallergiker gehört?

»Über Rosen muss man dichten, in Äpfel kann man beißen«, schreibt Goethe, dem sein Küchengarten nach ein paar Jahren Sturm und Drang und Werthers Leiden mehr wert war als die Parklandschaften der empfindsamen Zeitgenossen. Lieber tauschte er Äpfel mit seiner Freundin Charlotte von Stein und fachsimpelte mit seinem Dichterkollegen Christoph Martin Wieland, der sich auf Gut Oßmannstedt in der Landwirtschaft versuchte. Pomologie heißt die Wissenschaft, die etwa seit der Mitte des 18. Jahrhunderts zum Zeitvertreib von Dichtern, Pfarrern und Pädagogen wurde. Ein wunderbares Feld, auf dem sich sammeln, vergleichen, historisch forschen, systematisieren und Traktate schreiben ließ. Pomologische Gesellschaften vereinten Gleichgesinnte. Landesherren pflanzten Obstbaumalleen.
Fabrikanten ließen Wachsäpfel produzieren, ganze buntbackige Sortimente aus täuschend echten Repliken: Dekoration und naturwissenschaftliches Exempel in einem.
Im Gotischen Haus von Wörlitz, mitten im Park des Fürsten Franz von Anhalt-Dessau, ist so eine Kollektion zu sehen. Wem hat sie gefallen? Wem gedient? Schön und nützlich, war des Fürsten Devise. Äpfel säumen noch heute sein Reich.

Lebensraum für Buntspechte und Haselmäuse

Einen Garten voller Apfelbäume. Wir haben ihn auch. Zu dem alten Pfarrhaus in Sachsen gehört eine Obstwiese. Auf ihr stehen in zahnlückigen Reihen greise Bäume. Die Stämme sind hohl, viele Äste dürr, manche Kronen gleichen einem Besen. Jeden Winter müssen wir einen oder zwei fällen. Jeden Frühling richtet der Sturm einen zugrunde. Ihre ökonomische Zeit ist vorbei, jetzt bieten sie Lebensraum für Buntspechte und Haselmäuse. Vielleicht findet sich auch mal ein Steinkauz ein.
Achtzig Jahre können Apfelbäume alt werden. Wie lange mögen diese schon stehen? Als wir kamen, lieferten uns die Obstwiesen ein wunderbares Museum von unbekannten, nie geschmeckten Äpfeln. Alte Sorten, dunkelrot und zitronengelb, grasgrün, gestromt und gepunktet. Keine hat einen Namen. Zwölf Sorten waren es am Anfang, es werden weniger. Letztes Jahr haben wir in der Nähe einen Baumschuler gefunden, der Kunden hilft, alte Apfelsorten zu erhalten. Im April haben wir

Probieren geht über Studieren – Äpfel für Allergiker

Beobachtungen zeigen, dass Menschen, die allergisch auf Äpfel reagieren, gewisse alte Sorten vertragen. Lebensmitteltechniker der Universitäten Hohenheim und Hamburg forschen und fanden eine Erklärung: Historische Früchte wie 'Boskoop' enthalten Polyphenole, die vielen modernen Sorten fehlen. Zu den Polyphenolen gehören Flavonoide und Anthocyane, die nicht nur für Farb- und Geschmacksstoffe zuständig sind, sondern auch Körperzellen vor freien Radikalen schützen und in manchen Zusammenhängen – nicht in allen – die allergieauslösenden Stoffe im Apfel neutralisieren.
Allerdings gibt es nicht nur einen allergenen Stoff im Apfel, sondern mehrere. Bisher konnten Chemiker erst vier allergene Proteine identifizieren. Hinzu kommt, dass manche Menschen grundsätzlich keine rohen Äpfel vertragen.
In jedem Fall kommt es auf den Versuch an.
Der BUND Lemgo hat eine Tabelle mit Verträglichkeitstests von Äpfeln ins Netz gestellt: bund-lemgo.de/apfelallergie

ihm erste Reiser unserer Bäume gebracht. Ein dem 'Roten Boskoop' ähnlicher Typ ist dabei, ein sogenannter Pfannenkuchenapfel, und der namenlose Gelbe. Er wächst vorn auf der Wiese. Seine knapp faustgroßen Früchte sind rund und glatt. Die wächserne Schale duftet. Dort, wo die Sonne sie bescheint, erröten die Backen. Der Apfel trägt ein kleines schwarzes Bärtchen, unten, wo die Blütenreste sind. Das Fleisch ist fein, weiß und saftig. Nie, so dachten wir, kann sich ein so zarter Apfel im Lager halten, und pflückten uns im ersten Jahr kaum zwei Körbe voll.

Wir aßen ihn den ganzen Winter durch. Im April verspeisten wir die letzten. Dann ist er weich und runzelig, doch das Fleisch bleibt saftig und weiß. Länger hält nur der kräftige 'Boskoop' mit seiner herben rauen Schale. So war es jedes Jahr.

Bis zum letzten Sommer: Kein Apfel wuchs. Kein Gelber, kein Pfannenkuchenapfel, kein 'Boskoop'. Die Bäume hatten nach dem langen Winter spät geblüht, setzten Früchte an und warfen sie ab. Im ganzen Landstrich fiel in den Gärten die Ernte aus. Kein Unglück, sondern Natur. Pflaumen, Quitten und Holunderbeeren gab es dafür reichlich. Und eine lehrreiche Beobachtung: Auf den Riesenplantagen von »Sachsenobst« pflückten die Saisonarbeiter im Herbst wie gewohnt.

Was hatten die Profis besser gemacht? Während der Blüte stellten sie Bienenstöcke in die hektargroßen Obstpflanzungen. Bei uns flogen nur noch vereinzelte Bienen zum Bestäuben vorbei. In dem späten Frühjahr fanden sie in Rapsfeldern leichtere Ernte. Es folgte wochenlange Hitze, dann ein kalter nasser Sommer. Was vielleicht wachsen wollte, wurde Opfer von Pilzen und Bakterien.

So ist Ihnen die Apfelernte sicher

■ **Eine gute Baumschule finden.** Nur die regionalen Obstbauspezialisten wissen wirklich, welche Äpfel dem Klima und den Bodenverhältnissen in ihrer Umgebung am besten angepasst sind. Das Internet liefert beim Stichwort »Obstbaumschule« Adressen. Sortenbeschreibungen in Katalogen helfen dabei, gute Produzenten zu finden. Aufgeführt sein sollten: Pflück- und Genussreife, Anforderungen an Standort, Klima und Höhenlage und Fruchtbarkeit.

■ **Ist der Platz begrenzt,** Buschbäume wählen. Die noch kleineren Spindelbäume sind eher für den Erwerbsbau gezogen. Sie brauchen einen gekonnten Schnitt und stehen nicht frei, sondern müssen an einen Pfahl oder den Zaun gebunden werden.

■ **Auf die Unterlage achten.** Von kleinen Bäumen lässt sich leichter ernten. Die Größe eines Apfelbaums regelt man mit der Unterlage, auf die er veredelt ist. Doch besonders schwachwüchsige Unterlagen sind auch krankheitsanfälliger und brechen leichter. Standfest und immer noch nicht zu stark wachsend ist die Unterlage M 26. Sie stammt, über etliche Züchtungsgenerationen geführt, von ursprünglich französischen Apfelsorten ab, den sogenannten

Allgemeine Regeln für das Pflanzen von Obstbäumen

■ **Bäumchen wechsle dich.** Wo ein Apfel stand, wächst so leicht kein neuer. War die Sorte verkehrt gewählt und wird nach fünf Jahren gegen eine andere getauscht, reicht konsequenter Bodenaustausch in der Pflanzgrube. Hatte den Platz jedoch ein 30 bis 50 Jahre alter Baum besetzt, dann mickert der nächste. »Im Traufenbereich von Apfelbäumen wächst nie ein Sämling so wie etwa bei Kirschen«, hat Meinolf Hammerschmidt beobachtet, »der Baum schützt sich gegen Konkurrenz«. Beim Neupflanzen entweder fünf Meter zur Seite ausweichen. Oder von Kern- auf Steinobst wechseln und eine Kirsche oder Pflaume pflanzen.

■ **Junge Bäume pflanzen.** Je jünger sie sind, desto schneller und besser gedeihen sie. Keine Containerware nehmen, den Drehwuchs im Topf werden die Gehölze nie wieder los, und sie leiden viel schneller unter Trockenheit. Besser ist es, die Pflanzzeit einzuhalten. Optimal ist der Herbst, dann, wenn das Laub fällt. Das ist meist Mitte, Ende Oktober.

■ **Nicht zu früh im Herbst pflanzen.** Keine wurzelnackten Bäume nehmen, die gerodet wurden, bevor das Laub fällt. Denn erst wenn sich die mittels Chlorophyll entwickelten Energiestoffe (Kohlenhydrate) aus den Blättern in die Rinde und Knospen zurückgezogen haben (darum verfärbt sich das Laub gelb und rot, wenn es kalt wird), ist der Baum in die Winterruhe gegangen. Zwar überleben die meisten Bäume zu frühes Roden, doch sie brauchen Jahre, um das aufzuholen, was sie durch die Ungeduld verloren haben.

Der Baum blühte reich, setzte aber fast keine Früchte an. Die, die wuchsen, faulten schnell. Im Sommer 2010 fiel die Apfelernte aus. Auf wochenlange Hitze im Frühjahr folgte ein verregneter Sommer. Das machte Äpfel und Birnen zu Opfern von Pilzen und Bakterien.

Paradies- und Dousien-Äpfeln. Wobei »M« nicht etwa für *Malus* (lateinisch: Apfel) steht, sondern für »Malling«, das englische Obstzüchtungszentrum.

■ **Äpfel brauchen Pflege.** Von allen Obstgehölzen hat der Apfelbaum die höchsten Ansprüche. Er ist ein Flachwurzler. Das Land, auf dem er steht, soll nährstoffreich sein, feucht und locker. Zwar wächst er auch auf kargen Sandböden, ist aber dort ungleich krankheitsanfälliger. Bei jungen Bäumen in den ersten zwei, drei Jahren die Baumscheibe – eine Kreisfläche am Boden, die so groß ist wie seine Krone – von konkurrierenden Pflanzen frei halten, am besten mit Mulch.

■ **Nicht zu schnell düngen.** Nach dem Pflanzen warten, bis der Baum Wurzeln gebildet und sich eingewöhnt hat. Sollte sich zeigen, dass der Boden zu mager ist, Kompost oder angerotteten Kuhmist auf die Baumscheibe geben. Keine mineralischen Dünger mit schnell verfügbarem Stickstoff nehmen, wie etwa Blaukorn. Die Früchte werden vielleicht größer, aber ihre Qualität leidet und sie faulen schnell.

■ **Schnitt muss sein**, damit das spröde Holz der Krone nicht unter reichem Fruchtbehang bricht. Bei gut geformten Kronen reicht es, die Äste herauszunehmen, die krank sind, zu dicht stehen, nach innen wachsen oder sich kreuzen. Am wichtigsten von allem ist: Regel schneiden!

■ **Die Wuchsart beachten.** Nicht alle Apfelbäume sind gleich kräftig zu stutzen, ihre Kronenformen unterscheiden sich stark. 'Ingrid Marie' hat zum Beispiel feine Verzweigungen, die Äste ruhen sich auf den darunterliegenden aus. Ihre Krone muss immer wieder aufgelockert werden. 'Filippas Apfel' und 'Finkenwerder Herbstprinz' tragen an überhängenden Langtrieben. Sie werden über Ableitungen zurückgeschnitten. Das heißt, der Trieb wird auf einen dem Stamm näher sitzenden Zweig zurückgesetzt. 'Goldparmäne' dagegen wächst steil nach oben. Die Früchte sitzen »wie eine Perlenkette« dicht am Stamm. Hier müssen ungünstig stehende Äste nicht zwangsläufig ausgeschnitten werden. Eine gute Methode ist, sie herunterzubinden.

■ **Apfelbäume alternieren.** Das heißt, wenn sie in einem Jahr viele Früchte getragen haben, setzen sie im nächsten Sommer aus. Dagegen hilft die starke Ausdünnung des Fruchtbesatzes – am besten in mehreren Arbeitsgängen. Es gibt auch Sorten, die eine jährliche Ernte garantieren, wie 'Alkemene'.

■ **Befruchter sichern.** Alle Apfelbäume sind selbststeril (einige moderne Sorten ausgenommen). Sie brauchen als Befruchter also einen zweiten, der zur gleichen Zeit blüht. Wählerisch sind dabei nur triploide Sorten wie 'Boskoop', 'Gravensteiner' und 'Jakob Lebel', sie lassen sich nur von bestimmten Sorten befruchten. Über den richtigen Pollenspender informiert der Baumschuler. 'Boskoop' zum Beispiel macht es gut mit dem 'Weißen Klarapfel'.

■ **Richtig ernten.** Damit die Äpfel für das Einlagern unverletzt bleiben, die Frucht leicht nach oben knicken und mit Stiel abdrehen. Stoßsicher transportieren. Und den richtigen Zeitpunkt abwarten. Denn Geschmack muss sich entwickeln können. Bei Äpfeln, so brachte es Johannes Roth,

Hobbykoch und Pflanzenkenner, auf den Punkt, »kommt Reife vor Schönheit«. Sie fordern Geduld und Kellerkunst. 'Stina Lohmann' und 'Boskoop' nicht vor Ende Oktober ernten, sonst bilden sie ihr Aroma nicht aus. Andere Sorten wie 'Horneburger' und 'Altländer Pfannkuchenapfel' brauchen im Lager Ruhezeit, bevor sie schmecken.

■ **Umsichtig lagern.** Äpfel dünsten Kohlendioxid aus, das sich in der Luft zu Kohlensäure anreichert. Die bringt Kartoffeln zum Keimen, lässt grüne Bananen, Tomaten und Mangos reifen und Äpfel schrumpeln. Um den Vorgang zu verlangsamen, kalkt Meinolf Hammerschmidt die Wände seines Apfellagers jeden Herbst frisch, denn Kalk bindet mit Kohlensäure ab und nimmt sie so aus der Luft. Falls keine Wand zu kalken ist: Ein in die Nähe der Horden gelegter und aufgeschnittener Sack Kalk hat den gleichen Effekt. Im Übrigen gilt: Äpfel möglichst kühl, aber frostsicher lagern.

Reife: Ab Mitte Juli sind die frühesten Sommersorten ernteref. Als Letzter wird am 11. November der 'Martiniapfel' gepflückt.
Ertrag: Spindelbusch 15 Kilogramm, Buschbaum 30 Kilogramm.
Platzbedarf: Hoch- und Halbstamm 50 bis 100 Quadratmeter, mittelstarker Viertelstamm und Buschbaum 25 bis 50 Quadratmeter, schwach wachsender Buschbaum und Spindelbusch 9 bis 25 Quadratmeter.

Nährstoffe in 100 Gramm
Energie 52 kcal – Wasser 85 g – Kohlenhydrate 11,4 g – Vitamin C 12 mg – Fett 0,4 g – Kalium 144 mg – Kalzium 7 mg – Magnesium 6 mg – Pektin und Zellulose 558 mg.
Pektin fördert die Verdauung und hilft bei Durchfall. Geriebene Äpfel sind ein bewährtes Hausmittel bei verdorbenem Magen.

Landsorten und Edelsorten
Äpfel haben rote Backen, auch Schrunden, Narben oder Schorf. Äpfel sind klein oder groß, werden runzelig, wenn sie altern, haben schwarze Kerne, duften nach Rosen ('Agathe von Klanxbüll'), Himbeeren ('Himbeerapfel aus Holovaus'), Muskat ('Jakob Lebel') und Nüssen ('Goldparmäne'). Sie können sich im Geschmack entwickeln, wenn sie lagern, sie können pflegeleicht sein oder mehr Aufmerksamkeit fordern als ein Staudenbeet. Richtig ausgesucht und aufmerksam gepflegt, tragen sie sechzig Jahre lang Früchte.
Der Vorteil historischer Landsorten ist: Sie sind robust, wenn man sie dort pflanzt, wo sie als Sämling einer Pflanzengemeinschaft entstanden sind. Neben ihnen gibt es Generalisten, die es seit Jahrzehnten in Spanien genauso gut machen wie in Sachsen. Zu ihnen gehören der 'Boskoop' und der 'Gravensteiner'.
Und es gibt die Edelsorten, für die man sich auch früher schon abmühte. Der 'Weiße Winterkalvill' zum Beispiel war eine der Apfelsorten des Adels, »etwas ganz Edles«, sagt Meinolf Hammerschmidt. »Man nahm ihn ins Spalier, da macht er es gut.« Ähnlich ist es mit der 'Goldparmäne', »der Königin der Renetten«. Sie belohnt den hohen Einsatz mit ihrem besonderen Aroma. Doch sogar Verfechter historischer Sorten empfehlen mitunter moderne, wie den 1984 in Tschechien gezüchteten 'Topas'. Sein Vorteil: Er hat keinen Schorf, hängt im Wind fest und lässt sich bis April lagern.

Den passenden Baum auswählen
■ **An die Vorratskammer denken.** Wenn die eigene Ernte bis ins Frühjahr halten soll, Herbst- und Winteräpfel wählen und zum Saften einen oder mehrere Massenträger pflanzen. Denn Sommeräpfel bringen zwar eine frühe und meist eine überreiche Ernte, die Früchte halten sich jedoch nur wenige Wochen. Gut sind sie für Apfelmus.

■ **Darf's nur ein Apfelbaum sein,** am besten einen Herbstapfel ('Holsteiner Cox' oder 'Gravensteiner') nehmen. Der wird ab Ende September reif und hält sich bis Weihnachten. Winteräpfel ('Berlepsch', 'Finkenwerder Herbstprinz' oder 'Weißer Winterglockenapfel') sind erst spät genussreif und brauchen zum Lagern den selten vorhandenen kühlen Raum.

Tipp
Stammt der ausgesuchte Apfel von einer selbststerilen Sorte und sollten in der Nachbarschaft keine weiteren Äpfel stehen, hilft es, zwei Sorten auf einen Baum zu veredeln.

■ **Fehlt die Muße** für Schnitt und nötige Pflege, zähe Sorten wählen. 'Stina Lohmann' gehört dazu oder auf sandig-lehmigem Boden 'Filippas Apfel'. 'Boskoop' dann, wenn in den ersten Jahren seine Krone sorgfältig aufgebaut wurde.

Apfel-Küche

Den höchsten Wohlgeschmack von Äpfeln erzeugt nicht nur, wer die richtige Sorte in der jeweiligen Region pflanzt, sondern wer auch die beste für den jeweiligen Zweck wählt. 'Jakob Lebel' und 'Boskoop' sind prima fürs Kuchenbacken, weil ihr Fleisch fest und kräftig ist. 'Angelner Borsdorfer' ergibt bestes Kompott, weil die Frucht auch nach dem Kochen noch weiß bleibt. 'Süderhex' wird in Angeln (einer Region in Schleswig-Holstein) mit Leber gebraten. Und 'Borsdorfer Renetten' kommen in die Weihnachtsgans, weil sie die gewünschte süße Säure geben.

Über ein halbes Jahr ist Apfelzeit. Genug Gelegenheit, Unterschiedliches auszuprobieren: Apfel karamellisiert auf der »Tarte tatin«. Apfel gebraten mit Rosinen, Honig, etwas Butter und Zimt gefüllt. Apfel im Salat, herzhaft mit Chicorée. Apfelstrudel, Apfelpfannkuchen oder Apfelgrütze. Eines der liebsten Gerichte meiner Kindheit war: **Apfelsuppe mit Eiweißschwänen.** Das geht so: Äpfel mit Rosinen, Zitronenschale, Zucker und Zimt zu einem Kompott kochen und mit etwas Kartoffelmehl andicken. Direkt vor dem Servieren kleine Hauben aus Eischnee daraufsetzen, in den warmen Ofen (Oberhitze) setzen und herausnehmen, sobald sich die Hauben hellbraun zu verfärben beginnen; sofort servieren.

Saft ist die beste Methode, um Äpfel zu konservieren. Äpfel lassen sich dörren, zu Gelee und Mus verarbeiten, das eingeweckt und eingefroren werden kann. Doch die wirtschaftlichste Methode, von großen Apfelernten zu profitieren, ist das Herstellen von Saft. Zwar kann man sein Fallobst und alle Äpfel, die nicht einzeln gelagert werden, in die Mosterei bringen. Doch dort wird der Saft vor dem Abfüllen in die Flaschen grundsätzlich erhitzt. Frischen, kalt gepressten Saft bekommt nur, wer sich eine Apfelmühle und Presse leistet und selbst mostet. Ein Nachmittag Zeit reicht, um eine Saftmenge für gut 30 Flaschen herzustellen:

■ Fallobst sammeln oder reife Früchte von den Bäumen schütteln.

■ Früchte in der Mühle zerkleinern. Die Stücke dürfen nicht zu klein werden, denn wenn im Pressgut keine Hohlräume bleiben, fließt der Saft nicht. Ein herkömmlicher Küchenmixer eignet sich darum zum Zerschnitzeln nicht.

■ Stücke in die Presse füllen und die Spindel drehen. Das erfordert Kraft (doch bei Quitten ist es noch viel schwerer). Saft in einem großen Behälter auffangen.

■ Frischen Saft in Plastikflaschen füllen, diese verschließen und einfrieren. Der Saft lässt sich konzentrieren, wenn man ihn beim Auftauen abgießt, bevor er sich wieder vollkommen verflüssigt hat (das Wasser im Saft taut zuletzt auf). Solch ein Extrakt nutzt zum Beispiel als Gelierhilfe bei Erdbeermarmelade.

■ Ist die Gefriertruhe voll, kann man den frischen Saft auf mindestens 70 Grad erhitzen, das zerstört Schadpilze und Schadhefen. Höhere Temperaturen reduzieren zwar das Risiko weiter, dass der Saft verdirbt, mindern aber auch seinen Geschmack.

Apfelwein schmeckt fruchtig-herb. Er ist die ideale Erfrischung für den Sommer. Um ihn zuzubereiten, sind zweierlei nötig: eine gewisse Begabung zum Laborieren und ein paar Utensilien. Es dauert gut drei Monate, bis der frische Saft zu fruchtig-herbem Wein geworden ist.

Sie brauchen:
- **Gärbehälter.** Es gibt sie als Glasballon oder – praktischer – aus Kunststoff mit einer großen Schrauböffnung zum bequemen Reinigen.
- **Gäraufsätze und Pfropfen.**
- **Reinzuchthefe,** am besten Kaltgärhefe. Hefen brauchen normalerweise 19 bis 23 Grad Celsius, um sich zu entwickeln. Kaltgärhefe funktioniert auch noch bei mindestens fünf Grad Celsius, also im späten Herbst, wenn es nach der Apfelernte in den unbeheizten Nebenräumen an das Weinmachen geht.
- **$K_2S_2O_5$ zum Schwefeln.** Das Kaliumpyrosulfit wird dreimal eingesetzt und ist nötig, um Pilze, Bakterien und wilde Hefen fernzuhalten. Das Pulver gibt es in portionierten Päckchen.

Frischen Apfelsatz, der nicht in den Kühlschrank passt, auf mindestens 70 Grad erhitzen und heiß in Flaschen füllen. Wein wird aus frischem Saft gemacht, damit der ganze Geschmack erhalten bleibt. Alte Gäraufsätze aus Glas sehen hübsch aus, sind aber mühsam zu handhaben. Praktischer sind solche aus Kunststoff.

Und so wird aus Saft Wein gemacht:
- **Wilde Gärung vermeiden.** Saft gleich nach dem Einfüllen in den Gärbehälter schwefeln, dazu aus etwas Saft und Kaliumpyrosulfit eine Lösung fertigen und einrühren. Auf gleiche Weise die Hefe zugeben.
- **Gärung unterstützen.** Hefenährsalz in Saft auflösen, zum Saft geben, Ballon mit dem Gäraufsatz abschließen und diesen mit Wasser auffüllen. Nach spätestens zwei bis drei Wochen steigt im Gäraufsatz Kohlendioxid auf, das heißt, der Saft gärt.
- **Wein klären.** Ist nach ein bis zwei Monaten das Gären abgeschlossen (es steigen keine Blasen mehr auf), drei Tage warten, in denen sich ein großer Teil der toten Hefen und Schwebstoffe absetzt, dann den Wein von diesem sogenannten Trub mit einem Schlauch abziehen.
- **Wein ruhen lassen.** Den Ballon gründlich reinigen, Wein mithilfe des Schlauchs (Weinheber) wieder einfüllen, nochmals schwefeln und mit dem Gäraufsatz abschließen. Damit Luft, die jetzt noch in den Ballon eindringen kann, sterilisiert wird, muss man den Gäraufsatz mit stark verdünnter Schwefelsäure (hergestellt aus dem Kaliumpyrosulfit) auffüllen. In den folgenden sechs Wochen setzen sich letzte Schwebstoffe ab.
- **Wein in Flaschen füllen.** Noch einmal mit äußerster Vorsicht die Flüssigkeit vom Bodensatz abziehen, schwach schwefeln und in Flaschen geben. Stehen lassen, bis er schmeckt. Zu Anfang recht sauer, manchem schmeckt's schon jetzt, wird er mit den Wochen immer weicher.

Tipp: Die Utensilien für die private Weinproduktion gibt es im Landhandel und in Weingegenden in vielen Geschäften zu kaufen. Hier sind für wenige Euro auch kleine, informative Anleitungsbücher zu haben, die nicht ganz leicht zu lesen sind, aber alle Fragen beantworten, die auftreten können.

Obst | Äpfel | APFEL-KÜCHE 119

Birnen sind zum Naschen da. Anders als der Apfel gehört die Birne nicht zur Grundausstattung eines Selbstversorger-Gartens. Als Luxusfrucht am absolutistischen Hof des Sonnenkönigs Louis XIV. hatte die Birne einen ähnlichen Delikatessen-Status wie Feige, Ananas und Pfirsich. Die vollkommensten Tafelbirnen wachsen an Spalieren. Eine Kunstform, die wieder gemeistert werden sollte.

Birnen wollen hoch hinaus. Wie Pappeln wachsen sie in den Himmel. Drei Riesen stehen auf unseren Wiesen, wohl höher als der Kirchturm, den es hier einmal gab. Wer auch immer vor 70, 80 Jahren unser Obstsortiment plante, hat sie mit Bedacht in die Mitte des Grundstücks gesetzt, sodass Äpfel sie umringen. Denn Birnen brauchen Wärme, zwar nicht so viel wie Pfirsiche, aber mehr als Äpfel.

Auch auf unserem Hof steht eine Birne, der einzige Baum, der hier im Sommer Schutz vor der Sonne stiftet. Schon im 13. Jahrhundert empfahl der Naturforscher Albertus Magnus (1193–1280) für die Anlage eines Lustgartens den Schatten von Birnen. Denn anders als »bittere« Bäume, unter denen Menschen Schwächezustände bekämen – Magnus nennt die Walnuss –, sind Birnen »Bäume einer süßen Natur«.

Alte Männer verlieben sich närrisch in weiche Birnen. Christopher Lloyd, kriegerisch gestimmt, wenn er gegen Rosen zu Felde zog, wurde zum Schwärmer, wenn es zu den Birnen ging. Schälen – welch ein Akt der Geschicklichkeit, rühmte der genießerische Schwadroneur, und erst die anschließende Mühsal des Teilens, bei der die »neckische Schlüpfrigkeit der entkleideten Frucht« zu meistern ist. »Saft überall. Was soll man tun. Die Hilflosigkeit des Birnenhörigen ist Teil seiner Knechtschaft.« Birnen waren jahrhundertelang die Favoriten in den herrschaftlichen Küchengärten.

Sie werden älter als Äpfel, sind höher und süßer. »Eine gute Birn ist denen Aepffeln allezeit vorzuziehen«, hieß es zu Ende des 17. Jahrhunderts, als der Sonnenkönig sich seinen berühmten, noch heute bestehenden Küchengarten in Versailles anlegen ließ. In den verschiedensten Kunstformen, als Vase, Palmette und Kordon (Schnurbaum), wurden Birnenspaliere gezogen. Technik und zahllose Sorten entstanden in der Folge in Frankreich. »Franzbäume« nannte man die Tafelbirnen, die etwa seit dem späten 18. Jahrhundert deutsche Gärten eroberten und vielerorts regionale Sorten verdrängten. Was in den Bauerngärten blieb, waren die einfacheren Kochbirnen, die als Hochstamm weiter wuchsen.

Schier unverwüstlich stehen noch hier und dort 200- bis 300-jährige Exemplare. Formobst braucht dagegen ständige Aufmerksamkeit, Zeit, die nicht immer vorhanden ist. Gegen Ende des 19. Jahrhunderts wurden die Spaliere weithin aufgegeben. Von früher mehr als 1 000 Birnensorten lassen sich heute noch wenige hundert finden.

So machen Sie es Birnen recht

■ **Wärme macht Birnen saftig und süß.** Damit Birnen ihren vollen »Schmelz« entwickeln, brauchen sie eine lange Reifezeit, einen milden September und Oktober. In unserem norddeutschen Garten wächst ein alter Birnbaum, dessen kleine feste Früchte als Wintervorrat mit drei Nelken pro Glas eingeweckt werden. Als Kochbirnen sind sie ideal für »Birnen, Bohnen und Speck«, einen schleswig-holsteinischen Klassiker. Doch roh will sie keiner essen.

■ **»Birnen leiden an der Küste,** man sieht es den Bäumen an«, sagt der Obstbaumschuler Meinolf Hammerschmidt. Er hat etliche Sorten zum Testen gepflanzt. Gute Tafelbirnen tragen in seinem kühlen Söderup nur wenige dänischen Züchtungen wie die saftige 'Graf Moltke' oder auch die zimtartig-süße 'Clara Fries'.

■ **Das Land für Birnen** sollte tonig-sandig sein, denn solche Böden erwärmen sich schnell. Feuchtigkeitsschwankungen bekommen Birnen schlecht. Sie reagieren mit Gipfeldürre darauf.

■ **Eine Obstwiese** so planen, dass Birnen nicht im Wind stehen; etwa Apfelreihen mit starkwüchsigen windrobusten Sorten wie 'Boskoop' vor sie stellen.

■ **Birnen wachsen zu Riesen heran.** Wenn der Platz kneift, taugen eher Viertelstämme. Darauf achten, dass sie lediglich schwachwüchsige Unterlagen haben, in der Regel sind das Quitten.

■ **Spaliere lohnen sich.** Denn im Spalier ist der Fruchtbesatz übersichtlich und die Sonne kommt an jede einzelne Frucht. Ost-, West- und auch heiße Südwände eignen sich. Keine Angst, Birnen verbrennen in der Hitze nicht. Gut für makellose Früchte ist ein leichter Dachüberstand. Spalierobst muss nicht teuer sein. Auf Anfrage

geben gute Baumschulen bei gleichem Preis (20–25 Euro) Buschbäumen den entsprechenden Vorbereitungsschnitt. Schon vorgezogen und auf Bambus gebunden, kostet die Spalierbirne mit einer Etage etwa das Doppelte, mit zwei Etagen dann etwa 200 Euro.

■ **Birnen sind pflegeleicht.** »An ihnen«, so Meinolf Hammerschmidt, »muss man nicht lange herumschneiden. Gut ist es, den Leittrieb herauszunehmen.« Die Bäume wachsen sonst steil nach oben, wo keiner mehr Früchte pflücken kann. Wenn man eine stabile Birnenkrone hat, reicht es, totes Holz und störende Äste herauszunehmen.

■ **Befruchter sichern.** Birnen sind selbststeril, sie brauchen Pollenspender, die zur gleichen Zeit blühen. Wie bei den Kirschen gibt es bei den Birnen einzelne Sorten, die intersteril sind. 'Williams Christbirne' und 'Gute Luise' sind zum Beispiel unverträglich. Einander förderliche Sorten sind in Befruchtertabellen zu finden (Dezember 2010 auf: www.baumpruefung.de).

■ **Birnen erntet man wie Äpfel,** wenn sie reif sind und der Stiel sich bei sanftem Knicken leicht vom Ast trennt. Tatsächlich werden Tafelbirnen jedoch unreif geerntet, weil sie zu empfindlich sind und beliebte Beute von Vögeln. Außerdem lassen sie sich reif schlecht lagern. Gepflückt wird mit leichtem Drehen. Löst sich die Birne nicht, ist es zu früh für die Ernte.

Reife: Eine der frühesten ist die 'Bunte Julibirne'. Anfang November werden letzte Sorten gepflückt wie 'Vereinsdechant', 'Winterdechant' und 'Olivier de Serres'.
Ertrag: pro Halbstamm oder Buschbaum 25 Kilogramm.
Platzbedarf: stark wachsender Hoch- oder Halbstamm 50–100 Quadratmeter, mittelstark wachsender Viertelstamm oder Buschbaum 25–50 Quadratmeter.

Nährstoffe in 100 Gramm
Energie 52 kcal – Wasser 83,4 g – Kohlenhydrate 12,4 g – Vitamin C 5 mg – Fett 0,3 – Kalium 125 mg – Kalzium 9 mg – Magnesium 7 mg.
Birnen sind das an Fruchtsäure ärmste Obst, sie schmecken darum süßer.

Sorten
Es gibt Butterbirnen und Muskatellerbirnen, Flaschenbirnen und Gewürzbirnen, Bergamotten und Russeletten – das sind die mit einem zimtartigen Überzug –, es gibt Wein-, Schmalz- und Apothekerbirnen. Wie auch immer man sie in Form-, Farb- und Aromagruppen teilen will, grundlegend sind zwei Klassen: die praktischen Wirtschafts- und die aufwändiger zu ziehenden Tafelbirnen, die nochmals sortiert werden in Sommer-, Herbst- und Winterbirnen.
Für unsere Obstbaumwiese haben unsere Vorgänger einen soliden Querschnitt von Birnen für die verschiedensten Zwecke ausgesucht. Zuerst wird 'Clapp's Liebling' reif – wenn der Baum überhaupt Früchte trägt, leider mickert er auf unserem Boden (USA, dort 'Clapp's Favourite', grüngelb mit roter Backe, saftig und fein gewürzt, sehr begrenzt haltbar, im August pflück- und genussreif). Es folgt 'Gellerts Butterbirne' (die französische 'Beurré Hardy', grüngelb mit braun berostetem Überzug, saftig und schmelzend, ohne Kühlung drei bis vier Wochen lagerfähig, Mitte September pflückreif, genussreif September, Oktober). Die drei Riesen auf dem Grundstück sind 'Köstliche von Charneux', auch »Bürgermeisterbirne« genannt. Sie tragen reich, sind gut einzuwecken, schmecken aber eher fade (Belgien, um 1800, mittelgroße grüne Früchte, in warmen Regionen gelbgrün mit zinnoberroter Backe, pflückreif September bis Oktober, genussreif im November). Den Schluss macht eine Birne, die sich erst im November ernten lässt und deren Namen wir nicht kennen. Sie ist lang gestreckt und grün mit schwarzen Punkten. Es könnte eine 'Winterlonchen' sein (flaschenförmig, grünlich-gelb, saftig, auch baumreif noch festhängend, Ende Oktober, genussreif Mitte November bis Ende Dezember).

Birnen-Küche

■ »Die Pflicht eines Apfels ist es, knackig zu sein, eine Birne sollte ein Fleisch haben, das sich leise verzehren lässt; … unter den Tausenden von Birnen, die es gibt, sollte man die primitiven Sorten ignorieren, die nicht gelernt haben, ein Fondant zu sein«, schreibt der Gärtner Edward Bunyard 1929 in »The Anatomy of Dessert«. Das Lagern der kostbaren Frucht wird bei solcher Erwartung zur Präzisionsarbeit.

■ Christopher Lloyd legt jede einzelne Frucht in einen der mit Luftlöchern versehenen Plastikbeutel, in denen man Salatköpfe kaufen kann. Das bewahre sie davor zu schrumpeln, bevor sie reif ist, schreibt er. Andere wickeln jede Birne einzeln in Zeitungspapier, betten sie in Häcksel oder sammeln fürs Aufbewahren Styroporschachteln.

■ Trotzdem ist die Lagerfähigkeit von Birnen beschränkt und das Saftpressen (ähnlich wie bei Äpfeln, siehe Seite 117) eine gute Möglichkeit, die Ernte zu konservieren. Dafür dürfen die Früchte nicht zu reif sein, weil sie sonst ohne weiteres zu Brei geschnetzelt sind und sich kaum pressen lassen.

■ Birnensaft gärt leichter als Apfelsaft. Es hat nicht einmal vier Wochen gedauert, bis eine mit Bügel verschlossene Glasflasche in unserer Speisekammer explodiert ist. Eine Mordssschweinerei und eine Lektion: Herkömmliche Kunststoffkappen hätten sich unter dem Druck des gärenden Saftes nur langsam gehoben.

■ Eingeweckte Birnen sind ein Klassiker, lecker im Gratin oder als Winterdessert kurz mit Roquefort-Käse überbacken. Dazu die Birnen schälen, vom Kernhaus befreien, mit Zucker und Nelken einkochen, einfacher geht es nicht. Darauf achten, dass die Birnen nicht zu weich werden. Das Rezept lässt sich mit dem Saft von Zitronen oder Weißen Johannisbeeren verfeinern.

■ Durch Einköcheln zu einem Konzentrat verdichtet, ist Birnensirup ein feines Mittel zum Süßen.

IMKER AUS LEIDENSCHAFT. Gunter Paul prüft eine Wabe. Seine Beobachtungen notiert er auf Karteikarten. Jedes Volk hat eine. Die Imkerpfeife braucht er nur, wenn er aufgeregte Bienen beruhigen muss. Doch seine Völker sind in der Regel friedlich.

Gunter Paul:
Imker im eigenen Garten

Im sächsischen Neunitz, unweit von Leipzig, produziert Imker Gunter Paul im Jahr rund 500 Gläser Honig. Für ihn gehören die Bienen zum Garten. Wenn sie im Frühjahr anfangen, Pollen zu sammeln, dann, so der Spengler, »lebt die Natur«. Doch Bienen liefern mehr als Honig. Ohne sie gibt es keine Früchte an den Obstbäumen.

Gunter Paul zieht die Karte aus der Folientüte, kramt einen Bleistift aus seiner Utensilienschachtel und überfliegt die letzten Einträge. 18. April: Zwei Mittelwände gesetzt. 25. April: Brut nicht so gut. Er zieht einen Strich und fügt dazu: 8. Mai: Weiselzelle ist da. Er rechnet. Von jetzt an hat er 16 Tage Zeit.

In den 16 Tagen ernähren Ammenbienen die Larve in der extragroßen Zelle so lange mit einem speziellen Königinnen-Futtersaft, bis sie sich zur Puppenruhe einspinnt. Damit beginnt die Metamorphose. Die Larve wandelt sich zur Bienenkönigin (Weisel). Sobald sie geschlüpft und von ihrem Begattungsflug in den Stock zurückgekehrt ist, bereitet sich das Volk auf eine Teilung vor.

Es ist charakteristisch für Bienen, dass immer nur eine Königin ein Volk koordiniert. Es ist auch die Regel, dass die alte Königin geht, wenn eine junge herangewachsen ist. Sobald Spürbienen eine neue Unterkunft ausgemacht haben, wird die Alte mit einem Teil des Volkes ausschwärmen. Wer weiß, wohin?

»Ich will die Bienen aber nicht verlieren«, sagt Gunter Paul. Er wägt ab. Zwei Möglichkeiten hat er. Er könnte die Weizelzelle herausbrechen. Das wäre richtig, wenn sich die Königin aus dem Jahr zuvor gut entwickelt und das auch weiter ungestört tun soll. Doch in diesem Fall will er vom Schwarmtrieb profitieren und das Volk durchs Teilen verjüngen.

Damit das kontrolliert abläuft, haben Imker eine List entwickelt. Gunther Paul nimmt den Stock, noch bevor die junge Königin geschlüpft ist und stellt ihn ein gutes Stück weiter weg wieder auf. Für die Flugbienen, die unterwegs sind, besorgt er für den alten Platz einen neuen Stock. Den werden sie besiedeln und sich eine neue Königin heranziehen. Imker haben einen Namen für diese Art von Bienen-Management: Völkerführung.

Seit gut 33 Jahren imkert Gunter Paul, seit seiner Hochzeit mit Rosel. Fünf Stöcke (Beuten) und zwei Bienenvölker waren die Hochzeitsgabe seines Schwiegervaters. Bei ihm hat er alles übers Imkern gelernt. »Ich habe zugesehen, wie der Schwiegervater in die Stöcke guckt und wie er mit den Bienen arbeitet. Die waren so zahm.« Gemeinsam sind sie mit dem Bienenwagen gewandert, so nennen es die Bienenmenschen, wenn sie mit den Stöcken auf einem Pritschenwagen von Tracht zu Tracht ziehen. Zuerst ins Obst, dann in den Raps, danach in den Wald. Die Wege sind nie gleich. In einem Jahr, erinnert sich Gunter Paul, gab es mal Wicken, die im Korn hochrankten. Das ganze Feld war blau. »Die Leute haben den Honig besonders gemocht.«

Die Vorfahren von Rosel Paul waren »Obstler«. Für sie gehörten Bienen selbstverständlich dazu – als Honiglieferanten, natürlich – doch noch viel dringender als die wichtigsten Bestäuber in den Apfel-, Birnen-, Kirsch- und Pflaumenwiesen. Zehn Stöcke braucht ein Zwei-Hektar-Obstbauernhof.

Später, in der Planwirtschaft der DDR, war Imkern ein einträglicher Nebenverdienst. Kurz vor der Wende

ROSEL PAUL IST TOCHTER eines Imkers. Ihr Vater hat das Handwerk von seinem Vater gelernt, der wiederum von seinem, und so fort. Sie waren Obstbauern. Bienen gehörten zu ihrem Alltag.

gehörten Gunter Paul 36 Völker, er hatte sich einen großen Bienenwagen gekauft, mietete sich einen Traktor dazu und „wanderte" mit seinen Bienen sogar bis in die Region von Chemnitz. Zum einen gab es in den Plantagen Bestäubungsprämien, zum anderen gutes Geld für den Honig. »Das war supereinfach. Wir brauchten keine Gläser, lieferten bloß den Honig in Kannen bei Sammelstellen ab.« Heute ist die Vermarktung ein Problem. Gunter Paul wüsste nicht, wie er es lösen sollte, wenn nicht seine Frau Rosel den Hofladen hätte, wo sie neben Biobrot und Biogemüse den Honig verkauft.

Heute hat Gunter Paul »zehn bis zwölf Wirtschaftsvölker und einige Ableger nebenbei – zum Verkaufen oder zur Verstärkung, wenn ein Volk schwach geworden ist«. Sein Jahr ist in Imker-Arbeit eingeteilt. Im Frühjahr, zur Zeit des Schwarmtriebs, müssen die Völker »geführt« werden. Frühestens im Mai, je nachdem, wann die Obst- und Rapsblüte vorbei ist, schleudert er zum ersten Mal Honig. Das letzte Mal Ende Juli. Im Herbst, manchmal schon Anfang August, beginnt er »einzufüttern«. Das heißt, er ersetzt den Honig, den er entnommen hat, durch Zuckerlösung. Im Winter sitzen die Bienen im Stock, in einer kugelförmigen Traube inmitten ihrer Nahrung. »Hält man das Ohr an den Stock, hört man ein leises gemeinsames Summen.« Die Bienen sind in Bewegung, rotieren von den kühlen Außenrändern ins warme Innere der Kugel. »Wenn sie summen, ist das Volk gesund.« Gunter Paul nutzt die kalten Monate für Reparaturen. Er schmilzt alte Waben ein, baut neue zusammen, ersetzt im Zwei-Jahres-Turnus den kompletten Wabensatz eines Stocks: »Die Völker müssen sauber gehalten sein.«

Was ist das Geheimnis eines guten Honigs? »Dass er nicht zu jung geschleudert wird«, sagt Gunter Paul. »Der Honig muss vor der Entnahme ruhen.« Wenn die Bienen den Nektar eintragen, ist er dünn und wässrig. Um ihn einzudicken, schichten sie ihn von einer Wabe in die andere. An warmen Sommerabenden stehen sie vor dem Stock und »fächeln« mit den Flügeln. Das zieht die Feuchtigkeit heraus. Erst wenn die Bienen ihren Nahrungsvorrat mit einem Wachsüberzug verdecken, ist die Zeit reif fürs Schleudern.

Interview
»Schnell, schnell geht bei Bienen nichts.«

Gunter Paul über zahme Völker und die beste Art, das Imkern zu lernen.

Was ist die wichtigste Voraussetzung, um Hobby-Imker zu werden?
Gunter Paul: Enthusiasmus, einen guten Draht zur Natur, Geduld und Zeit. Imkern ist wirklich zeitaufwändig, wenn man es ordentlich machen will. Schnell, schnell geht bei Bienen nichts.

Wie viele Bienen braucht der Anfänger?
Mit zwei Völkern kann man beginnen. Eines wäre zu riskant, man braucht eine gewisse Reserve. Auch dem besten Imker kann es passieren, dass ein Volk kaputt geht.

Wie groß muss der Garten sein?
Die Bienen bleiben nicht im Garten. Wichtiger ist, dass sie das Jahr über in der Umgebung reichlich Tracht finden. Bei uns sind es die Obstwiesen, die Kleingärten, der nahe Wald und die Flussufer der Mulde.

Welche Gartenpflanzen sind gute Bienenweiden?
Das Lungenkraut in all seinen schönen Blattsorten, Winterlinge und die Kornelkirschen gehören zu den frühesten Blühern im Garten. Dann kommen Stachel-, Johannis- und Himbeeren, die Obstbaumblüte, ungefüllter Mohn, ungefüllte Rosen und viele der Kräuter wie Borretsch, die Salbeiarten und Thymian. Später auch Dahlien, doch wieder nur die Wildarten und Namenssorten mit ungefüllten Blüten.

Was kostet die Grundausrüstung?
300 Euro bezahlt man für zwei gebrauchte Beuten mit ihren Völkern, etwa 500 für eine erste Schleuder. Dazu kommen Eimer, Siebe, Waben und Gläser. Pro Volk können es gut 1 000 Euro werden.

Wie hoch ist der Ertrag?
Wenn die Natur mitspielt, 40 Kilogramm pro Volk.

Werden mich meine Bienen stechen?
Das muss nicht sein und hängt davon ab, was für Bienen man kauft. *Carnica*, die Rasse, die wir haben, ist sanftmütig. Und mal ein Stich gehört dazu. Schlimm ist es für mich nur, wenn es mich an den Augenlidern erwischt. Imkern geht es ähnlich wie Elektrikern. Hätten die Angst vor Strom, könnten sie ihre Arbeit gleich einstellen.

Lassen sich Bienen zähmen?
An sich nicht. Aber Bienen sind domestiziert. Durch Auslese hat man besonders freundliche und wabentreue Bienenvölker geschaffen. Sie werden dabei aber auch empfindlicher. Unsere Bienen können ohne Imker nicht mehr überleben. Sie können sich gegen natürliche Feinde nicht mehr wehren, wie zum Beispiel gegen Milben. Darum ist Sauberkeit in der Beute allererstes Gebot für den Imker.

Wo lerne ich das Imker-Handwerk am besten?
Sicher am allerbesten durch Abschauen in der Familie, denn man braucht dazu vor allem Zeit und Muße. Möglich ist es natürlich auch bei einem Hobbyimker, der ständig bei den Bienen ist.

Tipp
Für Neugierige hat die Landwirtschaftskammer Nordrhein-Westfalen eine Internetseite aufgebaut, die alle Worte aus der Imkersprache erklärt, Pflanzenkalender und Blühempfehlungen für den Garten liefert und auch einen Internet-Schnupperkurs vorbereitet: www.die-honigmacher.de.

Bienendreck

Die ersten warmen Tage nutzen Bienen für den Reinigungsflug. Sie leeren die im Winter über gefüllte Kotblase. Das sind für die Insekten mitunter gefährliche Ausflüge. »Wenn noch Schnee liegt und sie sich darauf setzen, kühlen sie aus und kommen nicht wieder in den Stock zurück.« Auch weiße Wäsche lockt die Insekten an. »Wenn alles kahl und nichts grün ist, halten sie die womöglich für Blüten und verkleckern sie«, sagt Rosel Paul. Der Bienendreck ist schwer wieder entfernen, wenn man ihn verschmiert. »Man muss ihn trocknen lassen und abrubbeln.« Alle Nachbarn wissen das.

DIE »BEUTE« IST DIE BEHAUSUNG DER BIENEN. Ursprünglich hatte man Strohbeuten oder Bienenkörbe. Heute werden die praktischeren Magazin- oder Oberbehandlungsbeuten benutzt. Das sind eckige Kästen mit senkrecht eingesetzten Waben. Der Rauch aus der Imkerpfeife signalisiert den Bienen Gefahr und bringt sie dazu, auf der Wabe sitzen zu bleiben. Gunter Paul in Schutzmontur ist eine Pose für den Fotografen – er selbst braucht den Helm kaum. Deutlich sichtbar ist die Weiselzelle. Sie ist größer als alle anderen und eher stäbchenförmig.

Gemüse

Bohnen
Die englische Salatkönigin
Fenchel
Zwiebeln
Porree
Tomaten
Chili und Paprika
Gurken
Sellerie und andere Knollen
Der Bauer mit der Kartoffel im Wappen
Kartoffeln
Kohl
Ein Sammler alter Gemüsesorten

Bohnen bringen Leistung. Sie sind robust, platzgreifend, unübersehbar. Seit 6 000 Jahren liefern sie dem Menschen Nahrung. Die lange Kulturgeschichte hat ihr Genpotenzial reich und vielfältig gemacht. Mit Dahlien und Sonnenblumen verwandeln sie ein nacktes Stück Erde innerhalb weniger Monate in ein buntes Sommerparadies. Seltsam, dass diese großzügigen Pflanzen so lange vergessen waren.

»Das Bohnenfeld« heißt das berühmte 7. Kapitel in Henry David Thoreaus Buch »Walden oder Leben in den Wäldern«. Es erzählt von Thoreau, der sein bisheriges Leben aufgibt, aufs Land an einen See zieht, sich eine einfache Hütte zimmert und ein auf die Natur gerichtetes Leben in den Wäldern führt. »Walden«, schon 1845 geschrieben, ist ein aufregendes, nicht leicht zu lesendes Buch voller Anspielungen und mythologischer Parabeln. Es wurde eine Art Bibel der Naturschutzbewegung. Von Nahem betrachtet, findet man darin auch das erste moderne Manifest eines Selbstversorgers.

»Was lerne ich über Bohnen oder Bohnen über mich?«, fragt David Thoreau und betrachtet seine Arbeitsstunden auf dem Bohnenfeld als Exerzitien in Disziplin, Moral und handwerklicher Arbeit. Diese Arbeit soll ihn nicht nur zu einem besseren, freieren Menschen machen. Sie verwandelt ihn außerdem in einen mythologischen Helden und noch mehr. Denn was ist das tägliche Hacken? Eine Herkules-Arbeit. Das Umwerfen der Erdschollen? Ein künstlerischer Akt. Die Aufzucht der Bohnen? Eine pädagogische Leistung: »Die Erde dazu zu bringen, Bohnen zu sagen statt Gras – das war mein tägliches Werk.«

STANGENBOHNEN SIND SIEGER

Wir wissen, dass Thoreau Buschbohnen pflanzte. Hätte er Stangenbohnen gewählt, wäre er mit seinen Ausführungen noch weiter abgeschweift, hätte Großzügigkeit oder besser eine gewisse Maßlosigkeit der Natur streifen können. Denn Stangenbohnen haben etwas Forderndes. Ihr Anbau braucht Vorbereitung. Stangen müssen herbeigeholt, Gerüste aufgestellt, die Körner gelegt, angehäufelt, vielleicht aufgebunden werden. Wer das tun will, muss sich Zeit nehmen.

Neben dem nicht zu leugnenden Aufwand bei ihrem Anbau bündeln Stangenbohnen einen ganzen Strauß entschiedener Vorteile. Sie sind robust. Oben in der Luft sind sie nicht nur den Schnecken entrückt, sie trocknen auch schnell und geben dadurch Schadpilzen keine Chance. In dem sonst eher flachen Nutzgarten schaffen sie Höhe. Manche Sorten klettern – bis zu drei Meter hoch und mehr – auch an Mais oder Riesensonnenblumen. Und sie lassen am Boden Platz für Kürbis oder Zucchini. »Die drei Schwestern« nennt man diese Gemüsepartnerschaft, eine aus Mexiko stammende Strategie, wobei die Bohnen als »Aufwertungspflanzen« (das heißt, sie nehmen Stickstoff aus der Luft auf und lagern es in ihren Wurzelknöllchen ab) den Mais mit dem nötigen Stickstoff versorgen.

Stangenbohnen lassen sich nicht in großem Schwung abernten – was schlecht ist für den Handelsgärtner –, sie liefern dafür fortlaufend von August bis zum Frost frische Hülsen, und zwar umso mehr, je öfter gepflückt wird – gut für private Gärtnern. Die Erntezeit hängt vom geplanten Nutzen ab. Oder andersherum: Der Nutzen bestimmt die Erntezeit. Bohnen mit essbaren Hülsen werden jung gepflückt, bevor sie strohig werden, »schroh« heißt das auf dem Land, das meint »hässlich« und »dürr«. Sogenannte Flageoletbohnen, deren Körner man ohne Einweichen kocht, werden milchreif geerntet, sobald sich die Kerne mit dem Daumennagel einritzen lassen. Nur bestimmte Sorten wie 'Borlotto Lingua di Fuoco', 'Isérables' und 'Klosterfrauen' (Letztere zwei alte Sorten aus der Schweiz) sind als Flageoletbohnen geeignet. Bei ausgesprochenen Körnerbohnen wartet man, bis sie rascheltrocken sind, und lässt sie, wenn es spät im Jahr ist, nachtrocknen.

Die Vielfalt beherrschen

Die Saat all dieser unterschiedlichen Bohnen fanden wir bei Ulla Grall, die Anfang der 1990er-Jahre als eine der ersten in Deutschland ein umfangreiches Sortiment seltener Gemüsesorten für Hobbygärtner aufbaute. Fast 30 verschiedene Stangenbohnen listete ihr Katalog auf. Zwölf probierten wir in einem Jahr aus.

DÜNN WIE EINE BOHNENSTANGE heißt es im Sprichwort und meint: Die Stangen dürfen nicht zu dick sein, sonst können die Ranken der Pflanzen sie nicht umgreifen und rutschen ab. Unsere Stangen waren zu mächtig. Wir mussten unsere Bohnen vielfach extra anbinden.

134 Gemüse | Bohnen | STANGENBOHNEN

Natürlich haben wir aus jeder Saattüte nur wenige Körner gebraucht, es war die reine Verschwendung. Dafür rankten an unseren Stangen rote, gefleckte, zartgelbe und zum Halbmond gekrümmte Bohnen. Je später es im Jahr wurde, desto weniger ließen sie sich lenken, wuchsen wild ineinander und bewiesen uns die Unvernunft, mit der wir so viele Sorten dicht an dicht gepflanzt hatten. Die grenzenlosen Möglichkeiten einer Gesellschaft, die über Kataloge und das Internet bekommen kann, was sie will, konnte Thoreau nicht bedenken. Seine erste Übung hätte sonst geheißen: Lerne Selbstbeschränkung.

Warum werden so selten Stangenbohnen gepflanzt, die – abgesehen vom etwas höheren Aufwand – doch nur Vorzüge haben? Wie Saubohnen waren sie lange Zeit Arme-Leute-Essen. Das wirkt nach. Nur spezielle weiße Bohnenkerne wie die berühmten 'Haricot Mais Tarbais Varieté gros Blanc', die in das klassische französische Cassoulet gehören, haben Feinschmeckerstatus. Doch arme Leute sind oft kluge Leute. Körnerbohnen enthalten 21 bis 24 Prozent Eiweiß – so viel wie Hühnerfleisch –, und sie sind ausgesprochen eisenhaltig. 10 Milligramm auf 100 Gramm, das ist mehr als im Spinat. Sie sammeln weniger Schadstoffe als andere Gemüse, und die, die sie speichern, sitzen vor allem in den Hüllen. Und es gibt noch einen emotionalen Grund, der vom Pflanzen der Stangenbohnen abhält. Viele Menschen mögen es nicht, wenn ihnen die Natur über den Kopf wächst. Sie pflanzen keine mannshohen Gräser, keine *Tithonia*, keine Engelwurz. Zu viel Natur macht ihnen Angst. Schade.

So pflanzt man Stangenbohnen

■ **Gerten, Stöcke oder Stangen fertigen.** Traditionell geschieht das im Frühjahr mit Haselruten. Sie sollten knapp drei Meter lang und nicht dicker als vier bis fünf Zentimeter sein. An zu dicken Stecken rutschen die Ranken ab. **Einzelne Stecken** für einen sicheren Stand in etwa 50 Zentimeter tiefe, vorgebohrte Löcher setzen. Für eine **Stangenwand** die Stöcke paarweise, oben über Kreuz, gegeneinander stellen. Die Konstruktion aus drei, vier oder mehr Paaren an einer im First quer gelegten Stange fixieren.

■ **Bei der Platzwahl** daran denken, dass die Stangenwand hoch und blätterdicht wird. Das nützt als Wind- und Sichtschutz, nimmt aber auch anderen Beeten das Licht.

■ **Keimhilfe leisten.** Bohnenkörner brauchen Feuchtigkeit, damit sie ihre Samenruhe beenden. Trockene Körner wenigstens eine Nacht, höchstens zwei Tage in dünnem, lauwarmem Kamillentee einweichen. Man nennt das Beizen, eine uralte Technik, mit der Saat desinfiziert und von Krankheitserregern befreit wird. Schon in vorchristlichen Zeiten wurde dafür Zwiebelsud verwendet. Auch das von der Abtei Fulda zubereitete »Humofix« kann als Beize eingesetzt werden (siehe Seite 67 ff.).

■ **Energie zuführen.** Stangenbohnen setzen für ihr rasantes und gut vier Monate langes Wachstum mehr Nahrung um als Buschbohnen. Nicht auf zuvor stark beanspruchtes Land setzen, eventuell mit Kompost den Boden aufbessern.

■ **Auskühlung verhindern.** Bohnen vertragen absolut keine Kälte. An frostigen Frühlingstagen verfaulen sie schnell in nassem Boden. Deshalb nicht vor den Eisheiligen aussäen, gut ist Ende Mai. Wenn das Jahr kalt ist, ruhig bis Mitte Juni warten. Besser ein paar Bohnen mehr säen und später auslichten als nachpflanzen. Wer auf Nummer sicher gehen will, kann Reservepflanzen in Töpfen ziehen.

■ **Bohnen wollen die Glocken hören.** Das heißt, sie sollen flach liegen. Fünf bis sechs Bohnen halbkreisförmig um die Stangen verteilen, zwei bis drei Zentimeter hoch mit Erde bedecken. Bei schwerem Boden Körner doppelt legen, dann helfen sie sich gegenseitig beim Durchbrechen der Erdkruste. Jungpflanzen anhäufeln.

■ **Orientierungshilfe geben.** Junge Bohnen schlängeln wie blinde Nestlinge am Boden herum und nutzen alles, woran

---

Ranken, die die Welt verkleiden

Ewald Hügin, einer der fantasievollsten Gärtner Deutschlands, der das Ungezähmte liebt und von einem unersättlichen Spieltrieb ist, überzieht seine Freiburger Gärtnerei im Sommer mit allem, was in die Höhe geht. Wie ein dicker Pflanzenpelz bedecken rankende Gewächse Stecken, Anbauten und einen scheddrigen Zaun. Neben botanischen Spezialitäten wie *Cobaea pinglei* mit cremeweißen Glocken und bis zu zehn Meter langen Ranken oder *Mandevilla suaveolens* mit kräftig nach Vanille duftenden Blüten, testet Ewald Hügin auch alles, was schmeckt, auf seine Gartentauglichkeit so wie Kletternde Kapuzinerkresse, Malabarspinat mit fleischig saftigen Blättern, die laufend geerntet werden können und nach jungen Maiskolben schmecken – und Bohnen: Die bizarre Helm- oder Hyazinthbohne, *Lablab purpureus* 'Ruby Moon' hat zum Beispiel kurze, leuchtend richelieurote Hülsen.

Bohnen-Küche

Frische Bohnen lassen sich gut **einfrieren**, nachdem sie in kochendem Salzwasser zwei bis drei Minuten blanchiert und schnell heruntergekühlt wurden.

Man kann das Gemüse auch **einwecken** – was aber heikel ist, da gerade Bohnengläser leicht aufgehen, wenn man nicht extrem sorgfältig gearbeitet hat.

Trockenbohnen gehören zu den Dauergemüsen. In Leinensäcken lassen sie sich, trocken und kühl, mindestens vier Jahre aufbewahren. Vor dem Kochen zwölf Stunden einweichen. Je älter die Kerne sind, umso länger müssen sie gekocht werden. Generell werden sie im Einweichwasser ein bis anderthalb Stunden gekocht. Salz und Essig sollte man erst am Ende zugeben, dann werden die Körner schneller gar.

Körnerbohnen schmecken köstlich im Salat – einfach mit kross gebratenen Salbeiblättern und passierten Tomaten oder mit Zwiebeln, Öl und Zitrone angemacht. Genauso lecker sind sie im Risotto, im Eintopf mit anderen Gartengemüsen und etwas Suppenfleisch, als Suppe oder pürierter Dip mit Schafskäse.

Aus frischen, nicht eingeweichten, aber gekochten Flageoletbohnen lässt sich mit selbst gemachter Tomatensauce ein Gemüse bereiten, das lecker zu gegrilltem Fleisch ist.

Bohnen auf Toast:
Die Bohnen mit Knoblauch, Thymian- und Rosmarinzweig, Sellerie, Lorbeer, Karoffeln und Kirschtomaten eine Stunde kochen; Bohnen abgießen; Kochwasser auffangen und die Bohnen wieder bedecken; die Gemüse und Kräuter zu Mus verarbeiten und wieder unter die Bohnen rühren. (Mehr von diesen wunderbar einfachen Rezepte in Jamie Olivers Buch über das Kochen mit Frühlings-, Sommer-, Herbst- und Wintergemüsen und -früchten aus dem Garten: »Natürlich Jamie Oliver«.)

Mehr aus dem Garten:
Für Bohnengerichte gut zu gebrauchen sind: Chili, Knoblauch, Schalotten, Stangensellerie und Bohnenkraut.

---

sie sich aufrichten können – auch die Nachbargewächse. Zweige helfen ihnen, sich an ihre Stangen heranzuarbeiten.

■ **Wer viel pflückt, erntet viel.** Die Ernte beginnt zehn bis elf Wochen nach der Aussaat, gegen Mitte bis Ende Juli. Von da an gibt es Bohnenmahlzeiten, die immer variationsreicher werden, je weiter fortgeschritten das Jahr ist. Anders als Buschbohnen – die nach drei, vier Mal durchernten gerodet werden – bilden Stangenbohnen immer neue Blüten und Früchte, bis es kalt wird. Geerntet wird in drei Stadien: jung und grün als Schote, halb- oder milchreif und später »rascheltrocken« als Korn aus den papierartig ausgedörrten und noch im Haus nachgetrockneten Hülsen. Nicht alle Sorten eignen sich gleich gut für alle Reifegrade. 'Blaue Hilde' und 'Berner Butter' sind reine Schnippelbohnen. Milchreife Körner, die sogenannten Flageoletbohnen, liefern »Zwiebohnen« (Bohnen, die als Hülse und als Kern gegessen werden) wie 'Meuch', 'Neckarkönigin' oder 'Klosterfrauen'.

■ **Bohnensaat hält lange.** Kühl und »splittertrocken« lässt sie sich mindestens vier Jahre lagern. Man kann sie auch einfrieren und meistert damit ein mögliches Problem. Der Bohnenkäfer gehört zu den größten Schädlingen für den Bohnengärtner. Er legt seine Eier in die Bohnenhülsen, sodass die mikroskopisch kleinen Larven später in den Kernen sitzen. Die Larven überstehen das Einfrieren nicht, die Kerne hingegen sind auch nach dem Auftauen noch keimfähig.

Tipp

Die Keimfähigkeit von lange gelagerten Bohnen testen, indem man die Körner auf feuchtes Papier legt. Sie müssen anschwellen – rührt sich nichts, sind sie als Saat zu alt.

Nährstoffe in 100 Gramm (gegart)

Energie 25 kcal – Wasser 88,4 g – Kohlenhydrate 3,2 g – Vitamin C 12,2 mg – Fett 0,2 g – Kalium 206 mg – Kalzium 63 mg – Magnesium 25 mg.

1 'SCHÖNE VON RICHINGEN' gehört zu den Zwiebohnen. Sie kann grün als Schnippelbohne oder als halbreifer Kern im Salat gegessen werden. Und lässt sich auch als Trockenbohne lagern. Sie wurde in den 1990er-Jahren bei Landfrauen im Emmental gefunden. Volles bohniges Aroma.

2 'PREISGEWINNER' Eine Prunk- oder Feuerbohne mit rosa-violett gesprenkelten Kernen, die als Trockenbohnen gegessen werden. Sie rankt bis in drei Meter Höhe.

3 'GRÜNES POSTHÖRNCHEN' Eine Brech- und Schnippelbohne aus dem Rheinland. Weil der stützende Faden fehlt, krümmt sie sich zum Hörnchen.

4 'HARICOT MAIS TARBAIS' ist fester Bestandteil des klassischen französischen Cassoulet. Die reine Körner-Delikatessbohne hat eine dünne Schale und einen feinen mehligen Geschmack.

5 'BLAUE HILDE' Die Brechbohne lässt sich besonders leicht pflücken, da sie durch ihre blaue Farbe im dichten Laub schnell zu finden ist. Das Blau verblasst beim Kochen.
6 'BERNER LANDFRAUEN' Eine einfache grüne Bohne, die spät reif wird und einen kräftigen Geschmack hat.
7 'BERNER BUTTER' Die zarte Schnippelbohne schmeckte uns besonders gut. Erst pflücken, wenn die Hülsen gelb geworden sind und nicht länger als sechs Minuten in sprudelndem Wasser kochen.
8 'GELBES POSTHÖRNCHEN' Die Schnippelbohne eignet sich gut für »Bohnen, Birnen und Speck« und ist lecker im Salat. Sie wird später als das 'Grüne Posthörnchen' reif.

SCHMETTERLINGSBLÜTEN von Saubohnen mit dunkelpurpurfarbenen Flecken auf den »Flügeln«. Eine Hummel findet hier Beute.

BUSCHBOHNEN
SIND DIE KURZE VARIANTE

Sie sind die kurze, einfacher anzubauende, aber auch nicht so ertragreiche Variante der Stangenbohne *(Phaseolus vulgaris)*. Vor Jahrhunderten haben sie sich aus Mutationen entwickelt. Buschbohnen gedeihen auf alt gedüngtem Land, also im zweiten Jahr nach dem Düngen mit Kompost. Da sie eine kürzere Vegetationszeit als Stangenbohnen haben, lassen sie sich als Nachkultur auf abgeernteten Kartoffelbeeten oder als Vorkultur für die neuen Erdbeerreihen anbauen – was zusätzlich nützt, weil sie den Boden mit Stickstoff anreichern. Allerdings sind sie auch ein begehrtes Opfer von Schnecken und, in feuchtheißen Sommern, von Pilzen. Wie die Stangenbohnen werden sie, wenn der Boden im späteren Mai warm geworden ist, mit einem Abstand von etwa 35 Zentimetern flach gelegt, also nur zwei bis drei Zentimeter mit Erde bedeckt.

Sorten

'Kleine weiße Bohne aus der Touraine', (eine Flageoletbohne mit besonders feinem, buttrig-cremigen Aroma, die gepflückt wird, wenn die Hülsen ledern und die Kerne milchreif sind); 'Saxa' (bewährte, robuste Sorte für raue Gegenden, runde Hülsen, Brechbohne ohne Fäden); 'Tante Meti' (Brechbohne ohne Fäden, in Ostfriesland gefundene Sorte, rot gemusterte Hülsen mit weißen rosa gemusterten Samen, ohne Fäden); 'Ostfriesischer Speck' (traditionelle norddeutsche Schnippel- und Speckbohne, mit Fäden, zum Entfädeln Spitze wegschneiden, dabei Faden mit abziehen); 'Triumph de Farcy' (besonders wohlschmeckende Filetbohne, kräftige Hülse mit violetter Sprenkelung).

DICKE BOHNEN HEISSEN AUCH LEDERNE JUNGS

Vicia faba ist die europäische Konkurrentin der Stangenbohne. Sie stammt ursprünglich aus Zentralasien und gehört zu den Wicken-Arten, was leicht an Blättern und Blüten zu erkennen ist. Sie war von der Antike bis weit über das Mittelalter hinaus ein Hauptnahrungsmittel der Menschen, wurde als Brei gekocht, gebacken und als Zusatz im Brot gegessen. Erst als Kolumbus die Stangenbohne auf Kuba und andernorts einsammelte und nach Europa brachte, wurde die Dicke Bohne von ihrer dominanten Stelle verdrängt. Und zwar so erfolgreich, dass sie ihren Namen »Bohne« an die südamerikanische Einwanderin abgeben musste. *Vicia faba* wird seitdem nur noch mit allerhand Namenszusätzen bezeichnet, wie Puff-, Sau-, Acker- und Pferdebohne.

Auch Lederne Jungs. Sie gelten als die typischen Arme-Leute-Bohnen und sind bis auf einzelne Regionen in Norddeutschland heute weitgehend vergessen. Was aber vielleicht auch daran liegt, dass sie einen gewitzten, aufmerksamen, die Natur beobachtenden Gärtner brauchen. Denn die Saat muss so früh wie möglich in den Boden, gleich wenn der Schnee weggetaut ist – möglichst schon im Februar. Nur so entgeht man der Schwarzen Bohnenlaus, die die Pflanze leicht befällt. Eine Lektion, die wir eindrücklich lernen mussten. Nach einem langen Winter legten wir die Bohnen im Mai, freuten uns über kraftstrotzende Pflanzen, kunstvolle Blüten, erste kleine Hülsen und sahen dann zu, wie innerhalb von Tagen die Triebenden schwarz verfaulten. Das war's. Als wir im Juni unsere Pflanzen rausrissen, hatte der kluge Heinz Ahlers seine Ernte schon in der Tiefkühltruhe.

- **Dicke Bohnen brauchen nahrhaftere Böden** als Stangenbohnen. Mit frischem Kompost düngen, dazu etwas Kalk geben, wenn keiner im Boden ist.
- **Die Körner vorquellen lassen** und gut fünf Zentimeter tief legen.
- **Anhäufeln,** wenn der Keimling sichtbar ist. Die Pflanzen wachsen aufrecht und sind standfest. In windigen Ecken zusätzlich mit einer entlang der Bohnenreihe gespannten Schnur stützen.
- **Triebe bei erstem Fruchtansatz entspitzen,** auch das beugt dem Schädlingsbefall vor. Geerntet werden unreife, weiße oder grüne Samen aus grünen Hülsen.
- **Bohnen nähren den Boden.** Von den Dicken Bohnen – nach dem Geräusch, das sie beim Auspahlen machen, auch Puff- oder Große Bohnen genannt – werden die kleineren Acker- oder Saubohnen unterschieden. Man nutzt sie allgemein nur als Futterpflanze und Gründüngung. Denn *Vicia faba* bildet, genauso wie die Stangenbohne, Knöllchenbakterien an den Wurzeln aus und lockert zudem den Boden mit einer Pfahlwurzel tiefgründig auf. Als Vorkultur die Saubohnen abhacken und als Mulchdecke liegenlassen.

Sorten

Man unterscheidet zwei Sortengruppen: solche mit weißen Blüten und Kernen, die sich beim Kochen nicht verfärben; und solche mit schwarz gefleckten Blüten, deren Kerne sich beim Kochen braun verfärben. Nur letztere haben den typischen intensiven Puffbohnengeschmack. 'Aquadulce' (sehr alte Sorte mit langen Hülsen, rotbraune Körner); 'Rotblühende Puffbohne' (dunkle Kerne, außerdem ein Schmuck für gemischte Gemüse-Stauden-Rabatten); 'Buntsamige Kleine' (Auslese von Ulla Grall, kleine rote und beige Kerne).

JOY LARKCOM reiste nicht nur durch Europa, sondern später auch durch China, Japan und Taiwan. Die Reisen änderten ihre Gärtnermethoden drastisch. Sie unterteilt große Gemüseflächen in kleine, höchstens einen Meter breite und rundum leicht zugängliche Beete und verzichtet – seit Ende der 1970er-Jahre – auf jegliche Chemie.

Joy Larkcom, die englische **Salatkönigin**

Die große Vielfalt an Salaten, die wir heute haben, neue gärtnerische Methoden, sie anzubauen und die beste Art, Salat frisch aus dem Garten zuzubereiten, verdanken wir der Engländerin Joy Larkcom. Auf der Spur von Gemüsen ist sie mit ihrem Mann 1976 durch Europa gefahren. Was sie herausfand, praktiziert sie seitdem auf ihrer Farm.

Am Ende der 1990er-Jahre habe ich für eine Reportage Joy Larkcom auf ihrer »Montrose Farm« besucht. Sie saß über einem Manuskript, schrieb an einem ihrer Bücher, die vor Informationen strotzen. Ihr Haus war ein einziger riesiger Arbeitsplatz, gefüllt mit Bedrucktem jeder Art. Rätselhaft, wie sie noch irgendetwas finden konnte. Der Garten befand sich auf dem Gelände eines kleinen ehemaligen Flugplatzes. Einen alten halbrunden Hangar aus Wellblech konnte man noch sehen. Von hier aus starteten im Zweiten Weltkrieg Flugzeuge Richtung Deutschland. Ein seltsamer Umstand, denn ihr Start als Gärtnerin wurzelt in jener Zeit. Sie erzählt: »Alles begann im Krieg mit der Kampagne »Dig for victory«. Für wenige Tage von der Front beurlaubt, griff mein Vater nach dem Spaten, grub unseren Rasen um und pflanzte Gemüse. Meine Aufgabe war es, die Drahtwürmer, die er ausbuddelte, einzusammeln und an die Hennen zu verfüttern. Was konnte es Schöneres für ein knapp sechsjähriges Mädchen geben, das es liebte im Dreck zu spielen? Von diesem Zeitpunkt an war ich der Gartenarbeit verfallen.

Zwölf Jahre später studierte ich Gartenbau am Londoner Wye College, war dann Lehrerin in Thailand, Bibliothekarin in Kanada und Industrie-Journalistin in England. Einen eigenen Garten bekam ich erst, als ich Don, einen amerikanischen Lehrer, heiratete und wir auf die Montrose Farm in Suffolk zogen.

Meinen Ehrgeiz setzte ich darin, unsere junge Familie mit selbst gezogenem Gemüse zu versorgen. Auf der Suche nach ungewöhnlichen Sorten durchforschte ich die Saatkataloge und experimentierte mit dem, was ich fand. Etwas fiel mir während meiner Recherchen auf: In anderen Ländern, so schien mir, gab es Anbaumethoden und Gemüsesorten, die wir nicht kannten. In mir wuchs die Idee zu einer Europa-Tour auf den Spuren von Gemüse.

Noch waren unsere Kinder klein und mussten nicht zur Schule. Dies bedacht, handelten wir schnell, planten Routen und knüpften Kontakte. Dann kauften wir einen Wohnwagen und einen gebrauchten Mercedes. Im August 1976 brachen wir auf. Wir reisten in einem weiten südlichen Bogen von Holland nach Belgien, durch Frankreich, Portugal, Spanien und Italien bis nach Ungarn, bevor wir über Italien und Frankreich nach Hause zurückkehrten.

Das Stichwort Gemüse öffnete uns überall die Türen. Wir lernten Bauern kennen, Hobbygärtner und professionelle Züchter, Hoteliers, Samenhändler und Wissenschaftler. Und von jedem dieser Gleichgesinnten lernten wir etwas Neues. Manchmal kampierten wir für einige Tage auf Farmen oder in Gärtnereien, halfen hier und dort bei der Arbeit, um mit dem Geld die Haushaltskasse aufzubessern.

Besonders zwei Begegnungen prägten unser nachfolgendes Gartenleben. Jelena de Belder, die wir in ihrem belgischen Arboretum Kalmthout besuchten, zeigte uns, wie sie mit CCA-Salaten (Cut-and-Come-Again) ihre Familie mit frischem Gemüse versorgte. Sie säte Kresse, Kopfsalat und Chicorée recht dicht

RUCOLA IST EIN EFFEKTIVES CCA-Kraut (Cut-and-Come-Again). Abgeerntet treibt es neu. Andere CCA-Pflanzen sind: Rapunzel, Portulak, Feldsalat, der kräftig schmeckende Hirschhornwegerich und die jungen Blätter von braunem Senf.

144 Gemüse | Fenchel

DIE BASIS DES SALATS bildet nussiger Eichblattsalat. Rotstieliger Ampfer fügt Schärfe hinzu, Gold-Portulak leichte Säure. Die panaschierte Kapuzinerkresse ist etwas fürs Auge.

STRUKTUR LIEFERT DAS BLÄULICHE EISKRAUT. Es schmeckt säuerlich und sollte ebenso wie der Goldmajoran und die scharfen Blüten von Schnittlauch und Chicorée sparsam dosiert werden.

aus und erntete schon, wenn die Blätter erst fünf bis zehn Zentimeter hoch waren. So jung treiben die Pflanzen noch einmal aus – bei gleichem Vorgehen vielleicht sogar ein drittes Mal.

Den zweiten bleibenden Eindruck nahmen wir aus Norditalien mit. Zum ersten Mal aß ich hier sogenannte »Insalatine« oder »Misticanza«, gemischte Salate aus wilden und angebauten Blattpflanzen, die schon im späten Winter geerntet werden können. Nie werde ich den Tag vergessen, an dem uns eine alte Marktfrau mit auf ihre Felder nahm. Bei ihr entdeckten wir den schönen krausen 'Lollo Rosso' und verschiedene Arten italienischer Chicorées, auch den inzwischen weithin bekannten rotblättrigen Radicchio.

Wir nahmen die Ideen mit nach Hause und verdienten unseren Lebensunterhalt mit Salatmischungen, die wir in London an einen der ersten Läden für Bio-Lebensmittel lieferten. Gleichzeitig verarbeitete ich meine Reiseerfahrungen in dem Buch »Der Salatgarten«. Es wurde ein Klassiker und löste, ich übertreibe nicht, innerhalb weniger Jahre eine stille Salatrevolution aus. Wir fühlten uns wie Pioniere – umso größer war die Überraschung, als ich bei der Lektüre von Gartenbüchern des 17. und 18. Jahrhunderts Rezepte für Salate fand, die unseren ähnelten. Wir hatten nichts Neues erfunden, sondern Altes wiederbelebt.

Allerdings empfahlen diese frühen Autoren exakte Mengen von bestimmten Wildkräutern, Gemüsen und Salaten. Batty Langley unterschied in seinem 1728 erschienenen Buch (»New Principles on gardening«) sogar zwischen »heißen« und »trockenen« Kräutern und klassifizierte sie nach einer präzisen vierstufigen Geschmacksskala. Der zufolge hat Rettich einen Würzgrad von drei, Zwiebeln erreichen fast vier und Knoblauch genau vier Grad.

Frei nach Batty Langley haben wir für unsere Beete die vier Elemente definiert, aus denen ein guter Mischsalat besteht. Ich versuche, jedes Jahr etwas aus jeder Gruppe anzubauen, mal das eine, mal das andere auszuprobieren und so zu planen, dass im Sommer wie im Winter etwas wächst.«

(Auszüge aus: COUNTRY 1/2000 und A&W 4/2001)

KOHLPFLANZEN und Petersilie aus der Gärtnerei warten darauf, eingepflanzt zu werden.

Rechts:
JOY LARKCOMS ARBEITSPLATZ in einem Gewächshaustunnel. Hier sammelt sich Gartenwerkzeug aus aller Herren Länder. Die Eierkartons nutzt die Engländerin zum Vortreiben der Kartoffeln.

Die vier Elemente eines guten Mischsalates

■ **Das erste Element bildet die Grundsubstanz.** Da es in großen Mengen gegessen wird, sollte es mild schmecken. Dafür eignen sich Kopf-, Feld- und Eisbergsalat. Auch die Romana-Salate, der delikate Blattkohl Pak Choi, den man von jungen oder alten Pflanzen ernten kann, oder die verschiedenen Sorten des Chinakohls.

■ **Das zweite Element würzt.** Es soll scharf, pfeffrig oder feurig sein und wird daher nur in kleinen Mengen verwendet. Nicht jeder mag bitter schmeckende Pflanzen wie Chicorée oder Endivie. Doch klein gehackt verlieren sie ihre Schärfe und geben dem Salat etwas Besonderes. Auch Sauerampfer, Rettich, die jungen Blätter orientalischer Senfpflanzen und natürlich Zwiebeln gehören hierzu.

■ **Das dritte Element bringt Struktur** und ist etwas für die Zähne. Frische Zuckerschoten schmecken knackig, ebenso Stangensellerie, florentinischer Fenchel, Rosetten-Pak-Choi und die glänzenden Blätter und Stiele des Eiskrauts *(Mesembryanthemum crystallinum)*.

■ **Das vierte Element schmückt.** Dafür gibt es rote Chicorées, Radicchio oder die aufregend gerüschten 'Lollo'-Sorten, fiedrigen Dill, gelbe und rote Cocktail-Tomaten und die noch kleineren Cherry-Tomaten. Die essbaren Blüten nicht zu vergessen: Sie werden erst nach dem Dressing auf den Salat gestreut und sollten nicht nur bunt sein, sondern auch nach etwas schmecken, wie zum Beispiel die scharfen Blüten des Schnittlauchs, die pfeffrige Kapuzinerkresse und die vanillesüßen Taglilien.

Fenchel

Fenchel schmückt und würzt zugleich. Das streichelzarte federfeine Laub, die doldigen Blüten, der leichte Anisduft – alles, was zu ihm gehört, ist so sanft, dass man die Verwandtschaft mit Sellerie und Petersilie kaum glauben mag. Zu unterscheiden sind zwei Pflanzenformen: der hoch aufwachsende Gewürzfenchel und der Knollen- oder Zwiebelfenchel, ein Kandidat für extra-knackige Salate.

Karriere machte Fenchel als Modepflanze der holländischen Feingärtner in den 1980er-Jahren. Zwar war er schon vorher bei den Cottage-Gärtnerinnen beliebt, denn seine maigrünen oder maulwurfsfarbenen Fiederblätter schmeicheln staksigen Rosenblüten noch zarter als Schleierkraut. Doch zum Akteur in einer neuen Gartenbewegung wurde er bei den Freunden naturnaher Rabatten (wie Dan Pearson in England und Coen Jansen in Holland). Bei ihnen spielt er eine eigene Rolle zwischen Monarden, Wiesenraute und Königskerze, steht gut bei niedrigem Chinaschilf und hohem Knöterich, ergänzt mit seinem Anis-Aroma den herben Duft der *Perovskia*. Der staudige Fenchel *(Foeniculum vulgare)* in den Sorten 'Purpureum' oder 'Giant Bronze' gehört wie buntstieliger Mangold, goldblättriger Oregano und rosenblütiger Wegerich zu den Kräutern, die es aus dem Gemüsegarten in die Staudenrabatte gebracht haben. Er ist so erfolgreich vom Nützling zum dekorativen Mitspieler aufgestiegen, dass mancher Blumenfreund noch nie seine praktischen Qualitäten getestet hat – sich etwa ein paar Blätter abgezupft und zusammen mit etwas Bergbohnenkraut aufs Bananenbrot gelegt hat, so wie es die Aromagärtnerin Andrea Hellmich aus Werder empfiehlt.

Das süße Kraut stammt aus dem Mittelmeerraum und wurde schon in der Antike angebaut. Für die Griechen war es ein Symbol des Erfolgs. Sie trugen Fenchelkränze, wenn sie mit Mysterienspielen den weinseligen Dionysos feierten. Die Römer nutzten es so selbstverständlich als Gewürz wie wir heute Pfeffer. Sie taten es an Wild und Essig, in Brot und Fleischbrühen, trugen es auf ihren Heereszügen weit in den Norden und hinterließen es in Abfallhaufen und Latrinen. Von dort aus bürgerte es sich bei uns als Feneker, Finchel oder Fennikel ein und gelangte schließlich in das »Capitulare de villis« – jene Pflanzenliste, die Karl der Große um 792 als Edikt an seine Krongüter ausgeben ließ. Von der Sorge um angemessene Verpflegung auf seinen Verwaltungs-Tourneen durchs Reich getrieben, befahl er: »Wir wollen, dass man im Garten alle Kräuter habe« und setzte an Stelle 35 *Foeniculum*: das Kraut, von dem man wusste, dass ein Tee aus seinen Samen Magenverstimmungen lindert und ein Saft aus seinen Wurzeln und Stängeln, mit Honig vermengt, gut gegen Husten ist.

Die Speise der Italiener

Finocchio nennen Italiener das Gewürz, im Unterschied zu Finocchini, dem Gemüse, das sie irgendwann im 17. Jahrhundert aus dem schlanken Kraut ausgelesen haben: eine dicke Knolle (»Zwiebel«), die sich an der Basis des Stängels aus verdickten Blattstielen bildet. Das zuvor gertenschlanke, über meterhohe Gewächs schrumpfte dabei zu einem niedrigen Schuppengebilde mit grünem Fiederschopf. Der Gemüsefenchel – lackweiß, dick, rund und fein gemasert – ist gegrillt, gedämpft, gebacken, paniert und gebraten, als Beilage zu Fisch und Zutat im Risotto ein Leckerbissen in der italienischen Küche.

Auf deutschen Speisezetteln blieb er bis vor 40 Jahren so gut wie unbekannt. Keines der alten Gartenhandbücher nennt ihn. Erst Anfang der 1970er-Jahre begannen Gartenbauversuchsanstalten in Fünfhausen bei Hamburg und Weihenstephan bei München, ihn zu testen. Sie erzielten erst »komische platte Dinger«, wie sich mancher Gärtnermeister erinnert. An Wärme, konstante Feuchtigkeit und viel Nahrung gewöhnt, will sich der Gemüsefenchel nicht so leicht dem Norden anpassen und bleibt bis heute ein schwieriger Kandidat. Kälte lässt ihn kümmern, mangelnde Feuchtigkeit hindert sein Wachstum, Hitze treibt ihn in Knospe und Höhe, ohne dass sich die gewünschte Knolle bildet.

In Sachsen, der kleinsten Weinbauregion Deutschlands, gehören Gemüsefenchel wie Salat und Kohlrabi zum Grundsortiment der in Gärtnereien angebotenen Jungpflanzen. Die zehn für eine Reihe abgezählten Stück wuchsen auch in dem problematischen Gartenjahr – mit wochenlanger Dürre im Frühjahr und anschließendem Dauerregen – wie geplant. All die zehrenden und beißenden Ungeziefer und Pilze, die sich über Kohl und Erdbeeren hermachten, konnten ihm nichts anhaben. Etwas Brennnesseljauche und er war zufrieden, schmückte den Garten mit Porzellanfarbe und grünen Blattwedeln. Im April haben wir ihn gepflanzt, im Juni geerntet. Das war allerdings buchstäblich der letzte Termin – nein, eigentlich war es schon zu spät. Der Zusammenschluss der Zwiebelschalen hatte sich gelockert, die schönen weißen Knollen hielten kaum ein paar Tage, das Fleisch wurde ledrig und strohig. Und so blieb die Lektion: Mehr Wasser und rechtzeitig ernten, acht Wochen Wachstum sind genug, selbst wenn die Sorten nicht zum Schossen neigt.

Gemüsefenchel selbst anbauen

- **Die Knolle hat Ansprüche.** Sie braucht Wärme und Feuchtigkeit, neigt bei Dürre und langer Hitze zu schnellem Schossen. Das heißt, die Pflanze treibt durch, um zu blühen, bildet schwache oder keine Knollen aus. Darum bei Trockenheit gut wässern.
- **Saatzeit richtig abpassen.** Drinnen ab Mitte April vorziehen, am besten in Modulen, und Mitte Mai bis Mitte Juli auspflanzen. Draußen in kühleren Regionen von Früh- bis Hochsommer direkt ins Beet säen, in wärmeren Gebieten im Frühling für den Sommer und im Spätsommer für den Herbst. Sämlinge so weit ausdünnen, dass die Pflanzen mehr als anderthalb Handspannen (25, 30 Zentimeter) Platz haben.
- **Zusätzliche Nahrung spenden.** Etwa mäßig mit Brennnesseljauche gießen.
- **Knollen anhäufeln,** sobald sie sich bilden, das hält sie weiß und süß.
- **Erntereif** sind die Knollen etwa acht Wochen nach dem Auspflanzen. Bei einer späten Pflanzung zum Herbst hin Zwiebeln vor dem Frost ernten. Sie halten sich, in Sand eingeschlagen, gut sieben Wochen.

Fenchel-Küche

Fenchel passt in jeden knackigen Mischsalat. Ein besonders feiner Salat besteht aus dünn geschnittenem Fenchel und filettierten Apfelsinenstücken, angemacht mit Öl, Apfelsinen- und Zitronensaft. Der englische Meistergärtner Christopher Lloyd, Fenchel-Fan und schlauer Fuchs zugleich, wartete bei Tisch, bis sich jeder bedient hatte, bevor er sich nahm. Denn die schweren Fenchelstücke sinken beim Mischen mit der Vinaigrette nach unten. Er schwärmt auch von einem Fenchel-Soufflé nach einem Rezept von Jane Grigson mit Haselnuss, Parmesan und gehackter Petersilie.

Gewürzfenchel im Garten

Den nicht sehr langlebigen Gewürzfenchel am besten an Ort und Stelle aussäen oder in der Gärtnerei die kleinsten Pflanzen wählen. Das Kraut hat Pfahlwurzeln und nimmt das Umpflanzen unter Umständen übel. Braucht einen sonnigen Standort.

Nährstoffe in 100 Gramm

Energie 25 kcal – Wasser 88,3 g – Kohlenhydrate 2,8 g – Vitamin C 93 mg – Fett 0,3 g – Kalium 494 mg – Kalzium 109 mg – Magnesium 49 mg.

Sorten

Neuere und für deutsches Klima geeignete Sorten wählen; 'Zefa Fino' für die Aussaat im Frühling, treibt nicht so leicht durch; 'Romanesco' mit großen Zwiebeln für späte Aussaat und herbstliche Ernte.

Zwiebeln

Zwiebeln sind verlässlich. Volle Sonne, nahrhafter Boden, der aber nicht frisch gedüngt sein sollte, regelmäßiges Jäten, ausreichende Feuchtigkeit: Das sind die einfachen Regeln, nach denen Zwiebeln gedeihen. Nur direkt aus dem Gartenbeet sind sie so frisch, dass der Saft beim Schneiden hervorperlt. Ökonomisch interessant wird es bei den teuren Schalotten. Einmal in den Garten gebracht, können sie – in einer Art Schneeballsystem – auf ewig dort bleiben.

Die Geschichte wiederholt sich jedes Jahr: In großen braunen Kartons sehen wir die Beutel mit Steckzwiebeln so früh in Samenhandlungen liegen, dass wir sie lassen, wo sie sind. Draußen ist es eisig. Wir haben ja noch jede Menge Zeit. Doch plötzlich kommt der März und die kleinen braunen Dinger werden zu Raritäten. Mit Mühe ergattern wir die letzten. Dabei hätten wir mit etwas umsichtiger Gartenplanung die eigene Zwiebelbrut leicht selbst erzeugen können.

Die Sache ist simpel: Samen kaufen, zwischen Ende April und Anfang Mai säen, fünf Monate später haselnussgroße Zwiebelchen ernten, die größten verbrauchen, alle anderen trocknen, lagern und im nächsten Frühjahr stecken.

Anders als Zwiebeln können die sündhaft teuren Schalotten – vier Euro das Kilo im Winter 2010 – nur aus Steckzwiebeln gezogen werden. Doch wer einmal einen Beutel kauft, hat die Chance, einen nie endenden Kreislauf zu beginnen. Während *Allium cepa*, die Küchenzwiebel, gesteckt nur auf das fünf- bis zehnfache anschwillt, bildet die Schalotte, *Allium cepa* var. *ascalonicum*, etliche Tochterbulben. Die hängen in einem Horst zusammen, werden beim Ernten vorsichtig herausgehoben und erst getrennt, wenn sie abgetrocknet sind. Schalotten können zickig sein. Mitunter stirbt ihnen plötzlich das Laub ab oder sie vermehren sich kaum. Läuft alles gut, reifen sie früher, sind länger haltbar und versorgen den Gärtner gleich mit den Steckzwiebeln für das nächste Jahr. Die größten werden zum Stecken aufbewahrt, die anderen verbraucht.

So ziehen Sie Zwiebeln

■ **Zwiebeln und Schalotten** kommen in zweiter Tracht auf ein vollsonniges Stück Land. Also weder Kompost einbringen, noch frisch umgraben. Auch später werden sie nicht gedüngt. Allein Holzasche verbessert die Lagerfähigkeit. Zwiebeln so in den Boden stecken, dass die Spitze herausguckt. Nicht pressen, das schadet nicht so sehr dem Zwiebelboden, führt aber dazu, dass sich die Zwiebeln auf dem verdichteten Untergrund mit den eigenen Wurzeln wieder aus der Erde schieben.

■ **Kleiner Abstand – kleine Zwiebeln, großer Abstand – große Zwiebeln.** Das gilt allgemein. Die Abstände variieren von zehn (Zeigefingerlänge) bis 25 Zentimeter. Schalotten brauchen eine gute Handspanne Abstand, da sie ein Nest aus Tochterzwiebeln treiben.

■ **Sorgfältig jäten,** Zwiebeln leiden besonders unter Unkraut. Bei Schalotten Unkraut nur vorsichtig zupfen, um sie nicht loszuhaken. Da sie nicht aufrecht wachsen, liegt das Laub auf dem Beet.

■ **Ernten, wenn die Blätter braun werden** und umknicken. Zuvor, auch bei trockenem Wetter, zwei Wochen lang nicht mehr gie-

Zwiebel-Küche

Kaum ein Gemüse hat einen so unterschiedlichen Geschmack. Roh schmecken Zwiebeln scharf, gekocht oder in Rotwein eingelegt süßlich, gebraten würzig.

Wer daran zweifelt, ob es sich lohnt, Zwiebeln selbst anzupflanzen, wird schnell von Jamie Olivers Rezept für seine Zwiebelsuppe überzeugt. Für sie braucht man aus dem Garten: 1. Ein Kilo so viele verschiedene Zwiebeln wie möglich, auch Schalotten; 2. 300 Gramm Lauch; 3. viel Knoblauch und 4. eine Hand voll Salbei. Dazu noch etwas Olivenöl, Butter, Salz, Pfeffer, Weißbrot, Cheddar und zwei Liter Brühe. Butter, Öl, Knoblauch und Salbei in einem Topf erhitzen, umrühren, die in Scheiben geschnittenen Zwiebeln und Lauchstangen hinzufügen, salzen, pfeffern, vorsichtig anschwitzen und 50 Minuten »sanft« schmoren lassen, davon 30 Minuten bedeckt. Sind Zwiebeln und Lauch weich und glasig, heiße Brühe hinzugießen und knapp 15 Minuten köcheln lassen, in Schalen füllen. Brot toasten, mit Cheddar belegen, auf die angerichteten Schalen legen,

SCHALOTTEN BILDEN NESTER. Das macht es schwer, bei ihnen das Unkraut zu jäten, vermutlich der Grund für ihren hohen Preis. Zwiebeln müssen gründlich trocknen, damit sie lange makellos lagern können, erst draußen auf dem Beet, dann auf dem umgekehrten Kompostsieb, später unter Dach.

ßen. Das Laub nicht umtreten, das ist eine alte Unsitte, die bestenfalls zur Notreife führt. Nach dem Ernten die Zwiebeln erst einmal ein, zwei Tage locker auf der Erde liegen lassen, bis sie abgetrocknet sind.

■ **Gründliches Trocknen** erhöht die Lagerfähigkeit. Gut zwei Wochen, gegebenenfalls im Heizungskeller, »darren«. das Laub etwa fünf Zentimeter über der Zwiebel abschneiden. Exemplare mit einem dicken Zwiebelhals (unter Umständen die Folge davon, dass sie zu tief gepflanzt wurden) gleich verbrauchen, sie halten nicht lange. Kühl lagern, am besten in Netzen und dort, wo frische Luft entlangzieht, in der Scheune oder auf dem Boden. Es schadet Zwiebeln nicht, wenn sie einmal Frost kriegen. Sie sind dann allerdings druckempfindlich und sollten, damit sie später nicht faulen, nicht angefasst werden.

■ **Zwiebeln halten bis Ende März,** Anfang April. Danach werden sie in der Küche von den sogenannten Frühlings- oder Wintersteckzwiebeln abgelöst, die im August gesät, im Winter mit Reisig geschützt werden und ab Ende Mai erntereif sind.

■ **Nachbarschaft beachten.** Zwiebeln stehen gut neben Möhren, Gurken, Tomaten und Dill. Sie vertragen sich nicht mit Kohlgemüse und Hülsenfrüchten, also Bohnen und Erbsen.

Ertrag: Pro Meter Reihe etwa ein Kilogramm.

Nährstoffe in 100 Gramm
Energie 28 kcal – Wasser 91 g – Kohlenhydrate 4,9 g – Vitamin C 8,1 mg – Fett 0,2 g – Kalium 135 mg – Kalzium 31 mg – Magnesium 11 mg.

Sorten
Küchenzwiebeln: 'Fränkische Birnenförmige' (gelbschalig, süßer als andere); 'Sturon' (kräftig im Geschmack, gute Lagerzwiebel); 'Florentiner Rose' ('Rossa Lunga di Firenze', lang gestreckt, mild und süß, auch gut zum frisch essen); 'Senshyu Yellow' (Winterzwiebel, zwischen dem 15. September und dem 15. Oktober zu stecken); 'Vaugirard' (auch 'Weiße Frühlingszwiebel', Ende Juli bis September aussäen, Ernte auch vom Laub April bis Mai).

Schalotten: 'Longor' (rosafarbenes Fleisch, mild); 'Griselle' oder 'Echalote Grise' (eine Winterschalotte mit kräftigem Aroma und harter Schale); 'Cuisse de Poulet' (altbewährte Sorte aus Frankreich, die die Form eines Hühnerschenkels hat).

Luftzwiebeln (Foto rechts)**:** Auch Etagen- oder Ägyptische Zwiebel genannt. Sie bildet in der Krone kleine, zart schmeckende Tochterzwiebeln, die zu Boden sinken und neue Pflanze bilden. Eine typische Bauerngartenpflanze. Würzig schmeckt auch das junge Laub, gut als Schnittlauchersatz.

Porree

Porree nährt im Sommer und im Winter. Er ist das frosthärteste Gemüse von allen. Sechs Monate lang lässt sich der würzige Lauch ernten – vorausgesetzt, man hat vorgesorgt. Spätestens Ende Juli müssen die Setzlinge gepflanzt werden, die von November an in die Küche gelangen sollen.

Doch Porree ist mehr als ein Allwettergemüse. Seine Wurzeln reichen in urgraue Vergangenheit. Wie Zwiebeln und Dicke Bohnen gehörte er zu den verlässlichen Nahrungsmitteln, die unsere Vorfahren in ihren Kesseln als Beigabe zum Buchweizenbrei kochten – viele Jahrhunderte lang, bevor aus westlichen und östlichen Kontinenten Kartoffeln, Tomaten und Gurken hinzukamen.

Bei den Germanen gab es eine Rune, in deren Bedeutungsfeld Donner, Durchsetzungskraft, Eiche und Porree gebündelt sind. Und die Ägypter bezeichneten den Lauch mit einer Hieroglyphe, die stellvertretend für alle Gemüse stand.

»Rosen und Porree« nannte Arno Schmidt, der eigenwillige Dichter und Wortformer aus Bargfeld bei Hannover, 1959 einen Band mit kurzen Romanen. Er bildete das Wortpaar in Anspielung auf Karl Mays »Orangen und Datteln«, ein Buch mit Reisenotizen aus dem Orient. Vielleicht malte Arno Schmidt mit Rosen und Porree ein Bild von Bargfeld und den Nachbardörfern, assoziierte Zwiebelgeschmack neben Parfumduft, gerade Stangen neben dornigen Stielen, sommerheiße Ackerfurchen und sauber geharkte Beete.

Heute sind die porzellanweißen Stangen mit den grünen Blattriemen oft nur ein achtlos mitgenommenes »Vegetable to go«, werden mit Möhre und Sellerie zum Suppengrün gebündelt, als Dünstbeilage zu Fisch in die Alufolie gepackt und als Geschmacksgeber in alle möglichen Gerichte geraspelt.

So pflanzen Sie Porree richtig

■ **Wir haben unseren Porree** bisher immer vorgezogen gekauft und stattliche Stangen geerntet. Angeboten wird er als dünner, handhoher Halm. Am unteren Ende sieht man eine kleine weiße Verdickung, den Zwiebelansatz. Wurzelnackt zieht man sich beim Gärtner sein Quantum aus dem lockeren Substrat, in das er gesät wurde und zahlt etwa zehn Cent pro Pflanze.

■ **Wer Porree aussäen will,** sollte das Anfang März für die Sommerernte tun (Pflanzung im Mai) und im Mai für die Winterernte (Pflanzung im Juli). Samen dünn mit Erde bedecken und anklopfen. Keimdauer sind zehn bis zwölf Tage.

■ **Porree braucht einen sonnigen Platz** und nährstoffreichen, tiefgründigen und durchlässigen Boden. Im vorhergehenden Herbst das Beet reichlich mit Kompost anreichern. Tief umgraben, damit man für die jungen Pflanzen weit hineinstechen kann.

■ **Porree ab Mai tief pflanzen,** denn begehrt sind die weißen, gebleichten Teile. Am besten eine etwa zehn Zentimeter tiefe Furche ziehen; die Sämlinge mit einem Pflanzholz bis zum ersten Blattansatz einsetzen, die Erde andrücken und einschlämmen. Später, wenn die Stangen wachsen, die Furche zuziehen und gegebenenfalls nochmals anhäufeln. Darauf achten, dass keine Erdkrümmel oder Steinchen zwischen die Blätter geraten. Wichtig für die Gesundheit der Pflanzen sind ein jährlicher Wechsel des Standorts und 15 bis 20 Zentimeter Abstand zwischen den Stängeln.

■ **Wo die Lauchmotte** grassiert, rechtzeitig Gemüsenetze auflegen.

■ **Winterporree** Ende Juli zum Beispiel auf frei gewordene Kartoffelbeete setzen und spätestens Mitte September anhäufeln.

■ **Porree bei der Ernte** nicht mit Gewalt aus dem Boden ziehen, sondern erst die Erde mit dem Spaten lockern. Die grünen Blätter und den Großteil der Wurzeln entfernen. Die Basalplatte unangerührt lassen, sie wird erst unmittelbar vor dem Gebrauch in der Küche abgeschnitten. Bei Barfrost Reihen mit Tannenreisig oder lockerem trockenem Laub abdecken, sodass der Boden möglichst lange offen bleibt.

Ertrag: Etwa fünf Kilogramm aus einer drei Meter langen Reihe.

Nährstoffe in 100 Gramm

Energie 26 kcal – Wasser 90,2 g – Kohlenhydrate 3,2 g – Vitamin C 2,4 mg – Fett 0,3 g – Kalium 235 mg – Kalzium 87 mg – Magnesium 18 mg.

Sorten

Historische Qualitäten von Porree interessieren kaum jemanden. Es gibt ein paar alte Sorten wie 'Siegfried' oder 'Elefant', für dekorative Zwecke die extrablaue Heritage-Sorte 'Bleu de Solaise' und jede Menge F_1-Hybriden wie 'Below-Zero', die äußerste Winterhärte versprechen und ausdauernde Standfestigkeit. Darauf achten, dass man im Frühjahr die zarteren Sommersorten pflanzt, die jung auch roh im Salat schmecken, und für den Winter die frosterprobten Züchtungen.

PORREE WAR FRÜHER der gültige Name für das spezielle Gemüse. Seit den 1970er-Jahren wird der Name verdrängt. Das dem englischen *leek* ähnliche Wort Lauch setzt sich an seine Stelle.

Tomaten machen gute Laune. Sie wachsen leicht, sind mit einer kleinen Ecke zufrieden. Hauptsache, der Platz ist warm und den Trieben bleibt Raum nach oben. Blatt und Stängel duften so intensiv nach Sommer, dass man gern an ihnen herumstreicht. Tomaten liefern schönste Früchtestillleben für die Küche. Und sie geben mit ihren unterschiedlichen Farben und Formen Wissenschaftlern die Möglichkeit, den inneren Gesetzen der Natur auf die Spur zu kommen: Ist Züchtung tatsächlich vom Menschen initiierte Evolution? Die Supermarkttomaten lassen daran zweifeln.

Unsere erste Erfahrung mit Tomaten haben wir in unserem Garten in der Nähe von Hamburg gemacht. Vor zwölf Jahren ließen wir uns von der »Arche Noah« Saatgut alter Sorten schicken. Mehr als ein Dutzend. Wir säten. Die Körnchen keimten. Krakelige Pflanzen wuchsen und setzten Früchte an. Die schwollen an, waren grün – dann wurden sie grau.

Da es bei unserem ersten Tomatenabenteuer um eine Geschichte über alte Sorten ging, hatte ich die Hälfte der Saat nach Italien geschickt, zu Sibylle und Michele de Lucchi. Der Architekt und seine Frau hatten sich erst vor wenigen Jahren einen Küchengarten angelegt und machten das Experiment mit den alten Sorten gern mit. Sie säten die Tomaten, zogen die Keimlinge heran und pflanzten im Licht der Taschenlampe und vor ihrem Jahresurlaub bis tief in die stockdunkle Nacht die jungen Gewächse aus. Bis tief in den Herbst, und auch für unsere Reportage, ernteten sie allerschönste rote Früchte.

Wir starteten unseren nächsten Versuch Jahre später in dem neuen sächsischen Garten. Dafür kauften wir kräftige vorgezogene Tomatenpflanzen aus den Straßenkästen der Blumengeschäfte in der kleinen Stadt nebenan. Resistente Sorten ohne großartige Namen, sie hießen einfach »Cocktail-« und »Rispentomaten«. Wir setzten sie an die noch freien Plätze im Himbeerspalier. Ohne viel Mühe gediehen sie alle. Der Geschmack war passabel.

Tomaten wollen Sonne

Dann bauten wir ein Tomatenhaus, hinter den alten Erdkeller, dorthin, wo Platz war. Vom jährlichen Besuch auf dem Hamburger Pflanzenmarkt am Kiekeberg brachten wir Züchtungen mit klingenden Namen mit: 'Ochsenherz', 'Berner Rose', 'Noire Russe Charbonneuse', 'Paul Robeson' und 'Miel de Mexique'. Wir pflanzten sie ins Tomatenhaus, setzten Tagetes davor und gossen sie regelmäßig mit Brennnesseljauche.

Der Sommer wurde fürchterlich, brachte Nässe und Kälte. Schreckliches Wetter für die Tomaten. Doch unsere Früchte wuchsen in ihrem Unterstand, zwar langsam, aber unablässig. Fast ein Pfund brachten die Fleischtomaten auf die Waage. Die Studentenblumen hielten sie gesund. Die Jauche machte sie proper. Als die schweren Dinger schließlich herunterzubrechen drohten, pflückten wir sie und ließen sie allmählich rot werden.

Hatten wir uns zu erfolgreichen Tomatengärtnern entwickelt?

Nein. Denn so fruchtig, süß und aromatisch wie in den Sortenbeschreibungen gepriesen war keine. Sie schmeckten weich und fade, nicht einmal deutlich nach Tomate.

Ihnen hatte eindeutig die Sonne gefehlt. Das Tomatenhaus war einerseits prima, die Ranken mit immer neuen Früchten wuchsen bis weit in den Herbst, doch es war nicht richtig platziert, es lag Richtung Westen, mit Hecken und Bäume in der Nähe. Wir hatten der sächsischen Sonne zu viel zugetraut.

Fazit: Wir werden das Tomatenhaus neu aufstellen, Richtung Süden. Wir werden sparsamer wässern, sodass die Früchte kleiner bleiben. Und wir werden getröstet auf das hören, was BBC-Autorin Alys Fowler schreibt, die in Englands prominentesten Gärtner-Schulen in Wisley und Kew studierte und die ihr Wissen in »Gardens Illustrated« weitergibt: »Eine gute Tomatenernte ist eine trickreiche Angelegenheit. Schafft man sie, darf man sich Großmeister im Gemüsegärtnern nennen.«

Unser einziger Lichtblick in dem glücklosen Sommer war 'Miel de Mexique', eine Cocktailtomate. Für die Minifrüchte hatte offenbar auch eine sparsame Dosis Sonne ausgereicht. An langen Rispen lieferte sie gerade so viele süße Naschfrüchte, um unseren Ehrgeiz aufrechtzuerhalten. Nächstes Jahr werden wir es wieder versuchen: mit 'Ochsenherz', dem italienischen Klassiker, und 'Berner Rose', dieser aromatischen, schönen, makellos runden, bläulich rosafarbenen Sorte.

TOMATEN STAMMEN aus Mittel- und Südamerika. Die Mayas und andere indianische Völker kultivierten sie als *Xitomatl* schon Jahrhunderte vor Christi Geburt. Nach Italien kamen sie 1492, blieben aber bis zum Ende des 18. Jahrhunderts eine reine Zierplfanze.

Michele de Lucchis Tomatenrezept für Spaghetti al pomodoro, Zubereitungszeit ein Jahr

»Beginne im März, nimm Tomatensaat. Bedecke sie mit Erde. Pflege sie mit Hingabe und pflanze sie Anfang Mai auf einen morgens sonnigen, abends schattigen Platz in Deinem Garten. Lass die Früchte reifen. Pflücke sie. Lege sie kurz in heißes Wasser. Entferne ihre Haut und setze sie in ein Weckglas. Füge grobes Salz und ein Lorbeerblatt hinzu, verschließe das Glas und erhitze es 20 Minuten im Wasserbad. An einem schönen Wintertag koche Spaghetti al dente, hole das Glas mit den Tomaten aus dem Keller, erwärme sie kurz mit einigen Basilikumblättern und etwas Öl und genieße in Frieden. Sei gewarnt, das Mahl wirkt aphrodisisch. Sein Nachspiel wird unvergesslich sein.«

So ziehen Sie Tomaten am besten

- **Tomaten drinnen vorziehen.** Sie keimen innerhalb von wenigen Tagen und wachsen schnell. Darum bei eigener Aufzucht nicht ungeduldig werden, Anfang März ist noch früh genug. Aus Lichtmangel geil gewordene Sämlinge bleiben ihr Leben lang Mickerlinge. Am besten Korn für Korn in Module säen.
- **Vom Profi vorgezogene Pflanzen** zu kaufen ist praktisch. Denn es bietet die Gelegenheit, einige Raritäten auszuprobieren. Im Frühjahr werden sie auf Gartenmessen und Pflanzenmärkten in großer Vielfalt angeboten.
- **Erst nach den Eisheiligen auspflanzen,** auch wenn das Frühlingswetter warm ist. Tomaten brauchen Wochen, um sich nach möglicherweise auftretenden Spätfrösten vom Kälteschock zu erholen.
- **Jahr für Jahr am gleichen Platz** – für Tomaten ist das kein Problem. Der Boden sollte dabei bis in eine Tiefe von 50 Zentimetern locker und nahrhaft sein.
- **Pflanzabstände von knapp einem Meter** einhalten. Bis zum untersten Blattpaar in die Erde setzen, dann bilden sich an dem Stämmchen zusätzliche Wurzeln. Die Rankhilfen gleich dazustellen.
- **Nach dem Auspflanzen** rühren sich die Tomaten eine Zeit lang kaum. Jetzt nicht düngen oder übermässig wässern, sondern eher etwas (!) trocken stehen lassen. Bevor die Pflanzen neue Blätter treiben, wachsen erst einmal die Wurzeln.
- **Geizer ausbrechen.** So nennt man die in den Blattachseln entstehenden Seitentriebe. Hin und wieder liest man, dass dies überflüssig sei. Wir haben es mit einer Pflanze ausprobiert. Der Tomatenbusch, der entstand, glich einem Blättergebirge. Irgendwann war es so schwer, dass es mitsamt Kletterhilfe umgebrochen ist.

Lila Tomate – transgenetischer Tomaten-Cocktail

Woher kommen die über tausend grün-rot geflammten, schwarzen, orangefarbenen und opaken Farbsorten, die es im Tomaten-Universum gibt? Sind Tomaten besonders fähige Anpassungskünstler? Vielleicht. Sie schmecken süß und säuerlich, sie wachsen in Sibirien und in Togo, ihre Früchte sind klein wie Johannisbeeren oder groß wie Beefsteaks.

Dem deutschen Biologen Hans Stubbe (1902–1989) dienten sie in den 1950er- und 1960er-Jahren dazu, die Wundertheorien des Russen Trofim Denissowitsch Lyssenko (1898–1976) zu widerlegen, mit denen der hochstaplerische Agronom den Sowjet-Diktatoren Argumente für ihre Gesellschaftspolitik lieferte. Vererbung, so Lyssenko, funktioniere nicht nach den mendelschen Gesetzen durch die Weitergabe von Genen. Vererbt würden im Gegenteil die in einem Leben erworbenen Eigenschaften. »Erbanlagen sind das Konzentrat von Umweltbedingungen«, behauptete der Russe, woraus sich schlussfolgern ließ: Beeinflusst man Wachstumsbedingungen, kann man nicht nur aus Roggen Weizen machen, sondern auch Menschen zu einer neuen Rasse ummodeln.

Obwohl Lyssenkos »proletarische Biologie« zu katastrophalen Missernten und Hungersnöten führte, blieb sie Jahrzehnte lang maßgebliche Doktrin in der Sowjetunion und wäre es auch in der DDR gewesen, wenn nicht u. a. Hans Stubbe in Gatersleben mit Tomaten ihre Mangelhaftigkeit demonstriert hätte. Mit Röntgenstrahlen trainierte er kirschgroße Wildtomaten in Halbpfünder um und bewies, dass sich durch Mutation und gezielte Selektion in wenigen Generationen der von den Mayas begonnene Prozess der Kulturauslese nachahmen ließ. Im Anschluss propften Wissenschaftler tausende von Tomaten und testeten, ob vegetativ erzeugte Hybriden ihre Eigenschaften generativ vererben können. Das Ergebnis war negativ.

Auch heute noch sind Tomaten in Gatersleben Versuchsobjekte. Weil sie bereits gut untersucht und leicht zu handhaben sind, dienen sie den Wissenschaftlern als Modell für Fallstudien über die Wirkkraft der Anthocyane. Diese violetten Farbstoffe sollen in besonderem Maß das Immunsystem schützen und den Menschen vor Herzinfarkten bewahren können. Anthocyane sind in größerer Menge in Blaubeeren enthalten, auch in Brombeeren und Rotwein. Da sie in Tomaten nicht natürlich vorkommen, sich aber transgenetisch mit Hilfe von Löwenmäulchenteilen einschleusen lassen, können Forscher gezielt Einzelmerkmale des Anthocyans und seiner Wirkung analysieren.

Ohne genetische Eingriffe bilden Tomaten die buntesten Früchte. 'Goldene Königin' heißt die gelb-orange Sorte vorne, 'Green Zebra' die grün marmorierte, bräunlich ist die 'Dunkelviolette Fleischtomate' und hinten liegt die vielgliedrige 'Reisetomate'.

DIE COCKTAILTOMATE 'Miel de Mexique' war unser einziger Lichtblick in einem glücklosen Sommer. Auch bei wenig Sonne produzierte sie süße Früchte.

- **Stabtomaten zweitriebig ziehen.** Das heißt, diese Triebe (es können auch drei sein) an Stäben befestigen oder mit einer Schnur hochbinden. So bekommen die Früchte am meisten Licht.
- **Die niedrigeren Buschtomaten** (sie werden etwa 60 Zentimeter bis einen Meter hoch) an einen extra Platz pflanzen. Sie behalten ihre Seitentriebe.
- **Knapp wässern.** Nur so viel gießen, dass die Tomaten nicht welken. Das fördert den intensiven Geschmack. Wichtig: Immer nur von unten wässern! Und gleichmäßig! Sporadisch wenig und dann wieder stark erzeugt harte Schalen, die platzen, wenn plötzlich viel Feuchtigkeit aufzunehmen ist.
- **Salzwasser hilft.** Forschungen an der Universität Pisa haben ergeben, dass Tomaten gesünder sind und besser schmecken, wenn sie mit salzhaltigem Wasser (bis zu zwölf Prozent dürfen es sein) gegossen werden. Das wollen wir ausprobieren.
- **Nicht überdüngen.** Gut vorbereiteter Boden und Beinwell- oder Borretsch-Mulch, hin und wieder Brennnesseljauche (es geht aber auch ohne) reichen aus.
- **Bei Anzeichen von Braun- oder Krautfäule** an den Blättern sogleich alle Früchte ernten, bevor sie ebenfalls befallen werden.
- **Ende August den Haupttrieb entspitzen.** Letzte Tomaten im Herbst grün pflücken und in Zeitungspapier gewickelt reifen lassen. Nicht zu Äpfeln und nicht direkt in die Sonne legen.

Tomaten-Pflege in Kürze

Tomatenpflanzen haben gute Startbedingungen, wenn sie viel Licht, viel Wärme, am besten an einer Südseite, und gleichbleibende, nicht zu reichliche Feuchtigkeit bekommen. Kein Wasser von oben. Ein Schutzdach hilft.

Tomaten-Küche

- Konservieren lassen sich Tomaten entweder im Weckglas – siehe Michele de Lucchis Rezept – oder als fertig eingefrorene Sauce, zubereitet mit Knoblauch, Sellerie, Zwiebeln oder Minze.
- Für Salate aus frischen Früchten gibt es so viele Rezepte wie großartige Köche. Beim Vorzeige-Tomatensalat auf Jamie Olivers Art kommt alles, bis auf Öl und Salz, aus dem eigenen Garten. Gemischte Tomaten, blühender Oregano, eine frische rote Chilischote, von Kernen befreit und gehackt, und der Knoblauch. Das Dressing besteht aus einem Teil Essig und drei Teilen Öl mit gepresstem Knoblauch und Chili.
- Der wichtige Trick ist, laut Jamie Oliver, die Tomaten »mit Salz zum Reden zu bringen«. Dafür werden die geviertelten, halbierten und in Scheiben geschnittenen Früchte in einem Sieb reichlich mit Meersalz bestreut, geschwenkt, noch einmal gesalzen, wieder und wieder geschwenkt und dann auf einer Schüssel zum Durchziehen eine Viertelstunde abgestellt. Den abgetropften Saft weggießen. Das Salz zieht kaum in die Früchte ein, entwässert sie vielmehr (genauso macht man es mit Gurken vor dem Einwecken; siehe Seite 175) und intensiviert damit ihr Aroma.

Ertrag

Erste Tomaten werden Mitte Juli reif. Die große Tomatenschwemme setzt im August oder frühen September ein. Je nach Sorte bringen Tomaten pro Pflanze ein, zwei und sogar dreieinhalb Kilo Ertrag ('Berner Rose') hervor. In den frühen Selbstversorger-Zeiten der 1920er-Jahre empfahl Arthur Janson, Gartenbaudirektor in Eisenach, zehn Kilogramm Tomaten für einen Haushalt (vermutlich vier Personen).

Nährstoffe in 100 Gramm

Energie 17 kcal – Wasser 94 g – Kohlenhydrate 2,6 g – Vitamin C 24,5 mg – Fett 0,2 g – Kalium 242 mg – Kalzium 14 mg – Magnesium 13 mg.

Sorten

Es gibt birnenförmige, pflaumenförmige, kugelrunde und faltige, wenige Gramm leichte Johannisbeertomaten und pfundsschwere Beefsteak-Tomaten. Weltweit sind es einige tausend Sorten.
Eine Hilfe bei der Auswahl bietet die Internetseite von Heike und Reinhard Neumeier: Auf **www.tolletomaten.de** geben sie seit 2005 Jahr für Jahr aktuelle Geschmacks- und Ertragsberichte ihrer angebauten Sorten. Unter ihren festen Beobachtungskandidaten sind: 'Lukullus' (bewährte, die wohl älteste deutsche Sorte), 'Bloody Butcher' (früh reif und doch aromatisch), 'Green Zebra' (grün-gelb gestreift, erfrischend säuerlich), 'Johannisbeertomate' (bis 1 Meter hoch, aromatische Minitomate zum Naschen, dekorative Pflanze), 'Paul Robeson' (braunrote russische Sorte, saftig, mittelfrüh) und immer wieder neue Raritäten wie 'Banana Legs' (mild, etwas mehlig, für Salat), 'Green Grape' (eine der süßesten Buschtomaten) und 'Velue Striée' (rot-rosa marmoriert mit silbrig-grünem Laub).

Chili

Chili machte erst spät Karriere. Von Christoph Kolumbus bereits im 15. Jahrhundert aus Südamerika nach Europa gebracht, von Kräuterkundigen im 16. Jahrhundert beschrieben, brauchte die lackrote Beere gut 500 Jahre bis zum Anfang eines neuen Jahrtausends, um in unseren Gärten anzukommen. Kinderleicht zu ziehen, liefert sie fruchtigen Geschmack mit pfeffriger Schärfe.

Ihren ersten Chili-Stock kaufte die Gärtnerin Christine Beyrlein vor 20 Jahren als Urlaubs-Souvenir auf dem Markt in Cattolica, im Norden Italiens. »Er war so hübsch mit den vielen bunten Beeren.« Sie setzte ihn zu Hause auf den Balkon. Hin und wieder pflückte sie eine der scharfen Früchte, würzte damit Fisch-Saucen und Gulasch oder eine Pasta. Im Herbst trug die Pflanze immer noch reichlich Beeren, doch nicht alle waren reif. »Viel zu schade, ihn schon auf den Kompost zu werfen«, dachte Christine Beyrlein. Ihre Wohnung lag unter dem Dach. Sie hatte ein Blumenfenster im verglasten Giebel, Richtung Süden ausgerichtet. Dorthin, neben Usambaraveilchen, Philodendron und Orchidee, stellte sie die Chili-Pflanze. »Mal sehen, was wird.« Sie blieb, verlor zwar ein paar Blätter, trieb aber im Frühjahr neu aus. 13 Jahre behielt Christine Beyrlein den Stock, duschte ihn, wenn ihm die Blattläuse im Winter zusetzten – »das hilft anderen Zimmerpflanzen auch« – und stutzte ihn, wenn er zum Besen geworden war. Je mehr der Strauch verholzte, desto kleiner wurden Blätter und Früchte. »Zum Schluss sah er aus wie ein Bonsai. Die Qualität seiner Früchte minderte das nicht.«

In den 13 Jahren, die der Stock lebte, schulte Christine Beyrlein um. Im ersten Beruf Schaufensterdekorateurin, lernte sie Floristik. Sie begann, Chili zu sammeln, bestellte sich Samen in Amerika, experimentierte und verglich. Irgendwann nannte sie mehr als 150 Sorten ihr Eigen, da arbeitete sie schon in Rainer Englers »Blumenschule« im bayerischen Schongau. Gemeinsam machten sie ihr Faible zur Profession, und Chili wird neben Salbei zur besonderen Spezialität der Naturland-Gärtnerei.

So pflegen Sie Chili

■ **Chili sind ungleich pflegeleichter als Tomaten,** wachsen aber unter ähnlichen Bedingungen. Sie brauchen keinen Unterstand, keine Kletterhilfen, sie faulen nicht und ertragen ein gewisses Maß an Trockenheit (nicht zu lange). Wir haben Chili ohne jegliche Extrabehandlung auf einem sonnigen Platz in unsere sächsische Gartenerde gepflanzt. Alle Sorten sind zu prächtigen kleinen Büschen herangewachsen, und das nicht nur in dem schönen warmen Sommer 2008, sondern auch 2010, als auf Frühlingshitze Sommerkälte folgte.

■ **Chili ist ideal für Topf und Balkonkästen.** Wer aussäen möchte, zum Beispiel die selbst gesammelte Saat vom letzten Jahr, tut es ab Februar drinnen. Ausgepflanzt wird nach den Eisheiligen.

■ **Man kann Chili zusätzlich düngen,** in Dürrezeiten wässern – immer unten und nicht oben auf die Blätter – und ihnen die

---

Anno 1543: Chili blüht in Tübingen

Chili gehört zu den ältesten Nutzpflanzen des Menschen. In Südamerika, dort, wo heute Bolivien und Südbrasilien liegen, wurde er nachweislich schon um 7 000 Jahre vor Christus in Speisen verarbeitet. 2 000 Jahre später tauchen in den angrenzenden Ländern (Peru, Mexiko, Panama) erste Kulturformen auf. Nach Europa, zuerst Portugal, gelangt die Beere (nicht Schote!) 1492 auf den Schiffen des in spanischen Diensten segelnden Genueser Seefahrers Christoph Kolumbus. 50 Jahre später beschreibt als einer der ersten Botaniker Leonhart Fuchs in Tübingen den sogenannten Indianischen Pfeffer.

Dieser Leonhart Fuchs kennt bereits drei Arten des »frembd gewechs, newlich in vnser Teutschland gebracht«. Und er kultiviert es genauso wie fast 500 Jahre später Christine Beyrlein: »Würt in den scherben vnd wurtzgärten geziehet. Mag kein frost leiden, muss aufgesetzet oder über winter in der stuben behalten werden, so bringt es im volgenden summer wiederumb frucht, wie es dan mir gethon hat«, informiert der Professor in seinem »New Kreüterbuch« von 1543.

Triebspitzen auskneifen, wenn sie zu viele Früchte tragen. Doch das alles sind lediglich zusätzliche Streicheleinheiten: Chili gehören zu den denkbar robusten Gartenpflanzen.

■ **Reife Früchte** sind rot, orange, gelb, braun, manchmal auch weiß. Chili können genauso wie Paprika grün geerntet werden. Sie sind dann unreif, einerseits nicht so scharf, andererseits auch nicht fruchtig-süß.

■ **Die Schärfe lässt sich manipulieren.** In der Regel misst man sie heute auf einer Skala von 1 (extramild) bis 10 (höllenscharf). Dabei beeinflussen Sonne, Düngung und Erntezeitpunkt die Schärfe. Wasserentzug zum Beispiel soll sie erhöhen. Ein Herauszögern der Ernte über den Reifepunkt hinaus macht sie wieder etwas milder (nicht zu lange, sonst schrumpeln sie). An der Spitze probiert, verrät die Frucht nicht ihre ganze Schärfe, denn die sitzt in den Scheidewänden und Samen etwas weiter hinten in der Beere.

■ **Chili lassen sich grundsätzlich überwintern.** Bevor die Temperaturen unter sieben Grad Celsius fallen, sollten sie ins Haus geholt werden. Sie verhalten sich drinnen wie Zimmerpflanzen, »ähnlich wie ein Weihnachtsstern«, sagt Christine Beyrlein. Also: einen sonnigen Platz wählen, aber nicht direkt über die Heizung stellen, sparsam gießen, nicht düngen. Die Pflanzen kommen über den Winter, wir haben es ausprobiert. Trotzdem hatten wir bald das Gefühl, einem Lebewesen zuzuschauen, das schwer leidet. Die Blätter verlieren die Spannung, viele fallen ab. Die Stängel werden dürr. Mit Mühe erreichen die Pflanzen das Frühjahr. Wenn nicht ganz glückliche Umstände herrschen, ist ein Neustart vermutlich oft der bessere Weg.

■ **Dörren sichert den Wintervorrat.** Kleine, dünnschalige Früchte trocknen mitunter am Strauch. Abgenommen lässt man sie einfach luftig auf einem Tortengitter liegen, deckt sie vielleicht mit etwas Zeitungspapier ab, um die Farbe zu erhalten. Dickfleischigere Sorten sollte man zum Trocknen aufschneiden oder noch besser zu einer Paste verarbeiten.

MERKMALE DER CHILISORTEN Die recht scharfe *Capsicum baccatum* bildet Früchte aus, die erst aufrecht auf den Zweigen stehen und sich später neigen. *Capsicum chinense* (rechts oben und unten) erkennt man an abgeflachten und eingesenkten Spitzen der Früchte. Grüne Chili sind immer unreif, zwar schon essbar, aber noch ohne fruchtiges Aroma.

Ertrag
Unsicher, ob es mit den Chilis im Garten funktioniert, hatten wir zwölf verschiedene Sorten gekauft. Wir wollten sehen, welche durchkommt. Keine hat aufgegeben. Alle trugen Früchte, je nach Größe 20 und mehr am Strauch. Wir hätten das ganze Dorf versorgen können. Mit fünf Pflanzen hat ein Chili-Liebhaber in der Regel genug, wobei schon zwei für den Spaß an den schönen Früchten dazu gerechnet sind.

Tipp
Scharfe Chili brennen nicht nur auf der Zunge, auch auf den Händen, in den Augen, am Hals. Der Wirkstoff Capsaicin

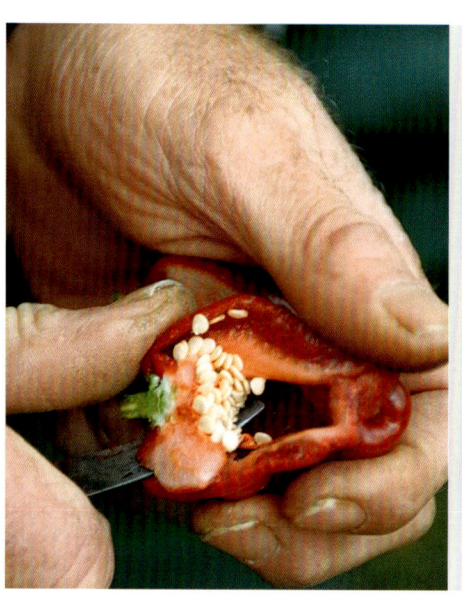

Chili-Küche
Die Schärfe sitzt in den Samen und den Scheidewänden der Beeren. Entfernt man diese, werden die Früchte milder. Gemahlen wird aus Chili der **Cayennepfeffer**. Mit Salz gemischt, in Eichenfässern gelagert, schließlich mit Essig versehen, stellt man daraus **Tabasco-Sauce** her.
Dickfleischige Chili, in bunter Mischung, lassen sich mit Salz, viel Knoblauch und Olivenöl zu Paste püriert konservieren.
Ein großartiges Rezept für **Chili-Marmelade** haben wir Sarah Raven nachgemacht, der englischen Mustergärtnerin, die durch ein Buch über den Schnittblumengarten berühmt wurde. Man nehme: 500 g reife gewürfelte Tomaten, 4 geschälte Knoblauchzehen, 4 große rote Chili, gehäckselte 7 cm einer Ingwerwurzel, 300 g Rohrzucker, 2 EL Thai-Fisch-Soße und 100 ml roten Weinessig. Die Hälfte der Tomatenwürfel zur Seite stellen, alles Übrige mixen und so lange köcheln, bis die Konsistenz marmeladenartig ist. Tomatenwürfel hinzufügen und kurz mitkochen. Wie Marmelade heiß in Gläser füllen und verschließen.

ist fettlöslich und »wandert auf der Haut«. Werden viele scharfe Chili verarbeitet, besser Haushaltshandschuhe anziehen. Wenn der Mund brennt, Milch trinken.

Nährstoffe in 100 Gramm

Energie 317 kcal – Wasser 9,35 g – Kohlenhydrate 35 g – Vitamin C 76 mg – Fett 13 g – Kalium 2340 mg – Kalzium 180 mg – Magnesium 190 mg. Chili funktioniert als Magenschutz, er macht viele Speisen bekömmlich. Die Ursache: Capsaicin regt die Magensaftdrüsen an. Weil die Schärfe den Stoffwechsel anheizt, verbraucht der Körper mehr Kalorien.

Sorten

Von 31 Chili-Arten werden im Wesentlichen fünf kultiviert.

■ *Capsicum annuum:* Diese Art ist am weitesten verbreitet. Zu ihr gehören die meisten der bei uns angebotenen Chili-Sorten, auch die Gemüsepaprika. Der Namensteil *annuum* (jährlich) suggeriert zwar, dass die Pflanze einjährig ist. Aber auch diese Chili-Art ist in ihrer Heimat ein Strauch, kann also überwintern. Ein Merkmal sind die meist bläulichen Staubgefäße.

■ *Capsicum chinense:* Berühmt für sein fruchtiges Aroma. Aus dieser Gruppe stammen die schärfsten Sorten wie 'Habanero' und 'Scotch Bonnet' mit Früchten, die eine abgeflachte oder eingesenkte Spitze haben. Der Namenszusatz *chinense* weist irrtümlich auf China als Herkunftsland hin.

■ *Capsicum baccatum:* Die Wildform hat kaum mehr als erbsengroße Früchte, ähnlich wie Beeren (lateinisch *bacca* = Beere). Sie blüht weiß, mit grünen, gelben oder braunen Flecken im Blütengrund. Die relativ scharfen Früchte stehen erst auf den Zweigen, neigen sich später.

■ *Capsicum frutescens:* Merkmal sind die aufrecht stehenden Blüten und Früchte. Die Staubbeutel sind meist blau bis violett. Diese Sträucher werden in ihrer Heimat bis zu zwei Meter hoch (*frutescens* = halbstrauchig). Zu der Art gehört auch die Sorte 'Tabasco', die den Chili für die Tabasco-Sauce liefert.

■ *Capsicum pubescens:* Die bei den Inkas am meisten angebaute Art ist in Europa am wenigsten weit verbreitet. Charakteristisch sind behaarte Blätter (*pubescens* = Flaum bekommend), meist blau-violette Blüten, schwarze Samen und Früchte mit stumpfer Spitze. Die Pflanzen brauchen einen eher halbschattigen Platz.

Auch Paprika ist Chili

Paprika, Chili, Peperoni und Pfefferoni gehören zur Gattung Chili, *Capsicum* (griechisch *kapsa* für Kapsel). Die Gemüsepaprika (*Capsicum annuum* var. *grossum*) wurde um 1950 in Ungarn gezüchtet. Das Ziel: größere Früchte und weniger Schärfe. Tatsächlich enthält diese Zuchtform fast kein Capsaicin mehr. Gemüsepaprika lässt sich wie Chili im Garten anbauen, aber nicht überwintern. Wir haben im späten Mai einige übrig gebliebene Spitzpaprika im Landhandel gekauft. Die ausgewachsen nicht einmal kniehohen Pflanzen setzten mehr Früchte an, als sie tragen konnten. Kleine Stützen zu konstruieren war das Einzige, was wir für unsere Ernte tun mussten.

Nährstoffe in 100 Gramm (rote Paprika)

Energie 37 kcal – Wasser 87,2 g – Kohlenhydrate 6,4 g – Vitamin C 140 mg – Fett 0,5 g – Kalium 260 mg – Kalzium 10 mg – Magnesium 14 mg.

PAPRIKAPFLANZEN AUS DEM GARTENCENTER setzten so viele Früchte an, dass wir ihnen Halt geben mussten. Auf einer Feldschmiede fertigten wir aus 8 mm Baustahl, sogenanntem Moniereisen, maßgerechte Stützen.

SOMMERKÜCHE. Mit Korb, Spaten und Schere zieht der Gärtner durch die Beete und sammelt ein, was reif ist. Vorsichtig gräbt er Porreestangen frei, zieht Zwiebeln und Knoblauch aus der Erde, pflückt Paprika, Tomaten und Zucchini und schneidet Stangensellerie. Im Gemüseeintopf landet, was gerade zu ernten ist. Auf abgezählte Feinheit kommt es nicht an.

170 **Gemüse** | Tomaten, Chili und Paprika | SOMMERKÜCHE

EIN DREIBEIN, EIN KESSEL UND FEUER. Am Gartentisch werden zuerst viele Zwiebeln und Knoblauch gehackt und mit etwas Öl im Kessel glasig angebraten. Hinzu kommt, in nicht zu kleine Stücke geschnitten, was der Erntekorb bietet. Zusätzliche Flüssigkeit ist nicht nötig, das Gemüse dünstet im eigenen Saft. Zwei, drei Kartoffeln machen das Ganze sämig. Eine Stunde lang zugedeckt über dem Feuer schmoren lassen. Mit Rosmarin, Thymian, Salz und Chili abschmecken. Dazu Weißbrot, ein paar Spiegeleier und sächsischen Grauburgunder. Wohl bekomm's!

Gurken

sind warzig, grätzig, »bunkert«: Arme-Leute-Essen und Fürsten-Mahl. Die Panzerbeere, so genannt, weil die Frucht eine harte Schale hat, stammt vermutlich vom Fuß des Himalaja. Die Inder bauten sie schon 3 000 vor Christus an. Möglich, dass sie im Heer Alexanders des Großen nach Europa kam, wo sie seit griechisch-römischer Zeit in den Gärten wächst.

Cucumis oder *Cucumer* hießen Gurken und andere kürbisartige Früchte bei den Römern. *Cucumeres* ließ Kaiser Karl der Große auf die Liste von Pflanzen setzen (das »Capitulare de villis«), die auf seinen Landgütern angebaut werden sollten. Das war um 800 nach Christus. Samenfunde, meist in Latrinen, auch in Gräbern, geben Historikern Anhaltspunkte dafür, wie weit eine bestimmte Pflanzen verbreitet war. Doch keiner der Funde, die Archäobotaniker aus diesem und den folgenden Jahrhunderten haben, bezeugt ein Vorkommen von Gurken in fränkischer Zeit. Sollten Gurken, so fragen die Wissenschaftler, zu den ganz seltenen Luxusfrüchten gehört haben, nur dem Herrscher und seiner Umgebung vorbehalten?

Es gibt noch eine Spur: eine Fährte, die ununterbrochen vom 8. Jahrhundert bis in die Gegenwart reicht und die dem Namen der kürbisartigen Frucht folgt. Zwar besitzen Historiker keinen Nachweis für *Cucumeres* zu Zeiten Karls des Großen, dafür fanden sie in Osteuropa Gurken (von *aguri*, griechisch für »unreife Frucht«, denn Gurken werden meist unreif verzehrt). In Gebieten, die heute zu Polen oder Tschechien gehören, kultivierten Menschen schon vor 800 nach Christus *ogurek* (altpolnisch) und *okurek* (tschechisch).

Noch heute weisen zwei regionale Spezialitäten auf diese uralten Zentren des Gurkenanbaus hin. »Znaimer Gurken« sind eine berühmte, bis weit nach Österreich hinein bekannte Delikatesse aus der Region zwischen Znaim und Lednice (Eisgrub), dem Ort im tschechischen Mähren, wo die Fürsten von Liechtenstein sich einen der prächtigsten und heute noch bestehenden Parks in Europa anlegen ließen. Und die »Spreewälder Gurken« gehören zu den wenigen Markenprodukten, die die DDR überlebt haben. Ihre bis heute gehütete Geheimrezeptur geht auf Überlieferungen der Lausitzer Wenden zurück, eines Volksstamms, der, geht man in seiner Geschichte weit zurück, aus der Alpenregion kommend im 6. und 7. Jahrhundert in Ostdeutschland einwanderte.

»Gurke« blieb bis ins 18. Jahrhundert ein Begriff, der östlich von Thüringen unbekannt war. Und auch heute gehören Gurken zwar nicht zu den Gemüsearten, die in einem Selbstversorger-Garten unerlässlich wären, doch wer sie ziehen kann, hat ein Pfand in der Hand. Denn mit Gurken ist es wie mit Sellerie: Während sie auf einem Grundstück gedeihen, wollen sie schon 30 Meter weiter nicht in Gang kommen.

So ziehen Sie Gurken richtig

- **Landgurken wählen.** Sie schmecken ebenso gut wie die empfindlichen, im Gewächshaus zu ziehenden Salatgurken und sind in allen Reifestadien zu gebrauchen: knapp daumenlang als sauer eingelegte Gewürzgurken, etwas größer als frisch zu essende Frühstücksgurke, zum Mini-Brotlaib angeschwollen als Schmorgurke. Landgurken haben zwar ein stark borstiges Fell, doch lassen sie sich leicht glattrubbeln.
- **Gurken sind Starkzehrer,** sie wollen mit frisch untergegrabenem Kompost versorgtes Land. Wir ziehen sie hängend an einem Rankgitter aus Maschendraht zwischen zwei Holzpfählen. So wachsen sie gerade und verschmutzen nicht. Zwar muss man bei den ersten Rankversuchen etwas nachhelfen und die grünen Triebe anbinden. Doch wenn die Pflanzen erst einmal ihren Weg gefunden haben, klettern sie allein weiter. Achtung: Mineralische Dünger führen schnell zu Überdüngung und Blattgewirr ohne Frucht. Gut ist es, sie alle zwei Wochen mit Brennnesseljauche zu gießen.
- **Gurken vertragen keinerlei Frost.** Man könnte sie drinnen vorziehen. Doch wozu? Sie wachsen so schnell und üppig, dass bei einer Aussaat Mitte Mai die ersten Früchte Ende Juni geerntet werden können. Dazu mit vier oder fünf Samen Nester in flache Mulden (etwa ein Zentimeter tief) legen und mit Erde zudecken. Später die stärkste Pflanze stehen lassen. Die Keimlinge mit Holzasche vor Erdflöhen schützen.
- **Gurken dürfen nicht austrocknen,** sie könnten in der Folge bitter werden. Zwar ist diese Gefahr bei den modernen F_1-Hybriden kaum gegeben. Passiert es einem beim Anbau historischer Sorten, bleibt nur, die Pflanzen auf den Kompost zu werfen oder den kompletten Fruchtansatz zu entfernen und auf unbeeinträchtigten Nachwuchs zu hoffen.

- **Von viel kommt auch viel.** Je mehr geerntet wird, desto mehr Gurken wachsen auch nach. Sie wachsen so schnell, dass die kleinen Exemplare für sauer eingelegte Cornichons über ein paar Tage gesammelt werden können.
- **Gute Nachbarn** sind Kohlgemüse, Hülsenfrüchte, Doldenblütler und *Allium*-Arten (Zwiebeln, Porree). **Schlechte Nachbarn** sind Nachtschattengewächse (Kartoffeln und Tomaten) und Rüben wie Rettich und Radieschen.

Ertrag
Vier Pflanzen liefern reichlich Gurken für einen Vier-Familien-Haushalt samt den Nachbarn.

Nährstoffe in 100 Gramm
Energie 12 kcal – Wasser 96 g – Kohlenhydrate 1,8 g – Vitamin C 8 mg – Fett 0,2 g – Kalium 141 mg – Kalzium 15 mg – Magnesium 8 mg.
Die Gurke ist eine der wasserreichsten und kalorienärmsten Früchte. Da die Nährstoffe in und direkt unter der Haut sitzen, wäre es schade, Gurken zu schälen. Daher: gleichmäßig wässern, damit die Haut zart bleibt. Und die Früchte möglichst jung ernten.

Sorten
Im Landhandel, bei Raiffeisen oder der BayWa gekaufte Saat von Freilandgurken liefert gute, robuste Früchte mit nicht zu dicker Haut. Eine besonders vielfältige Auswahl traditioneller Sorten bietet Bio-Saatgut Ulla Grall; mit dabei sind: 'Pariser Gurken' (weißschalig, besonders mild und bekömmlich), 'Zitronengurke' (oder Picknickgurke, runde hellgelbe Früchte, sehr saftig), 'Russische Gurke' (kleine ovale und gelbe Früchte, Feinschmeckersorte).

Gurken-Küche

- Kartoffelsalat mit grünen Gurken und frischen Kräutern gehört sicher zu den leichtesten und bekömmlichsten Versionen des Klassikers. Pellkartoffeln (besonders lecker: 'Rosa Tannenzapfen') kochen, abziehen, in Scheiben schneiden, Gurken würfeln, Zwiebeln fein hacken, das Ganze mit Zitrone, saurer Sahne, Zucker, Pfeffer, Salz, Petersilie und Dill abschmecken.
- Schmorgurken sind einfach und schnell gemacht: Gurken in Stücke schneiden, in Öl schmoren, separat Hack mit Knoblauch und Zwiebeln anbraten. Nach etwa einer halben Stunde Gemüse und Fleisch zusammengeben, mit Salz und Pfeffer abschmecken und Sahne (oder Crème fraîche) legieren.
- Einen leckeren Salat ergeben 1 kg Schmorgurken mit 8 hart gekochten Eiern, gehacktem Dill, gehackten Frühlingszwiebeln, selbst gemachter Mayonnaise und 350 g Nordseekrabben.
- Tsatsiki ist fast so schnell selbst gemacht wie gekauft: 300 g Gurken raspeln, salzen, ziehen lassen und ausdrücken. 300 g Joghurt mit gepresstem Knoblauch, gehackter Minze und gehacktem Dill, Pfeffer, Zucker und Öl anmachen, alles vermengen.
- Für Gewürzgurken gibt es viele persönliche Rezepte. Den meisten gemeinsam ist: Gurken reinigen und abrubbeln, in einer Schüssel mit reichlich Salz bedeckt ziehen lassen. Nach zwölf Stunden abgießen, waschen, in ein Gefäß schichten und mit Gurkensud aufgießen. Der Sud besteht aus gezuckertem Essig, Piment und – je nach Hausrezept – aus Wacholderbeeren, Meerrettich, Chili, Zwiebeln und vielleicht Estragon (links im Foto). Unerlässlich ist Dill.

Sellerie

Sellerie – seine wilden Ahnen wachsen in den Küstenregionen des Mittelmeers und der Nord- und Ostsee, wo sie noch heute vorkommen. Salzwasser – etwa vom Gemüsekochen – soll helfen, Sellerie zum Gedeihen zu bringen. Eine Garantie ist das nicht. Denn wie sein Verwandter, der Dill, macht Sellerie, was er will. Wir haben Glück. In manchen Jahren zögert das Gemüse zwar mit dem Ausbilden der dicken wurzeligen Knolle, aber es hat uns noch nie im Stich gelassen.

Schon im alten Griechenland, im Ägyptischen Reich, im Italien der römischen Weltmacht und in den norddeutschen Küstengebieten in vorchristlicher Zeit wurde wilder Sellerie gesammelt. Lange bevor seine Karriere als Küchenkraut begann, war der Doldenblüter als wichtiges Heil- und Würzkraut bekannt, hilfreich für ein ganzes Spektrum von Gebrechen. Er wirkt nachweislich antiseptisch, senkt den Blutdruck und hilft bei Arthritis und Rheuma. Diese »Zaubermacht« gab der Pflanze einen Platz in Legenden, Mythen und Ritualen.

Selleriekränze schmückten Sieger und Tote. Auf den Mumien in ägyptischen Gräbern haben Archäologen Gebinde aus blauem Lotos und Sellerie gefunden. In der »Ilias« lässt Homer die Pferde der tapferen Myrmidonen vor den Mauern Trojas auf blühenden Sellerie-Wiesen weiden. Und auch das Grab der Meernymphe Kalypso, die Odysseus sieben Jahr lang gefangen hielt, ist in der Legende mit Veilchen und wildem Sellerie bewachsen.

Spät, erst im 17. Jahrhundert, gelangte die Knolle als Gemüse in die Küche. Italienische Gärtner veredelten ihn durch Auslese zu Stangen- und Knollensellerie (lombardisch: *selleri*). Über Frankreich gelangte er im 17. Jahrhundert erst nach Großbritannien, dann auch nach Deutschland. Für Engländer und Franzosen ist noch heute Stangensellerie das vertrautere Gemüse. Die langen kahlen Sprossachsen werden wie Radieschen frisch geknabbert oder mit Fenchel und Möhre zu wunderbar knackigen Salaten zubereitet.

Deutschland ist Knollensellerie-Land

In Deutschland dagegen versteht man unter Sellerie durchweg die Knolle. Erst die übersetzten Bücher prominenter englischer Köche wie Jamie Oliver haben uns mit den Stangen vertraut gemacht. Doch gut ist das, was wir für seine Rezepte in Supermärkten finden, selten. In Plastiktüten abgepackt, sind die Stiele zäh und so faserig,

Sellerie-Küche

- **Die Blätter würzen** Braten und Suppen und sind Standard im »Bouquet garni«. Stangensellerie ist Pflichtzutat für ein gutes Risotto.
- **Knollensellerie liefert, roh geraspelt,** die Grundlage für den berühmten Waldorfsalat. Gedünstet, paniert und in Öl ausgebraten wird er zum Gemüseschnitzel. Am liebsten essen wir ihn zu Brei gestampft, mit Kerbel und Petersilie gewürzt und mit Kartoffeln gemischt als Kartoffel-Sellerie-Mus.
- **Tipp zum Schälen:** Man nimmt ein scharfes, nicht zu kleines Messer und trennt den unteren Teil mit den Wurzeln so hoch ab, dass eine glatte Fläche ohne matschige Erdlöcher entsteht. Dann schält man von unten nach oben im Kreis die Rinde herunter. Stellt die Knolle auf ein Brett und schneidet sie in ein Zentimeter dicke Scheiben.
- **Wichtig fürs Kochen:** Sellerie verfärbt sich nach dem Schälen. Scheiben oder Würfel schnell in kaltes Wasser geben, etwas milden Essig hinzufügen, zehn Minuten kochen, eventuell Butter dazugeben und weitere fünf Minuten bei niedriger Hitze fertig garen.

BLATT MIT HOHER WÜRZKRAFT:
Sellerie-Grün gibt Fisch, Fleisch und Suppen Geschmack. Am effektivsten wirkt Schnittsellerie, *Apium graveolens* var. *secalinum*.

Knolle oder Rübe?

Beide Begriffe bezeichnen Wurzel- oder Sprossorgane der Pflanzen, die Reservestoffe speichern und für den Neuaustrieb im Frühjahr bereit stellen. Bei **Knollen** bildet sich per Definition **nur ein Organ** der Pflanze zum Speicherelement aus. Das kann das Ende eines unterirdischen Ausläufers wie bei der Kartoffel sein. Oder es ist die oberirdische Sprossachse wie beim Kohlrabi, bei dem man von Stängel- oder Sprossknolle spricht. Es kann auch die unter- und oberirdische Zone zwischen Wurzeln und Spross sein, das sogenannte Hypokotyl. Bestes Beispiel hierfür ist das Radieschen.

Bei der **Rübe** verdicken sich **mindestens zwei Pflanzenorgane**, neben der Hauptwurzel oft das Hypokotyl, möglicherweise auch noch der untere Sprossabschnitt. Möhre und Rettich sind Wurzelrüben, hier wird die Rübe vor allem aus der Wurzel gebildet. Bei Roter Bete verdickt sich dagegen vorwiegend Hypokotylgewebe. Botanisch ist der Sellerie also keine Knolle, sondern eine Sprosswurzelrübe, bei der sich zu gleichen Teilen Wurzeln (mit deutlichen Seitenwurzeln), Spross (erkennbar an Blattnarben) und das Verbindungsglied zwischen beiden (Hypokotyl) verdicken.

dass einem die Selleriefäden wie Borsten im Mund stecken bleiben. Deutschland bleibt Knollensellerie-Land. Die nationale Eigenart hat einen plausiblen Grund: Generell wird es in Deutschland kälter als in Italien, Frankreich oder England. Für unsere Vorfahren war es wichtig, leicht zu lagernde Vitaminlieferanten anzubauen.

Die Speicherorgane des Knollenselleries sind von der Natur darauf angelegt, nährreiche Reservestoffe bis in das Frühjahr hinein zu halten. Das macht ihn zum typischen Wintergemüse. Im Dezember ist er der Favorit in den Gemüse-Menüs deutscher Spitzenköche. Man braucht nur einmal auf die Speise-karte des Sternekochs Michael Hoffmann in Berlin (»Margeaux«) zu schauen und findet als ein Hauptthema Sellerie – gepaart mit Seeigel und Algen, mit Apfel und Red Leicester (ein würziger Käse).

So pflanzen Sie Sellerie

- **Sellerie im März säen,** er braucht bis zu 20 Tage, um zu keimen. Ab Mai werden Jungpflanzen in Gärtnereien angeboten.
- **Sellerie braucht nährstoffreichen Boden,** der feucht bis schlammig sein kann und der im vorhergehenden Herbst mit Kompost gedüngt wurde. Stickstoffüberschuss wie von frisch eingebrachtem Rasenschnitt verträgt er nicht, dieser lässt die Knollen hohl werden.
- **Erst nach den Eisheiligen pflanzen,** und zwar so, dass er lose auf seinen Wurzeln schwankt. Gerät er zu tief in die Erde, bleibt die Knolle klein. Der Abstand sollte etwa 40 Zentimeter betragen.
- **Nicht trocken werden lassen.** Sellerie braucht Zeit – fast ein halbes Jahr –, um heranzuwachsen. Erst gegen Herbst werden seine Knollen dick und rund.
- **Untere Blätter abzupfen,** wenn sie vergilben, das fördert das Knollenwachstum.
- **Sellerie den ganzen Herbst ernten** bis in den frühen Winter. Er lässt sich monatelang an kühlen Orten und in Sand eingeschlagen lagern oder im Garten mit Reisig oder Vlies gegen Frost schützen.

Tipp

- **Stangensellerie** zum späteren Bleichen in eine Furche pflanzen, diese bei entsprechender Größe (etwa 30 Zentimeter) zuziehen und weiter anhäufeln.

Nährstoffe in 100 Gramm

Knolle: Energie 19 kcal – Wasser 90,4 g – Kohlenhydrate 2,3 g – Vitamin C 8,2 mg – Fett 0,3 g – Kalium 321 mg – Kalzium 68 mg – Magnesium 9 mg.

Stange: Energie 17 kcal – Wasser 92,2 g – Kohlenhydrate 2,2 g – Vitamin C 7 mg – Fett 0,2 g – Kalium 344 mg – Kalzium 80 mg – Magnesium 12 mg.

Wie andere Doldenblütler – der bekannteste Fall ist die Herkulesstaude – kann auch das Sellerielaub bei Berührung Verbrennungen auf der Haut erzeugen. Sie sehen aus wie Schrammen, heilen in der Regel schnell und entstehen nur, wenn Sonne auf die angegriffene Haut scheinen kann.

Sorten

Knollensellerie: 'Wiener Riesen' (mittelgroß, rund, robust); 'Magdeburger Markt' (helle Knollen); 'Monarch' (eine der meistangebauten Sorten, lagerfähig, würzig).

Stangensellerie: 'Giant Pascal' ('Englischer Weißer', hellgrün, gebleicht und ungebleicht verwendbar); 'Gigante Dorato' (kräftig, anhäufeln, um goldene Rippen zu erhalten).

RADIESCHEN: HYPOKOTYLKNOLLE

Das schnellste und früheste der Gemüse. Röschen aus Radieschen gehörten wie gefüllte Tomaten zum typischen Partysnack der 1950er- und 1960er-Jahre.
■ **Erntereif innerhalb von drei Wochen.** Von März bis September ausgesät, keimen Radieschen innerhalb weniger Tage. Erntezeit nicht überziehen, sie werden leicht »überständig« und schmecken pelzig. Bei Trockenheit regelmäßig wässern, sonst können die scharfen Knollen platzen. Das schnelle Wachstum macht sie zur idealen Vor- oder Zwischenfrucht. Oft werden Radieschen gebraucht, um Reihen von Langzeitkeimern zu markieren.

Sorten
'Flamboyant' (halblange französische Sorte mit weißer abgerundeter Spitze, scharf und lecker); 'Würzburger' (alte regionale Sorte, rot und rund); 'De dix-huit-jours' (schnell wachsend, länglich, rosa mit weißer Spitze, ernten, wenn kleinfingerdick).

KOHLRABI: STÄNGELKNOLLE

Eine der vielen Zuchtformen des Gemüsekohls *Brassica oleracea* und damit ein enger Verwandter von Grün-, Rosen-, Blumen-, Weiß- und Rotkohl. Gedünstetes Kohlrabi-Gemüse mit Salzkartoffeln und Frikadellen gehörte zu den typischen Schul- und Kantinenspeisen der 1960er- bis 1980er-Jahre.
■ **Erste Jungpflanzen** kaufen wir Ende April in der Gärtnerei und ernten sechs Wochen später das erste Gemüse. Kohlrabi braucht leichten, nährstoffreichen Boden, gleichmäßige Feuchtigkeit, etwa 20 Zentimeter Abstand zur nächsten Pflanze, verträgt Halbschatten und ist durch seine kurze Kulturzeit ein prima Lückenbüßer. Blätter und Wurzeln nach dem Ernten entfernen. Im Kühlschrank hält er sich bis zu zwei Wochen, in feuchtem Sand eingeschlagen etwa zwei Monate. Nicht neben Erdbeeren, Knoblauch oder Zwiebeln setzen.

Sorten
'Superschmelz' (weiß, groß, zart); 'Bauer Delikatess' (blau, zart, alte Sorte); 'Blaril' (groß, blau, mild-würzig).

RETTICH: RÜBE AUS WURZEL UND HYPOKOTYL

Deftig zur Brotmahlzeit und fürs Picknick, wie Radieschen nur frisch zu verzehren.
■ **Auf einem sonnigen Platz,** zwischen Mitte Mai und Mitte Juni in lockerem, humusreichem Boden ausgesät, keimen die Samen nach acht bis zehn Tagen. Nach acht Wochen ist Sommerrettich, nach drei bis vier Monaten Winterrettich erntereif. Regelmäßig wässern und hacken. Nicht neben Gurken pflanzen. Einige Pflanzen in Saat schießen lassen, die Knospen sind mitunter sehr würzig.
■ **Rettich hilft gegen Husten.** Er enthält Raphanol, ein antibiotisch wirkendes Öl und gehört daher zu den leicht herzustellenden Hausmitteln. Rettich von oben aushöhlen, unten mit einer Stricknadel zwei Löcher reinpicksen, auf ein Glas setzen, mit Kandis füllen und auf den durchtropfenden Saft warten.

Sorten
'Fridolin' (ein halblanger, weißer, zarter Sommerrettich); 'Gournay' (dunkel-violett, lang, mittelspät); 'Schwarzer Winterrettich' (schwarz, kurgelrund, festfleischig, Ernte Anfang September bis Mitte November).

MÖHRE: WURZELRÜBE

Leicht zu kultivieren, sind Karotten nach Tomaten das beliebteste Gemüse der Deutschen. Sie enthalten das begehrte Provitamin A und die gesunden Karotine, sind gut für Haut und Augen. Doch die Möhrenfliege versauert den Anbau im Garten so sehr, dass wir es ganz unterlassen. Die kotgefüllten Fraßgänge der Fliegenmaden durchtunneln die Wurzeln, machen sie bitter und unansehnlich. Der Anbau von Zwiebeln oder der hübschen Jungfer im Grünen *(Nigella damascena)* in direkter Nachbarschaft der Möhren hilft ein wenig. Effektiver sind Schutznetze. Joy Larkcom – die englische Salatspezialistin – schreibt, dass der Geruch von gequetschtem Möhrenlaub die Schädlinge anzieht, vor allem beim Ausdünnen. Sie empfiehlt, alles zu tun, was Pikieren entweder unnötig macht, oder diese Arbeit abends bei Windstille vorzunehmen und die Möhrenreihen vorher zu wässern.
■ **Karotten ab März** an Ort und Stelle aussäen, auf lockeren nahrhaften Boden und in zweiter Tracht. Das feine Korn mit Sand verdünnen. In frisch gedüngtem Boden werden Möhren »zweibeinig«.

Sorten
'Gochsheimer Gelbe' (zitronengelb, zylindrisch, süßer würziger rübenartiger Geschmack); 'Guerande' (kreiselförmige Sorte von 1884, schnellwüchsig, gedeiht auch auf flachgründigen Böden); 'Longue Jaune de Doubs' (alte französische Sorte, lang, gelb und noch grünköpfig, wächst langsam); 'Beta Sweet' (lila mit orangefarbenem Kern, Designer-Möhre, in den 1990er-Jahren von Leonard Piker gezüchtet, Konsistenz ähnlich wie Äpfel, süßer und reicher an Betakarotinen und Anthocyan).

Gemüse | Sellerie und andere Knollen | VON RADIESCHEN BIS MÖHRE

182 Gemüse | Kartoffeln | KARTOFFELBAUER

Karsten Ellenberg: der Bauer mit der **Kartoffel** im Wappen

Der Kampf um 'Linda' hat ihn berühmt gemacht. Mit einer Gruppe eingeschworener Bauern verhinderte der Landwirt aus Barum, dass die Kartoffelsorte vom Markt verschwand. Karsten Ellenberg bestimmt selbst, was er anbaut. Er vermehrt sein eigenes Saatgut, erhält historische Sorten, züchtet neue und verkauft direkt an den Kunden.

Karsten Ellenberg steht auf der Koppel. Das Gelände fällt leicht ab, fünf Hektar weit. Eine Straße, ein Wald und die Nachbarfelder rahmen den Acker. Grünes Kartoffellaub füllt die Reihen. Hier und da schimmern letzte weiße Blüten. Der Landwirt zieht an einer Staude, bricht zusätzlich mit der Hacke den niedrigen Damm, in dem sie wächst, zur Seite auf und klaubt die Kartoffeln heraus. Er stochert mit der Hacke vorsichtig in der Erde, sucht nach tiefer sitzenden Knollen. Er zählt: 30 Stück. Für ein 'Bamberger Hörnchen' ist das gut. Aber die Knubbel sind so zierlich wie sein kleiner Finger. Drei, vier Wochen können sie noch wachsen, bis sie Daumendicke erreichen. Er legt die Knollen zurück ins Loch und schiebt es mit Erde zu.

Barum ist eines der hübschen, noch nicht zersiedelten Dörfer der Lüneburger Heide. Karsten Ellenberg bewohnt ein typisches Niedersachsenhaus mit roten Klinkern und Fachwerk, mit ausgesägten Pferdeköpfen an den Giebeln und einer stattlichen Kastanie vor der Scheune. Beete ziehen sich vor dem Gebäude entlang. Ein paar Sternchenblüten, mit Staubbeuteln dick wie kleine gelbe Stecker, blitzen über samtig-rauem Laub. Wo bei den Nachbarn Rosen blühen, zeigen hier Kartoffeln, was sie haben. »Ich kenne gar keine anderen Blumen, ich seh' keine anderen an«, sagt Karsten Ellenberg. Auf der gegenüber liegenden Seite des Hofes steht ein Gewächshaus. Man könnte die extrahohen grünen Pflanzen darin für Tomaten halten. Auch das sind Kartoffeln.

Der gläserne Raum ist das Vorzimmer zu einem Labor mit kleiner Genbank.

Karsten Ellenberg hat sich mit Leib und Seele der Knolle verschrieben. »Spezialisierung ist gut«, sagt er. Gerade bei Kartoffeln »zahlt sich das aus«. Seit dem 15. Jahrhundert ist der Hof im Besitz der Familie, wurde nie verkauft, immer vererbt. Jahrhundertelang wurden hier Zuckerrüben, Klee, auch Getreide angebaut. Erst der Vater hat den Kartoffelanbau ausgedehnt, das war 1958. In den 1980er-Jahren übernimmt der Sohn den Hof und steht vor der Wahl: Soll er auf konventionelle Weise weitermachen? Ihm behagt die Abhängigkeit nicht. »Ich bin kein Chemiker. Ich kann die Mittel nur so verwenden wie auf dem Beipackzettel empfohlen.« Warum nicht lieber ähnlich ackern wie die Bauern Jahrhunderte zuvor, ohne Chemie?

1990 stellt er seinen Betrieb auf Bioland-Anbau um. »Zuerst«, sagt Karsten Ellenberg, »ist man ein bisschen unsicher. In der Schule hatten wir gelernt: Wenn nichts mehr im Boden ist, kann nichts wachsen. Wie sollte das also gehen, ohne mineralische Dünger?« Doch das Ganze erwies sich als überraschend einfach. Vor allem musste er sich an eines gewöhnen: »Man macht nicht mehr so viel. Fährt zum Beispiel nicht mit der Spritze rum. Viele Probleme hatte man sich rangedüngt«. Die einfache Grundrechnung beim Umstellen von konventionellem Anbau auf biologischen ist: »Man erntet die Hälfte, bekommt aber den doppelten Preis«. Eingespart

KARTOFFELN sind Sprossknollen. Sie bilden sich an den Enden unterirdischer Seitensprossen, den sogenannten Stolonen. Anfänglich haben die Knollen sogar kleine schuppenartige Blätter. In ihren Achseln – oder Augen – sitzen die Knospen, aus denen Kartoffeln nach einer Ruhezeit wieder austreiben.

DER KARTOFFELRODER, fördert die Knollen auf das Verleseband und von da in den Kartoffelbunker. Der fasst knapp drei Tonnen und wird nach einer Runde ums Feld in den Hänger entleert.
IM LABOR wachsen die Keimlinge auf der Agar-Agar-Nährlösung. Später werden sie in Blumenerde umgetopft. Das Röhrchen enthält die Samen, jedes Korn ist hier eine andere Sorte.
'ROTE EMMALIE' heißt die rotfleischige Züchtung von Karsten Ellenberg. Für Besucher hat er peruanische Kartoffeln in Töpfe gepflanzt. Doch im September ist ihr Laub längst abgestorben.

werden die teuren chemischen Mittel. Verkauft wird möglichst direkt. Aufwändiger ist die mechanische Arbeit.

Dem ökologischen Anbau von Kartoffeln nähert er sich vorsichtig – mit drei Sorten auf einem Hektar. »Doch ruck, zuck wurde es mehr Land.« Die Methode ist klassisch: Alle vier Jahre dürfen Kartoffeln auf dieselbe Koppel. Also hat Karsten Ellenberg 25 Prozent Kartoffeln, außerdem Getreide, Gras, Ackerbohnen und den Boden nährende Leguminosen: Klee und Erbsen. Er beginnt mit Sorten zu experimentieren, zuerst nur auf dem sogenannten Vorgewende, dort, wo die Maschinen auf dem Acker wenden. Im Dorf kommt das erst mal komisch an. Die Nachbarn krausen die Stirn, wundern sich und kritteln: »Warum baust du so viele Sorten an?« Aber Karsten Ellenberg weiß: »Da muss man durchhalten – irgendwann ist man der Held.«

1995 fährt Karsten Ellenberg zum ersten Mal nach Groß Lüsewitz, zur Kartoffel-Genbank. Er stöbert in den Dateien und bestellt sich – jeder mit einem wissenschaftlichen oder ähnlich motivierten Interesse kann das – Sorten, die vor dem Ersten Weltkrieg angebaut wurden: 'Hindenburg', 'Jubel', 'Erdgold', 'Allerfrüheste Gelbe' und 'Industrie' (von 1900). »Das war die erste deutsche gelbfleischige Kartoffel. Die war nicht schlecht. Davor gab es eher weißfleischige, das galt als sauber.« Er stellt sich Kartoffel-Stammbäume zusammen, pflanzt sie und lernt, die Unterschiede zu sehen und zu schmecken. So vielfältig die alten Sorten auch sind, er erkennt bald, dass viele von ihnen den Viren, die es heute gibt, nicht lange genug standhalten. Das macht den Ertrag gering. Er braucht Quellen für gesundes Pflanzgut.

1998 nimmt er ersten Kontakt zu Erhaltungszüchtern in Frankreich und Österreich auf, reist auch nach Griechenland und Schottland. »Die Kartoffel führt uns«, kalauert er. 2002 bewirbt sich Karsten Ellenberg um ein Forschungsprojekt und bekommt über das »Bundesprogramm ökologischer Landbau« den Zuschlag. Die Aufgabe: eine Kollektion alter Kartoffelsorten im ökologischen Anbau zu erproben, ihre Vitalität und Resistenz zu testen. Seine Arbeit wird von Virologen und Anbauexperten begleitet. Bisher hat Karsten Ellenberg Pflanzgut gekauft. Doch für das Projekt braucht er größere Mengen und baut sich ein eigenes kleines Labor mit Genbank und Gewächshaus. Dreieinhalb Jahre läuft das Projekt. Am Ende hat er herausgefunden, dass zum Beispiel 'Roseval' und 'La Ratte' recht anfällig sind, es sich dagegen lohnt, die vitalen 'Bamberger Hörnchen' und den alten 'Ackersegen' zu pflanzen.

Die Arbeit mit den alten europäischen Sorten hat Karsten Ellenberg noch neugieriger gemacht. Ihn begeistert »das Labyrinth an Informationen, das sie in ihren Genen speichern«. Wie fantastisch müssen dann erst Kartoffeln aus den Ursprungsländern sein? In der Genbank von Lima werden wohl an die 1 000 peruanische Landsorten archiviert. Karsten Ellenberg bestellt sich rund 30 Varietäten. Doch peruanische Kartoffeln sind Kurztagspflanzen. Der Landwirt macht die Erfahrung, dass sie lange blühen und spät Knollen ansetzen, die dann klein bleiben. So gesehen münzt sich der Einsatz nicht gleich in Erfolg um. Aber noch nie hat er so »wunderschön blühende Pflanzen, einen so üppigen Blumengarten« gehabt. Genauso spektakulär wie die Blüten sind die Knollen, manche mit gelb-lilafarbener Schale, andere rot marmoriert, schwarz und dabei buckelig oder »mit so vielen Beulen, wie ein Igel Stacheln hat«. Und er begreift, was das peruanische Sprichwort bedeutet, in dem es heißt, ein Mädchen sei heiratsfähig, »wenn es die Kartoffel so schälen kann, dass sie hinterher aussieht wie vorher«. Auch wenn Karsten Ellenberg mit den peruanischen Sorten zuerst nicht viel anfangen kann, erhält er etliche in seiner Genbank und experimentiert mit Einkreuzungen.

Im November 2004 erfährt Karsten Ellenberg, dass die Kartoffel 'Linda' vom Markt genommen werden soll, kurz bevor ihr Sortenschutz ausläuft. Danach wäre sie wie die alte 'Sieglinde' oder 'Hansa' von Lizenzen frei gewesen für jedermann, der sie anbauen will. Europlant – der Konzern, der das Patent auf die Sorte hält – hat daran kein Interesse. Aber 'Linda' ist in Norddeutschland beliebt und weit verbreitet. Die Entscheidung des Zuchtkonzerns wirkt wie ein

Gemüse | Kartoffeln | KARTOFFELBAUER   185

Signal. Hier deutet sich an, was viele befürchten: Eines Tages werden die Industriegiganten die Anbaupläne der Bauern nach ihrem Gutdünken bestimmen, werden ihnen die Sorten verordnen, die den Gewinn der Industrie maximieren. Werden Pakete schnüren aus Pflanzgut und all den dazugehörenden Dünge- und Schädlingsbekämpfungsmitteln.

Etliche Bauern beschließen, sich zu wehren. Eine über fünf Jahre dauernde Geschichte beginnt. »Zuerst läuft man überall nur gegen Wände, kleine Bauern gegen so einen Konzern«, sagt Karsten Ellenberg. Man versucht, sie einzuschüchtern. Drei Bauern werden angeklagt, ihre Kartoffeln »enteignet«. Bürokratische Hürden werden aufgezogen. Die 'Linda'-Treuen melden die Kartoffel beim Bundessortenamt neu an. Die Sortenprüfung, die im Durchschnitt drei Jahre dauert, dehnt sich auf fünf aus. Fast täglich haben die Landwirte mit ihrer Fehde zu tun. »Wir merkten, welche Fehler wir machten, auch bei den Ämtern.«

Aber der Prozess ist lehrreich. Sie melden 'Linda' in Großbritannien an. Dort wird sie zügig geprüft und mit guten Ergebnissen zugelassen. Einmal in Europa zugelassen, überall in Europa zugelassen: So ist die Regel. Am Ende, so Karsten Ellenberg, zählte: »Nicht aufgeben, auch wenn man mal am Verzweifeln ist.« Im Jahr 2010 ist 'Linda' endlich wieder eine legale Sorte.

Heute kultiviert Kasten Ellenberg gut 100 Sorten Kartoffeln, etwa 33 davon vermarktet er, direkt vom Hof zum Kunden. Die anderen Sorten testet er und kreuzt sie zum Teil. Er arbeitet an zehn Zuchtpflanzen. 'Rosemarie', seine jüngste, hat er »erst mal zum Ausprobieren« als Erhaltersorte angemeldet. Im Frühling bekommt er aus der Genbank in Groß Lüsewitz wieder 20 Sorten. Mit dabei sind schwedische, russische und japanische. Welche, verrät er nicht. Nur so viel, dass er manche einfach wegen ihres Namens wählt, denn »die verraten schon viel«.

DER HOFLADEN in Barum. Von August bis Juni verkauft Karsten Ellenberg über 30 Kartoffelsorten. Nur der Juli ist kartoffelfrei. Interessenten kommen oft einmal aus Neugierde und um zu testen. Später bestellen sie ihre Auswahl über das Internet.

Alte Sorten gesund erhalten

Kartoffeln reproduzieren sich vegetativ über die Knollen – dabei bleibt die Pflanze gleich – und generativ über Saat, was zu immer neuen Kreuzungen führt. Mit ihnen passen sich die Pflanzen der Natur an. Ändert sich die Umwelt, nehmen Viren zu, denen einige Knollen nicht standhalten; sie verschwinden. Besser gerüstete Varietäten nehmen ihren Platz ein.

Der Mensch will jedoch unter Umständen Eigenschaften erhalten, die – vorerst nur – in Knollen enthalten sind, die in der Natur verloren gehen würden. Dann sorgt er mit der sogenannten Erhaltungszucht für einen künstlich aufrechterhaltenen Bestand an gesunden Pflanzen. Dafür hat Karsten Ellenberg sein eigenes Labor gebaut.

Von einer gesunden Knolle wird ein zwei bis drei Zentimeter großer Keim abgeschnitten und mit destilliertem Wasser sterilisiert. Auf einer nährstoffreichen Agar-Agar-Flüssigkeit wächst der Keim bei 16 bis 20 Grad Celsius zu einem Pflänzchen heran. Ist dieses etwa sechs Zentimeter groß, wird es in vier bis fünf Stecklinge geteilt, die auf dem Nährmedium weiterwachsen. Der Prozess wird alle drei Wochen wiederholt. Man nennt das »schnelle Vermehrung« oder »systematische Erhaltungszucht«. Sind genug Pflanzen erzeugt, kommen sie aus dem Labor ins Gewächshaus und werden in Blumenerde gepflanzt. Sie bilden kleine Knollen, die sogenannten Minitubs (von *tuberosum* = knollig). Erst diese kommen aufs Feld und wachsen zu großen Pflanzknollen heran. Auf 200 Quadratmetern Gewächshaus zieht Karsten Ellenberg 10 000 Pflänzchen. Diese produzieren 40 000 Minitubs, genug für einen Hektar Land. Vier Knollen pro Quadratmeter rechnet der Bauer.

HAND-ERNTE AUF DEM FELD. Sobald das Kartoffelkraut abgestorben ist, machen sich die Wildkräuter breit. Nicht zum Schaden, sondern zum Vorteil des Bauern. Denn Ackerkamille, Vogelmiere und Hirtentäschel »bedecken die Kartoffeldämme und schützen sie vor Erosion«.

Kartoffeln

Kartoffeln sind ein Glaubensbekenntnis. Vor Jahren war es einfach. Wir kauften erprobte Sorten, bereiteten den Acker, bangten ein wenig, wenn die Kartoffelfäule früh einsetzte – aber hatten, was wir wollten: frische frühe und leckere späte Knollen aus eigener Ernte. Heute müssen wir entscheiden: Wollen wir auf dem alten Weg »Grobschmecker« bleiben? Oder mit den vielen historischen Sorten Feinschmecker werden, Aromen genießen, Konsistenzen vergleichen? Keine einfache Entscheidung.

Seit Jahren pflanzen wir unsere Kartoffeln. Wir haben damit schon angefangen, als wir noch lernten und studierten. Wir kauften kleine Säcke mit Pflanzkartoffeln im Gartengeschäft und achteten vor allem darauf, dass wir festkochende Sorten bekamen, eine frühe und eine späte. Das Land dafür gruben wir im Herbst um, damit der Frost die Schollen mürbe macht, warteten bis zum 1. Mai und legten die Knollen in die dann vorbereiteten Furchen. Nichts einfacher als das. Die Ernte war sicher.

Der Zauber der Geschichte

Kompliziert wurde die Sache, als das mit den historischen Sorten anfing. 'Bamberger Hörnchen' und 'La Ratte' waren Märchennamen. Man ergatterte sie nur mit Jägerinstinkt auf den Pflanzenmärkten. Dabei waren die raren Knollen erklärtermaßen nur zum Essen da. Der Verkauf als Pflanzgut sei illegal, hieß es. Derart geheimbündlerisches Tun reizte enorm, und wir sahen den erbeuteten Kartoffeln nach, dass sie eine dürftige Ernte brachten. Die 'Bamberger Hörnchen' schmeckten fraglos lecker. An andere Sorten erinnern wir uns nicht mehr. Zwei Jahre hatten wir unseren Spaß, dann erübrigte sich im Hamburger Garten aller Gemüseanbau. Die Bäume in der Waldecke wurden zu hoch. Hier konnten nur Schattenpflanzen gedeihen.

Erst in Sachsen fingen wir wieder mit dem Kartoffelanbau an und nahmen, weil es praktisch war, die Sorten, die wir im Landhandel fanden. In Hamburg hatten wir nie groß mit Schädlingen zu tun, in Sachsen lernten wir sie alle kennen. In einem Jahr ließ die Krautfäule schon im späten Juni das Laub verdorren. Die Ernte war trotzdem reichlich. Im nächsten Jahr gab es kübelweise Kartoffelkäfer, jeden Morgen suchten wir die Pflanzen nach den gestreiften Sechsfüßlern ab. Drahtwürmer fraßen die Knollen an. Aber auch damit konnten wir, oder besser die Kartoffeln, leben. Die Ernte – wir hatten eine rotschalige Landsorte von einem Freund bekommen – war reichlich, die Schadstellen schnitten wir heraus. Und eines war sicher: Unsere ohne jegliches Gift angebauten Kartoffeln schmeckten besser als alle, die man im Supermarkt kaufen kann.

Im letzten Sommer wollten wir es wissen. Inzwischen gab es historische Sorten aus etlichen Quellen, nicht mehr ein knappes Dutzend, sondern an die hundert, nicht mehr illegal, sondern sogar zertifiziert. Fantastische Beschreibungen schmücken die Knollen, Geschmacksnoten sind vergeben, die begehrtesten gibt es in Schnupperpaketen: zehn Sorten à sechs Knollen.

Die Kartoffel ist der Joker

Innerhalb weniger Jahre waren Kartoffeln zu einer Bewegung geworden. Nicht nur Umweltaktivisten, auch Künstler beschäftigen sich mit ihr. Seit über sechs Jahren reist zum Beispiel die Dänin Asa Sonjasdotter durch die Welt, pflanzt in Los Angeles, in Bukarest und in Berlin die alten Kartoffeln. Für Sonjasdotter ist die Kartoffel ein Prisma, in dem man den Verlauf der Geschichte ablesen kann. Erst kam sie als Pfand der europäischen Invasion in Südamerika zu uns. Heute sei sie eine Art Gefangene internationaler Handelsabkommen und Gesetze, die ihre Gene kontrollieren und registrieren. Dabei, so beobachtet Sonjasdotter, sei der Druck auf die kleinen, noch unabhängigen Bauern, die ihre eigenen Sorten auslesen, in der ganzen Welt enorm angewachsen. Sie sagt: »Im globalen Spiel ist die Kartoffel der Joker. Wenn die großen Systeme versagen,

DAS KARTOFFELBEET AUF DER WIESE. Im umheckten Gartenteil war der Platz zu knapp geworden. Für unsere Versuchspflanzung frästen wir ein Stück Wiese außerhalb um: Lange stand das Laub gut. Wir glaubten an eine Superernte.

müssen die Menschen sich selbst zu helfen wissen und werden ihre eigene Nahrung anbauen.«
Wir beschafften uns zwölf Sorten, frästen Land für ein Beet um, fertigten Pflanzschildchen und sahen zu, wie das Kraut bei einer Sorte schneller, bei der anderen nur mühsam hervorkam. Im Unterschied zu anderen Jahren setzte die Krautfäule erst spät ein. Die ersten Testkartoffeln im Juli schmeckten. Dann kam die Erntezeit – und mit ihr die Enttäuschung. Knollenfäule hatten wir bis dahin noch nicht kennengelernt. Nun zerdrückte ein normaler Handgriff die befallenen Knollen zu einem übel riechenden Matsch. Wir ernteten mit Handschuhen, prüften jede Frucht darauf, ob sie rundum fest war. Der Ertrag war jämmerlich. Und von dem, was wir in die Scheune trugen, verfaulte in den folgenden Wochen ein weiterer Teil.

Immerhin: Wir lernten. Die früh geernteten Kartoffeln hatten noch keinen Befall. Schuld an der Misere war der feuchte Sommer. Staunässe hatte den Boden für die Knollenfäule bereitet. Anderen ging es ebenso wie uns. Die als resistent beschriebene moderne Sorte 'Sarpo Mira' behielt zwar bis in den September grünes Laub, sie lieferte auch propere Knollen. Doch schmeckte sie lange nicht so lecker wie die 'Bamberger Hörnchen'. Die meisten gesunden Knollen hatte 'Rosa Tannenzapfen' angesetzt.

So ernten Sie die dicksten Kartoffeln

■ **Sorten wählen.** Es gibt Früh-, Mittel- und Spätkartoffeln. Mehr als ein Drittel Frühkartoffeln sollte man nicht pflanzen. Sie schmecken nur frisch und halten nicht lange. Spätkartoffeln lassen sich bestens lagern und reifen geerntet noch nach.

■ **Knollen vorkeimen lassen.** Der Vegetationsvorsprung erhöht nicht nur den Ertrag um rund 30 Prozent, er macht die Kartoffeln auch widerstandsfähiger. Drei Wochen vor dem Pflanzen die Knollen ans Licht bringen, etwa auf die von der Sonne erwärmte Fensterbank. Beginnen sie zu keimen, können sie wieder kühler stehen. 10 bis 15 Grad Celsius reichen. Sie sollen kurze, dicke Triebe ausbilden. Dabei kann sich ruhig mal ein Blättchen bilden. Lange geile Spargelkeime, die vielleicht schon im Dunkeln entstanden sind, ganz entfernen. Es bilden sich bald gesunde neue.

Tipp
Wollen die Knollen aus irgendeinem Grund nicht recht keimen, kann man sie als Nothilfe zwei, drei Tage bei 20 Grad Celsius »anheizen«, bis sie »mit den Augen blinzeln«, wie Karsten Ellenberg sagt.

■ **Pflanzgut vermehren.** Man kann, wenn man die Kartoffeln zum Vorkeimen herauslegt, aus einer großen Pflanzkartoffel zwei machen. Wichtig ist, dass die Schnittstellen vor dem Legen gut durchgetrocknet sind und eine korkartige Oberfläche gebildet haben. Besonders ratsam ist das dennoch nicht, Schnittstellen sind immer Wunden. Außerdem bringen große Mutterkartoffeln auch viele Tochterknollen.

■ **Kartoffeln pflanzen,** wenn die Erde warm und abgetrocknet ist. Das ist in Hamburg um den 1. Mai herum, in der Pfalz schon früher so weit. Die Pflanzen (Kartoffeln mit Keim) in 10 bis 15 Zentimeter tiefe Furchen oder Löcher setzen, die Knollen legen. Gibt es noch mal etwas Frost, ist das nicht zu schlimm. Die Erde schützt die Früchte. Blau- und rotschalige Kartoffeln tiefer setzen. So wird vermieden, dass die Knollen später aus dem Damm herauswachsen und ergrünen, was bei dunklen Schalen schlecht zu erkennen ist.

Grüne Kartoffeln sind giftig

Liegen die Knollen im Licht, bildet sich durch Fotosynthese Solanin. Früher erkrankten Menschen nach dem Verzehr von grünen Kartoffeln an diesem Stoff, manche starben sogar. Heute ist die Gefahr nicht mehr groß.
Erstens enthalten moderne Sorten weniger Solanin (bei den alten Sorten ist es etwas anders), und zweitens kommt es erst bei einer Dosis von etwa 200 mg zu Übelkeit. Dafür müsste man schon ungefähr zweieinhalb Kilogramm rohe Kartoffeln essen.
Weitaus höhere Mengen an Solanin enthalten grüne Tomaten. Hier kann es bereits bei 100 g Fruchtfleisch kritisch werden. Die für Menschen tödliche Dosis Solanin liegt bei etwa 400 mg.

■ **Entlang einer gespannten Schnur** die erste Reihe Löcher mit dem Spaten graben (etwa ¾ Spatenblatt tief) und die Kartoffeln hineinlegen. Dann die Schnur für die zweite Reihe spannen und mit dem Aushub der neuen Löcher die vorherigen füllen. Das ergibt am Ende der Arbeit ein Schachbrettmuster und bietet damit zusätzlich Orientierung beim Hacken. Gut ist es, die Reihenenden jeweils mit Stöcken zu markieren.

■ **Unkraut bekämpfen.** Kartoffeln gehören zu den Hackfrüchten. Zwar wachsen die Knollen normalerweise schneller als das Unkraut, doch manche Sorten »schlafen«

Gemüse | Kartoffeln 191

nach dem Pflanzen noch etwas. Deshalb immer so lange hacken, bis das Blattgrün eine geschlossene Decke bildet. Züchter haben sich zwar bemüht, buschige Sorten zu schaffen, die schnell eine dichte Blattmasse bilden, doch es gibt noch immer »schlängelnde Typen«, die langstängelig hoch aufwachsen und sich später hinlegen. Zu diesen gehören 'Highland Burgundy Red' und in eingeschränktem Maß auch das 'Bamberger Hörnchen'.

■ **Pflanzen mehrfach anhäufeln.** Drei Wochen nach dem Pflanzen damit beginnen, beim Hacken immer etwas Erde an die Pflanzen zu schaufeln – je nach dem, wie weit das Kraut aus dem Boden gewachsen ist. Besser in drei bis fünf Durchgängen zunehmend anhäufeln als einmal »die Knollen beerdigen«, sagt Karsten Ellenberg. Denn so wachsen die Pflanzen besser. Darauf achten, dass das Hauptblatt frei bleibt und die Wurzeln nicht angekratzt werden.

■ **Qualität sichern.** Am Ende der Blühzeit schon mal eine Staude zum Naschen ausgraben und die Knollen begutachten. Zeigen sich Fraßgänge von Drahtwürmern oder schwarze Schorfstellen, bald ernten. Bei Knollenfäule mit der Ernte vier Wochen warten, bis alle befallenen Früchte komplett verfault sind und dann den gesunden Rest ernten. Man holt sich andernfalls infizierte Kartoffeln ins Lager.

■ **Ernte richtig terminieren.** Kartoffeln roden, wenn sie gut ausgereift sind. Dann haben sie dickere Schalen, trocknen nicht so schnell aus und halten länger. Zum Prüfen des Reifezustands eine Staude ausgraben. Hängen die Knollen noch an den Stolonen (das sind die »Nabelschnüre« zwischen Mutter- und Tochterknollen), ist es zu früh für die Ernte. Die Stärke – und damit das Aroma – hat sich noch nicht entwickelt. Ausgereift sind Knollen, wenn sie lose im Erdreich liegen und schalenfest sind. Das heißt, die Schale löst sich nicht, wenn man die Kartoffeln zusammendrückt und mit dem Daumen kräftig längs wischt.

■ **Kühl und dunkel lagern,** sonst werden die Knollen der Nachtschattengewächse grün und damit giftig. Optimal ist ein etwa vier Grad Celsius kühler Keller. Etwas anhaftende Erde konserviert, gewaschene Kartoffeln halten sich dagegen schlecht. Die sauberen Früchte im Supermarkt sind daher oft mit einem Schutzmittel behandelt.

Nährstoffe in 100 Gramm (gegart)
Energie 69 kcal – Wasser 80,1 g – Kohlenhydrate 14,2 g – Vitamin C 12 mg – Fett 0,1 g – Kalium 333 mg – Kalzium 6 mg – Magnesium 18 mg.

Sorten
'Ackersegen' (robust und hohe Krautfäuleverträglichkeit, gelb, mehlig bis vorwiegend festkochend, herzhaft, kräftig, cremig; prima für Salzkartoffeln, Gnocchi und Mus).
'Bamberger Hörnchen' (keine besonderen Resistenzen, aber so vital, dass sie seit etwa 1870 in Deutschland überlebt hat; gelb, speckig, erdig, würzig; leckere Pell- und Salatkartoffel).
'Blauer Schwede' (recht vitale Sorte, blaue Farbe; mürbe bis vorwiegend fest, süßlich, leicht erdig; gut für Püree, Salzkartoffeln, Suppe und Salat).
'La Bonnotte' (alte französische Sorte, rund, tiefgelbe Farbe, würzig, fruchtig; gut für Salat, zum Pellen, als Rosmarinkartoffel und im Gratin).
'Highland Burgundy Red' (rötlich, eher festkochend bis mehlig, schmeckt mild nach Maronen; lecker als Püree, im Salat oder süß in Strudel und Kuchen).
'Mayan Twilight' (erheblich kürzere Kochzeit, süßes, nussiges Aroma, angenehm trockenes Fleisch; ideal für Backkartoffeln und Kartoffelpuffer).
'Rosa Tannenzapfen' (wächst bei uns im Garten am besten; gelb, festkochend, erdig, würzig; gut für Salat und zum Pellen).

Pflanzkartoffeln selbst erzeugen

Absolut virusfreie Pflanzknollen gibt es nur aus dem Labor der Erhaltungszüchter. Und auch diese kann man nicht länger als vier, fünf Jahre »nachbauen« (das heißt Pflanzkartoffeln aus der eigenen Ernte entnehmen).
Angeboten wird zertifiziertes Pflanzgut, das maximal zu acht Prozent virusbehaftet sein darf. Als Faustregel gilt, dass man solche Knollen einmal nachbauen kann.
Ein alter Gärtnertrick ist: Bei einer gesunden Staude das Kraut herausziehen oder – aber nur, falls es nicht anders geht – dieses tief abschneiden, bevor die Kartoffeln ganz ausgereift sind. Damit vermindert man das Infektionsrisiko. Die Kartoffel anschließend in der Erde nachreifen lassen.
Einige Jahre lang kann das gut funktionieren. Wichtig ist, dass gesunde nicht neben kranken Pflanzen wachsen. Die für den Erhalt ausgesuchten Kartoffeln am besten weit weg, vielleicht bei einem Freund, heranziehen.

Kohl

Kohl trumpft auf. Er gehört zu den Charaktergewächsen im Garten. Die großen Blätter, die propere Figur, vor allem das satte Grün, das bis weit in den Winter hinein leuchtet, signalisieren Energie. Kohl hat Menschen am Leben erhalten – nicht immer auf delikateste Weise, was ihn zeitweise unverdient herabgesetzt hat. Jetzt entdeckt die Feinschmeckerküche das famose Kraut wieder.

Die Schönheit der Kohlköpfe hat schon die holländischen, spanischen und deutschen Stilllebenmaler des 17. Jahrhunderts begeistert. Die Oberflächen der Kugeln sind spiegelnd glatt oder wächsern, hoch gewölbt und fein genarbt. Die Blätter haben Rippen, Adern, Noppen, sind gerüscht, gefältelt, plissiert und gebogen. Endlose Gelegenheiten, allerhand Fertigkeiten in Lichtführung, Perspektive und Farbschattierung zu demonstrieren.

Doch Kohl ist nicht nur für altmeisterliche Maler ein Gewächs von Bedeutung. Seine symbolischen Werte, zum Beispiel die Eigenart, Klassen zu trennen – in die der Kohlsuppenesser und solche, die einzelne Röschen karamellisieren –, machen ihn zum Motiv für Film-, Literatur- und Kunstwelt.

Der Kohl hat Bedeutung

»The kraut« war ein Spitzname der Deutschen und auch Marlene Dietrich wurde im Hollywood der Nachkriegszeit so genannt. Das Kosewort spielte auf ihre kohlähnliche Frisur an und ließ auch etwas von der deutschen Sperrigkeit, dem Preußischen in ihrem Charakter mitschwingen. Kohl ist praktisch, ökonomisch, unschlagbar effektiv – aber nicht in all seinen Ausprägungen grenzenlos liebenswert.

»Der Kohl. Das Kraut. Ein Manifest« titelte 1998 die Schweizer Kulturzeitschrift »Du«. Eine ganze Ausgabe wurde mit eingeklebten Saattüten dem illustren Gemüse gewidmet. War das ein früher Vorbote der in die Redaktionen eingewanderten Lust am Küchengärtnern?

Nein, eher ein Zeichen der Überraschung, als man merkte, wie viel die Biographie eines Gemüses über Menschen und ihre Kultur verrät. Allein das Phänomen Blumenkohl erzählt Geschichte. Weißer als ein Hemdkragen und fest wie mit dem Korsett geformt, war er der Stolz des Selbstversorgers in den 1960er-Jahren, ein Ergebnis größter Sorgfalt und gewiefter Düngetechnik. Um ihn makellos zu halten, müssen die großen Hüllblätter über ihm geknickt oder zusammengebunden werden. Von allen Arten wird er am unansehnlichsten, wenn eine Raupe an ihm nagt. Ein schöner Blumenkohl war für den Gärtner wie ein Orden.

Orden tragen wir nicht mehr. Und Brokkoli, lockerer angesetzt, mit grünen Blütenknospen, hat den komplizierten Verwandten zur Seite gedrängt. 'Early sprouting Rudolph' heißt eine Sorte. Der Name allein macht sie begehrenswert. Im Herbst gepflanzt, können die lila-violetten Röschen schon Anfang Frühling gegessen werden. In England habe ich ihn im April gekostet. In Sachsen wollten wir es nachahmen. Die Saat lief auf, doch die Pflanzen kümmerten, litten schrecklich, krümmten sich und darbten. Vermutlich fehlte ihnen das englische Klima.

Danach gingen wir auf Nummer sicher und kauften im Gartencenter Jungpflanzen. Sie sind, wenn auch stolze Namen fehlen, robust und der Gegend angepasst. Im Übrigen bewirkte Brennnesseljauche wahre Wunder. Wir hätten mit unserem Brokkoli auf eine Gartenausstellung gehen können. Auch bei den abgezählten Pflanzen konnten wir nicht dagegen anessen. Weiß- und Rotkohl wuchsen zu Giganten. So ging es zwei Jahre. Es war Anfängerglück. Im dritten hatten die Schädlinge entdeckt, dass nicht nur bei den Nachbarn, sondern auch in unserem Garten wieder etwas zu holen ist. Von nun an hieß es: mit Tricks arbeiten. Peinlich auf Fruchtfolgen achten und auswählen. Grünkohl ist bisher der sicherste Kandidat.

ROTKOHL SCHMÜCKT und klärt über den Boden auf. Denn sein Saft ist ein pH-Messer: je roter der Kohl, desto saurer der Acker.

WEISSKOHL liefert die Köpfe für das Sauerkraut. Seine großen Blätter wirken heilend auf schwärende Wunden.

196 Gemüse | Kohl | SAUERKRAUT-KÜCHE

Sauerkraut-Küche

Vor Jahren habe ich für eine Geschichte über Umgebindehäuser in der Oberlausitz einen Zimmermann – einen Spezialisten für Fachwerk in dieser Gegend – besucht. In der großen Blockstube seines restaurierten Hauses standen unter dem Küchentisch fünf Plastikwannen mit jeweils einer Kruke: Der Zimmermann betreute für sich und vier befreundete Familien das Sauerkraut. Jede hatte es nach ihren Rezepten zubereitet. Er goss Wasser nach, wenn es in der eigens dafür vorgesehenen Rinne im Deckel verdunstet war. Die Wannen waren dafür da, das Wasser aufzufangen, das beim Gären über den Rand spritzt. »Zu Weihnachten«, erzählte er, »werden die Kruken geöffnet. Das erste Sauerkraut wird Heiligabend mit Kartoffelpüree und Wurst gegessen.« In der Oberlausitz ist das noch heute Brauch. Auch Uwes Eltern haben ihr Sauerkraut selbst gemacht. Die Bauern im Dorf schon nicht mehr. Wir haben vor vier Jahren damit angefangen. In diesem Fall nicht, weil das Gekaufte nicht schmeckt – bei Sauerkraut ist da kein großer Unterschied zu merken –, sondern weil uns das Tun gefällt. Und so geht es:

Sauerkraut selbst gemacht

■ **Köpfe putzen**, vierteln und aus jedem Teil den Strunk herausschneiden. Danach mit einem großen scharfen Messer oder einem Krauthobel (kostet etwa 90 Euro) fein schnitzeln. Wie fein, hängt vom persönlichen Geschmack ab. Wir mögen es so, dass der Kohl noch zu beißen ist.

■ **Kraut stampfen.** Die erste, gut zweifingerdicke Lage in den Krug geben und so lange stampfen, bis sie etwa einen Zentimeter dünn geworden ist. Das Stampfen quetscht die Zellwände auf, sodass der fürs Gären (Fermentieren) nötige Saft austreten kann, und es verdrängt die Luft (den Sauerstoff) zwischen den Krautspänen. Den Vorgang, Lage für Lage, so lange wiederholen, bis der Krug zu Dreiviertel gefüllt ist. Nicht voller, das Gären braucht Platz.

■ **Salzlösung kochen.** 15 Gramm Salz pro Liter reichen. Mit Kohl-, Wein- oder Meerrettichblättern abdecken und den Beschwerungsstein auflegen (er wird bei neuen Kruken mitgeliefert). Das Kraut zusätzlich zum eigenen Saft mit der Salzlösung bedecken. Die Flüssigkeit soll über dem Stein stehen.

■ **Gärung beobachten.** Deckel aufsetzen und das Ganze in einer Plastikwanne in eine nicht zu warme – aber auf jeden Fall frostfreie – Ecke stellen. Der Krukendeckel hat eine Rinne, die mit Wasser gefüllt wird. Gärt das Sauerkraut, entsteht Kohlendioxid, das mit mächtigem »Blubb« immer wieder aus dem Topf und durch die Wasserrinne entweicht. Es erzeugt im Inneren eine Schutzatmosphäre, die den Kohl vor Schimmel bewahrt. Darauf achten, dass die Wasserrinne nie austrocknet.

■ **Sauerkraut konservieren.** Nach vier bis sechs Wochen ist der Gärvorgang abgeschlossen. Man merkt es, das Kraut wird ruhig. Beim Entnehmen peinlich auf Sauberkeit achten. Kraut wieder abdecken und aufpassen, dass über ihm Flüssigkeit steht. Zeigt sich trotzdem auf der Oberfläche Schimmel, ist das nicht gefährlich. Einfach den Schimmel großzügig entfernen, das Kraut darunter ist in Ordnung. Wem das unheimlich ist, der kann das Sauerkraut partienweise einfrieren. Wir tun es auch, es ist bequemer.

Konservieren mit Milchsäuregärung

Fürs Herstellen von Sauerkraut nutzt der Mensch die Milchsäuregärung. Eine Konservierungstechnik, die er mindestens seit der Jungsteinzeit vor rund 10 000 Jahren praktiziert. Bakterien wandeln die in Pflanzen und Milch enthaltenen Kohlenhydrate in Milchsäure und Kohlendioxid um. Bei dem Gärungsprozess wird der Sauerstoff verdrängt, den Schimmelpilze und Bakterien zum Leben brauchen. Bei einer Milchsäuregärung bleiben die wichtigsten Nährstoffe erhalten – im Sauerkraut unter anderem das Vitamin C. Seefahrer nutzen es seit der Mitte des 18. Jahrhunderts, um der Vitamin-C-Mangelkrankheit Skorbut vorzubeugen.

Das Kraut braucht den Apfel

Sauerkraut muss nicht immer deftig zubereitet sein. Wolfram Siebeck, Kenner, Tester, Feinschmecker, weist auf das Elsass hin, wo das Kraut zum Fischfilet gegessen wird. Sein Rezept basiert auf der Verwendung von Apfel, der ist für ihn »eminent wichtig«. Denn er gibt dem Kraut »eine fast elegante Leichtigkeit«.
Für ein knappes Kilogramm Sauerkraut nimmt er zwei in Scheiben geschnittene Äpfel, eine gehackte Zwiebel, zwei Esslöffel Butter, einen viertel Liter Weißwein, drei Lorbeerblätter, sechs Wacholderbeeren, eine Chilischote und Salz nach Belieben. Die Zwiebeln werden mit Butter angeschwitzt, das Sauerkraut dazugegeben, Wein, Äpfel und Gewürze ergänzt. Eine knappe Stunde gart das Ganze. Dazu Kartoffelpüree – und ein Glas Gewürztraminer, wie Superkoch Bocuse empfiehlt. Wolfram Siebeck findet das exzentrisch. Uns schmeckt das auch.

WEISSKOHL IST ZUM WICKELN DA

Aber nicht nur das. Er ist das Multitalent unter den Gemüsekohlen und führt, weltweit angebaut, ihre Statistik an. Kohlrouladen mit Hackfleisch und Kümmel sind eine Spezialität an den Theken von Hamburgs Vorzeige-Schlachtern. Weißen Rohkostsalat gibt es sowohl in der Uni-Mensa wie in der Feinschmeckerküche. Doch da werden fein gehackter Weißkohl und Fenchel gepaart, mit Zucker und Rosmarin, Zitronensaft, Senf, Knoblauch und Koriander gewürzt. Lebensrettende Qualität bekommt der Weißkohl als Konserve: Mit Sauerkraut schützten sich Seeleute auf langen Reisen bis weit ins 19. Jahrhundert vor tödlichem Skorbut. Und gewickelt wurden nicht nur Rouladen. Krautwickel (aus Blättern, die mit dem Nudelholz gewalkt sind) werden heute noch empfohlen zur Heilung schwärender Wunden und als Labsal bei Gicht.

■ **Weißkohl brennt sich ein.** Schnur spannen, mit dem Spaten Schlitze in die Erde rütteln, die Pflanzen einsetzen und festtreten. Vielleicht noch etwas wässern. Etwa zwei Tage hängen die Blätter schlapp, spätestens danach richten sie sich auf.
■ **Kopfdüngungen** mit Brennnesseljauche machen Weißkohl mächtig. Tomaten und Sellerie gelten als gute Nachbarn.

Nährstoffe in 100 Gramm (frisch)

Energie 25 kcal – Wasser 90,5 g – Kohlenhydrate 4,2 g – Vitamin C 45,8 mg – Fett 0,2 g – Kalium 208 mg – Kalzium 46 mg – Magnesium 23 mg.

Sorten

'Amager' (spät, sehr fest, zum Einlagern für den Winter empfohlen); 'Wädenswiler' (mittelspäte Sorte aus der Schweiz); 'Slava' (russische Sorte, oft mit rosigen Rippen, schön als Rohkost, nicht sehr lagerfest); 'Filderkraut' (aus der Nähe von Stuttgart stammende, schon 1772 erwähnte Spitzkohl-Sorte, mittelspät, zuckerreich, mild, gilt als hervorragende Sorte für Sauerkraut, verbreitet beim Kochen kaum Kohlgeruch, bedingt lagerfähig).

ROTKOHL GEFÄLLT FEINEN NASEN

Wer Kohlgestank verabscheut, wählt den Roten. Unter all seinen Verwandten riecht er am unaufdringlichsten. Im Gegensatz zum weltläufigen »Weißkabis«, wie sein hellhäutiger Bruder im Süden genannt wird, hat er eine eher nationale Bedeutung, begrenzt auf uns und unsere Nachbarländer. Er ist der Süße unter den Kohlen, schmeckt mit Johannisbeergelee verfeinert oder lässt sich erst mit Orangen- und Zitronensaft marinieren, dann garen und anschließend karamellisieren.

Allgemeine Kohl-Regeln

■ **Jungpflanzen kaufen.** Die meisten Selbstversorger brauchen nur wenige Köpfe. Vorgezogen stehen sie ab April bei Gärtnern und auf dem Land vor Blumenläden bereit. Ausnahmen sind Grünkohl und Rosenkohl, die klassischen Wintergemüse. Ein Plätzchen für ihre Anzucht findet sich immer irgendwo.
■ **Kohl ist ein Vielfraß.** Um die große Blatt- und Blütenmasse aufzubauen, braucht er Feuchtigkeit und viel Stickstoff. Frischer Kompost und untergegrabener Rasenschnitt schaden Kohl nicht.
■ **Fruchtfolgen peinlich beachten.** Die enge Verwandtschaft seiner Arten führt dazu, dass die Mitglieder des Kohl-Clans unter ähnlichen oder gleichen Schädlingen leiden. Nur alle vier Jahre Kohl aufs gleiche Stück Land pflanzen.
■ **Kohlschädlingen vorbeugen.** Sind Weiße Fliegen, Kohlweißlinge und andere Schädlinge schon im Garten, die Pflanzen weit auseinandersetzen, etwa vier pro Quadratmeter. So selten wie möglich und nur, wenn die Pflanzen trocken sind, hacken. Kohl nicht in die Nähe von Raps- und Erdbeerfeldern setzen. Hat sich Kohlhernie, erkennbar an verkrüppelten Wurzeln, eingestellt, sieben Jahre lang auf dem befallenen Boden keinen Kohl setzen.
■ **Gründünger abstimmen.** Gelbsenf und Ölrettich gehören auch zu den Kreuzblütlern und sind daher ungeeignet. Daher Leguminosen wählen, also Klee und Lupinen. Auch gut ist, den Kohl auf Beete zu pflanzen, wo vorher Erbsen oder Bohnen wuchsen.
■ **Erntezeiten einhalten.** Kohl zum Einlagern mittags ernten und nur, wenn er abgetrocknet ist. Alle Gemüsekohlarten saugen sich bei Regen und Nebel voll Feuchtigkeit, wodurch sie später leicht faulen. Nicht warten, bis die Köpfe überreif sind und zu platzen anfangen.

Mit Rotkohl lässt sich über den Gartenboden spekulieren, denn enthaltene Anthocyane (Farbstoffe, bekannt als Fänger von freien Radikalen) machen seinen Saft zu einem pH-Indikator. Träufelt man Säuren (Essig, Zitronensaft) hinzu, färbt er sich rot, Basen (Backpulver, sprich Natriumbicarbonat) machen ihn tiefblau. Auf saurem Acker bekommt er eine rötliche Farbe, in alkalischer Erde wird er besonders blau. Das Gleiche gilt in der Küche. Mit Essig oder Wein zubereitet, wird er röter, Zucker ändert die Farbe ins Bläuliche.

■ **In der zweiten Junihälfte pflanzen,** ab Mitte Oktober ernten. Für Rotkohl gelten die gleichen Regeln wie für Weißkohl. Beim Pflanzen 40 Zentimeter Abstand wahren.

Nährstoffe in 100 Gramm (gegart)
Energie 18 kcal – Wasser 91,4 g – Kohlenhydrate 2,5 g – Vitamin C 22,9 mg – Fett 0,2 g – Kalium 135 mg – Kalzium 34 mg – Magnesium 11 mg.

Sorten
'Topas' (früh); 'Roodkop' (Schwarzkopf, mittelfrüh, feste Köpfe); 'Schwarzkopf' (mittelspät, bis drei Pfund schwere Köpfe).

BROKKOLI KOMMT AUS SÜDGRIECHENLAND

Oder aus dem östlichen Mittelmeerraum. Schon vor 2 000 Jahren scheint er bekannt gewesen zu sein und galt bei den alten Römern als eines der wertvollsten Gemüse – hilfreich gegen einen Kater nach Weingelagen. Sein italienischer Name beschreibt die Wuchsform: »broccoli« heißt Kohlsprossen. Typisch ist seine tiefgrüne bis blaugrüne Farbe. Catharina de Medici soll ihn aus Italien nach Frankreich mitgenommen haben, von wo aus er nach England gelangte. Thomas Jefferson (begeisterter experimenteller Gärtner und der dritte Präsident der Vereinigten Staaten, 1743–1826) baute ihn auf seinem Landgut Monticello an, hat jedoch keine besondere Notiz von ihm genommen. Erst in den 1920er-Jahren wurde er, vertraut gemacht durch die Rezepte der italienischen Emigranten, populär. In deutsche Gemüseläden kam er erst in den 1970er-Jahren, und in der Folge pflanzte man ihn auch in die Gärten.

Brokkoli ist der große Gesundheitskohl und Vitaminlieferant. Essbar sind nicht nur die Blütenstände, sondern auch der Stängel, bekannt als Spargelersatz. Nur kurz garen, am besten nur drei bis vier Minuten, in wenig Salzwasser. Schon bei fünf Minuten sind 20 bis 30 Prozent der Inhaltsstoffe verloren, bei zehn Minuten die Hälfte. Keine Aluminium- oder Kupfertöpfe nehmen, diese Metalle reagieren mit dem Schwefel im Gemüse, was übel riecht.

■ **Brokkoli ab Februar im Haus vorziehen,** Aussaat mit zwei Millimeter Erde bedecken. Ab März, April auspflanzen (mit Vlies gegen Frost schützen). Abstände von etwa 50 Zentimetern einhalten.

■ **Mit Brennnesseljauche düngen** (Kopfdüngung) und bei Trockenheit regelmäßig wässern. In heißen Sommern wächst Brokkoli schlechter.

■ **Ernten,** wenn die Hauptblume gut geformt, aber noch geschlossen ist. Diese mit einem 15 bis 20 Zentimeter langen Stängel (lecker) herausschneiden. Aus den Seitenknospen entwickeln sich neue Röschen.

Nährstoffe in 100 Gramm (gegart)
Energie 23 kcal – Wasser 90,5 g – Kohlenhydrate 1,8 g – Vitamin C 61 mg – Fett 0,2 g – Kalium 298 mg – Kalzium 112 mg – Magnesium 23 mg.

Brokkoli ist ein großer Kalziumlieferant – gut für Menschen, die keine Milch vertragen.

Sorten
In der Europäischen Union sind nach Auskunft des Vereins Dreschflegel 150 Sorten Brokkoli angemeldet. Nur noch etwa 20 davon sind samenecht. Gewerblich werden zunehmend mithilfe der Protoplastenfusion (Verschmelzung von Zellwänden im Reagenzglas) produzierte Hybriden angebaut, die einheitlich groß und zur gleichen Zeit erntereif sind. Im Handel finden sich zwei samenechte Sorten: 'Coastal Selection Z' (mittelgroßer Haupttrieb, viele Seitentriebe; bei Zollinger erhältlich); 'Calabrese' (mittelspät, muss rechtzeitig geerntet werden, da die Blüte sonst schnell locker wird).

DER KOHLWEISSLING gehört zu den großen Kohl-Schädlingen. Er legt seine Eier an den Blättern ab. Wenige Wochen später schlüpfen Raupen, die nicht nur die Blätter fressen, sondern sich auch in die Köpfe hinein nagen.

ROSENKOHL MACHT GROSS UND STARK

Gibt es ein Kind, dass dieses entsetzlich gesunde Gemüse mag? Für uns war der Tag gelaufen, wenn nach der Schule Rosenkohl mit Kartoffeln auf den Tisch kam. Ein schwacher Trost war die Frikadelle. Erstaunlich, wie sich Geschmack im Lauf der Zeit ins Gegenteil verkehren kann. Heute sind die Kugeln Lieblingsspeise.

Man kann Rosenkohl bereits im 16. Jahrhundert in Belgien und den südlichen Niederlanden nachweisen. Von dort hat er sich erst einmal nach Nordeuropa und England ausgebreitet. »Brussel Sprouts« heißt er deshalb in Großbritannien. Rosenkohl wird zu den Feingemüsen gezählt, was zu kapriziösen Rezepten führt. Man hackt ihn in nicht zu feines Haschee, würzt ihn mit Zitrone, Muskat und Cayennepfeffer oder gart ihn in Entenfond, um ihn anschließend zu karamellisieren. Wichtig ist, dass man die Röschen nicht zerkocht. Sechs bis sieben Minuten reichen.

- **Rosenkohl wächst langsam.** Bei heißem, trockenem Wetter wird er bitter, daher nicht zu früh auspflanzen. Mitte Mai säen, pikieren, Mitte Juni auspflanzen, dabei nach allen Seiten einen Abstand von 50 Zentimetern halten. Immer wieder darauf achten, dass die Erde um die Pflanze fest bleibt. Wenn sich Ende September noch keine Röschen gebildet haben, die Spitze der Pflanze ausbrechen.
- **Nicht zu viel düngen,** das mindert den Geschmack. Achtung: Entspitzen mindert die Winterhärte.
- **Die Ernte beginnt,** wenn die ersten Röschen einen Zentimeter dick sind – und reicht von November bis Januar, manchmal Februar. Zu kleine Kugeln weiterwachsen lassen. Kühl aufbewahrt, hält sich geernteter Rosenkohl etwa drei Wochen.

Nährstoffe in 100 Gramm (gegart)
Energie 28 kcal – Wasser 88 g – Kohlenhydrate 2,2 g – Vitamin C 47,3 mg – Fett 0,3 g – Kalium 182 mg – Kalzium 27 mg – Magnesium 12 mg.

Sorten
'Rodnerf' (hoch, mit rötlichen Blattstielen, relativ früh); 'Harald 51' (eher niedrige Pflanzen mit mittelgroßen Röschen, mäßig winterhart, feine Struktur; bei Dreschflegel); 'Noisette' (alte Sorte; bei Magic Garden Seeds); 'Rubine' (kleine, rot-violette Röschen, wächst langsam); 'Wilhelmsburger' (mittelfrüh, relativ feste Röschen; alte Sorte, bei Joachim Pohlmann, Gärtnerhof am Stüffel e.V.); 'Abunda' (spät, große Röschen, etwas locker; alte Sorte, ebenfalls bei Joachim Pohlmann).

Alles Kohl

Brassica, der Kohl, ist eine eigene Gattung innerhalb der Familie der Kreuzblütengewächse. Deren unverkennbares Merkmal sind die kreuzförmig angeordneten gelben Blüten. Fast jeder kennt sie vom Raps. Vielleicht auch von Gelbsenf, Rauke (Rucola) oder Radieschen, wenn es in Blüte gegangen ist.

Brassica oleracea (*olus* hieß Kohl im alten Rom; *olitor* der, der ihn anbaute) bezeichnet innerhalb der Gattung die Gruppe der Gemüsekohle. Noch heute wächst die Wildform auf Felsen und Stränden im Mittelmeerraum, an den atlantischen Küsten Englands und Spaniens sowie als letzte Bastion in Deutschland auf Helgoland. Damit gehört Kohl wie Sellerie zu den wenigen Gemüsen, die einen nordeuropäischen Ursprung haben.

Die unterschiedlichen Entwicklungen und Mutationen, unterstützt von Auslesen, die der Mensch vornahm, sind verhältnismäßig jung. In der Antike wurde das Kraut zwar gegessen, doch es scheint noch keine Kopfkohle gegeben zu haben. Wie jung die Arten sind, ist auch daran abzulesen, dass sie sich, einschließlich der Wildform, alle untereinander kreuzen.

Essbar ist am Kohl fast alles. Sortiert man seine unterschiedlichen Formen und Arten, lassen sich so viele Gruppen bilden, wie es Teile an einer Pflanze gibt.

Verspeist werden bei:
- **Grünkohl** die mitunter palmwedelartig großen, krausen oder glatten **Blätter**;
- **Kohlrabi** die über der Erde sitzende verdickte **Sprossachse**;
- **Blumenkohl und Brokkoli** die zum pompösen Ball oder dicken Knospen-Bouquet aufgetriebenen **Blütenstände**;
- **Rosenkohl** die zu kleinen Kugeln eng aufgerollten Blätter von gestauchten **Seitensprossen**;
- **Weiß-, Rot- und Wirsingkohl** die großen, löffelartig in sich gekrümmten Blätter des gestauchten **Hauptsprosses**.

Grünkohl

Grünkohl trotzt dem Winter. Er ist robust, schön anzusehen und pflegeleicht. Herangewachsen, kann ihn kein Unkraut unterkriegen. Er ist reich an Vitamin C und extrem gesund – wenn nicht die fette Zubereitungsart wäre, ein Überbleibsel aus Zeiten, in denen man sich mit Speck gegen Frost und Nässe wehrte. Doch es gibt Alternativen.

Wir haben mit Grünkohl immer Glück. Ob im Sachsenwald bei Hamburg oder in Sachsen, er wächst, es ist die blanke Freude. Auch die plötzlich in Massen vorhanden gewesenen Weißen Fliegen im Sommer 2010 sind nur vereinzelt über ihn hergefallen. Wir haben sie abgespült. Grünkohl ist die klassische zweite Tracht. Wenn die Frühkartoffeln geerntet sind, die Buschbohnen gepflückt und überständige Erdbeeren gerodet, ist er an der Reihe. In sächsischen Gärten ist Grünkohl weitgehend unüblich: »Der ist gut für Hühner«, sagen unsere Nachbarn. Tatsächlich reicht der traditionelle Grünkohlgürtel an der Küste entlang von Friesland bis Mecklenburg-Vorpommern nicht weiter hinunter als bis zur Höhe von Bielefeld und Braunschweig. Jenseits dieser Grenze sind andere Kohlarten populärer.

So ernten Sie knackigen Grünkohl

- **Ins Freiland säen.** Grünkohl ist ein Dunkelkeimer, Saat daher leicht mit Erde bedecken. Die gängigen niedrigen Grünkohlsorten im April bis Mai, die hochstämmigen Sorten (wie 'Ostfriesische' und 'Holter Palme') schon ab Mitte März säen.
- **Boden vorbereiten.** Im Herbst oder auch Frühjahr Kompost untergraben. Wie alle Kohlarten will Grünkohl gut ernährt werden. Pflanzen von Juni bis August auf frei werdende Kartoffel-, Bohnen- oder Erdbeerfelder setzen. 'Ostfriesische' und 'Holter Palme' werden gute vier Wochen früher gepflanzt, auf ihren Beeten haben als Vorkultur Salat oder schnell wachsende Rettiche Zeit zu gedeihen.
- **Weitflächig auseinanderpflanzen.** Grünkohl braucht Platz: 40 Zentimeter nach allen Seiten sind für niedrige Sorten nötig, 50 Zentimeter bei den hohen.
- **In Schüben ernten.** Ab September die unteren Blätter für Haustiere abpflücken, nach kühleren Temperaturen im Oktober die Krone ernten. Das Herz stehen lassen, es wächst bei milden Temperaturen weiter und liefert noch einige Mahlzeiten.
- **Saatpflanzen stehen lassen.** Grünkohl ist zweijährig und wie die meisten Kreuzblütler ein Fremdbestäuber, daher kann eine Einzelpflanze kein brauchbares Saatgut liefern. Bei den alten Sorten mindestens fünf Pflanzen nach der Ernte auswählen und in Saat gehen lassen. Der Spross treibt an den Stellen, wo Blätter abgeerntet wurden (den Blattachseln), neu aus und bildet Blüten. Da sich alle Mitglieder der Art *Brassica oleracea* (auch Brokkoli, Rosenkohl, Blumenkohl) untereinander kreuzen, Saatpflanzen weit entfernt von anderen Kohlarten stellen. Reife Schoten platzen auf. Die Saat ernten, wenn die ersten Schoten gut trocken sind, und kopfüber in eine Papiertüte stecken. Die Samen bleiben vier bis fünf Jahre keimfähig.

Nährstoffe in 100 Gramm (gegart)

Energie 28 kcal – Wasser 89,2 g – Kohlenhydrate 1,6 g – Vitamin C 41,6 mg – Fett 0,7 g – Kalium 216 mg – Kalzium 177 mg – Magnesium 17 mg.

Sorten

'Ostfriesische Palme' (hochwüchsig bis 1,80 Meter, grob gefiedert, mintgrün, im März/April auszusäen); 'Ostfreesken Groenkohl' (Palmentyp, aber glattblättriger); 'Rote Palme' (1,60 Meter, mild im Geschmack, gut als Salat, Rückzüchtung einer verlorenen Sorte von Reinhard Lühring); 'Holter Palme' (niedriger, bis 1,10 Meter, feinkraus, große Rosette, hellgrün, kräftig); 'Lerchenzungen' (schmal, lang, gekrauste Ränder, halbhoch); 'Toskanischer Palmkohl' ('Negro Romano', bis 90 Zentimeter hoch, eher etwas fürs Staudenbeet).

Grünkohl-Küche

Grünkohl mit Schafskäse ist ein Rezept von Reinhard Lühring für alle, denen Grünkohl mit Schweinebacke zu deftig ist: Zwiebeln anbraten, Kohl 10 bis 15 Minuten in Gemüsebrühe dünsten, mit Salz abschmecken. Mit gebratenem Schafskäse und Kartoffeln servieren.

- **Aufgewärmt schmeckt er besser.** Grünkohl ruhig mehrere Stunden früher zubereiten und zum Essen wieder erhitzen. Es bekommt ihm, wenn er ziehen konnte.
- **Ähnlich wie Brokkoli** treibt Grünkohl schmackhafte Knospen. Bei der Ernte können ruhig schon einige Blüten geöffnet sein.

Reinhard Lühring: ein Sammler **alter Gemüsesorten**

In Ostfriesland hat der Bauer über zwanzig alte Grünkohl-Sorten gefunden, außerdem Zuckererbsen, Bohnen und Schalotten. Für einige Menschen in der Küstenregion gehört das eigene Saatgewinnen immer noch zum Gärtnern. »Wertschätzung« nennt Reinhard Lühring das, und würde es gern wieder mehr Menschen beibringen.

Kurz vor Weihnachten ist für Reinhard Lühring in Rhauderfehn »Schicht«. Er hat seine in der vergangenen Saison gewonnene Saat gereinigt, fertig abgefüllt, dokumentiert und nach Witzenhausen zur Dreschflegel-Zentrale gebracht. Hundert Sorten verschiedene Gemüse: »Zwanzigtausend Tüten, ein ganzes Auto voll.«

Seit 15 Jahren ist der Bauernsohn Mitglied des Vereins Dreschflegel, dessen Ziel es ist, neben der industriell erzeugten modernen Saat, oft F_1-Hybriden, alte Gemüsesorten zu erhalten. Zuerst war es nur ein kleiner Haufen Eingeschworener, die Saat vermehrten, ihr Sortiment zu einer Liste zusammenstellten und diese auf kopierten Seiten an Freunde und Bekannte weitergaben. Heute haben sich 14 Biohöfe in ganz Deutschland zu einer lockeren Gemeinschaft zusammengeschlossen. Es gibt einen Katalog, einen Online-Shop, Online-Nachrichten und von Januar bis April über 200 Bestellungen pro Tag. Es gibt Dreschflegel als gemeinnützigen Verein, der nicht nur alte Kulturpflanzen sammelt, sondern sie auch weiterzüchtet und der sich gegen Gentechnik wehrt. Und es gibt die ökonomisch arbeitende Gesellschaft bürgerlichen Rechts, die das Saatgut der Dreschflegel-Biohöfe verkauft. Dabei geht es den Beteiligten nicht um ein nostalgisches »Früher-schmeckte-alles-besser«, sondern darum, die »Eigeninitiative zu fördern«.

»Wir sagen den Leuten: ›Macht selbst Saatgut‹ und zeigen ihnen in Seminaren, wie es geht. Und wollen das nicht als Konkurrenz zu unserer Produktion verstehen.« Reinhard Lühring wehrt sich gegen eine Welt, in der »nur die Dinge Bedeutung haben, die Geld fließen lassen.«

F_1-Hybriden von Rüben, Kohl und Salat sind zwar ertragssichere, kräftige Sorten. Aber sie können nur von der Industrie erzeugt werden. Dreschflegel macht den Menschen Regionalsorten zugänglich. Und bringt ihnen bei, wenn ihnen eine Bohne oder Erbse besonders gut schmeckt, deren Saatgut für das nächste Jahr selbst zu sichern. Früher war das normal. Tat man es nicht, hatte man keine Ernte und in der Folge nichts zu essen. »Auf einer Miniebene«, so Reinhard Lühring, »beginnen Menschen wieder, Verantwortung zu übernehmen« und nicht immer einfach zu kaufen. So wie er es formuliert, hört es sich fast so an, als ob er Süchtige dazu bringe, sich von einer Droge zu befreien.

Das »Spannendste« für ihn ist, klarzumachen, dass »man am Garten dranbleiben muss. Mit ihm ist es wie mit einem Haustier, das man füttern muss.« Das geht nicht nach dem Spaßprinzip. »Klar, im Frühjahr kriegen alle Lust, aber das ist im Juni schon fast vergessen.« Auch wenn Reinhard Lühring es mit keinem Wort sagt, macht er deutlich, dass einen Nutzgarten zu haben eine Lebenseinstellung ist. Er nennt das »Wertschätzung«.

Diese »Wertschätzung« habe Menschen in Ostfriesland dazu gebracht, ihre alten Sorten zu bewahren. Dabei gehe es, so Reinhard Lühring, nicht nur um

GRÜNKOHL wird vor dem Kochen klein geschnitten. Dafür gab es früher als eigene Werkzeuge den Holzeimer mit planem Boden und das Grünkohlkreuzmesser. Links: Reinhard Lühring zwischen lilastängeligem ‚Diepholzer Dickstrunk', einem Futterkohl, und der ‚Ostfriesischen Palme', beides lokale Sorten, die er anbaut.

PALMKOHL 'Negro Romano' erkennt man an blasigen Blättern. Eigentlich ist er ein Zierkohl. Der Geschmack sei »sehr herzhaft«, sagt Reinhard Lühring, »aber manchem schmecke auch das.« 'Rote Palme' mit lila-rötlichem Strunk und einem rötlichen Stich in den Blättern ist der mildeste Grünkohl von allen. Der Landwirt bereitet Saat zum Reinigen mit einer Schwingmulde vor. Das Grünkohlkreuzmesser hat er sich von einem Schmied anfertigen lassen.

Geschmack, sondern auch um »Vertrautheit, um Gewohnheit und Ritual«. Die eigene Saat ist etwas Elementares: »Die Menschen freuen sich darauf, sie jedes Frühjahr wieder auszubringen.«

Der Pflanzensucher und Sortenjäger hat in Ostfriesland neben Grünkohl viele Zuckererbsen, Bohnen und Schalotten gefunden. Allein für Grünkohl kann er 25 Herkünfte (also Sorten) nachweisen. Das sei zwar viel, doch nichts gegen die Menge an Kohl, die er bei einer Pilgerreise auf dem Jakobsweg im spanischen Galizien gesehen habe, sagt Reinhard Lühring. Dort gebe es eine ganze Blattkohlkultur, in jedem Dorf werde noch heute die eigene Sorte angebaut: »Ein hochstrunkiger Kohl, nicht kraus, sondern glatt, der geblättert wird.« Das heißt, die unteren Blätter werden an Tiere verfüttert, dann wird Stück für Stück nach oben abgeerntet, so wie früher in Ostfriesland auch.

Damals hatte der extrem gesunde, vitaminreiche Kohl mehrere über das Jahr reichende Nutzen. Ab September wurden die unteren Blätter an Hühner, Kaninchen, Schafe und Pferde verfüttert. Wenn es kalt geworden war – »Frost ist nicht nötig« – und der Kohl durch den verlangsamten Stoffwechsel süßer, erntete man für die Küche die Krone ab. Mal nahm man das besonders leckere Herz mit, mal ließ man es zum Weiterwachsen stehen, um im Februar und März bei mildem Wetter noch einmal ernten zu können. Mit dem Kohlstrunk wurde angefeuert.

Reinhard Lühring hat im letzten Jahr 60 Sorten Grünkohl im Vergleich angebaut, darunter 25 regionale. Er hat Ertrag, Blattformen, Standfestigkeit getestet und historische mit modernen Züchtungen verglichen. Sein Fazit: »Die Neuen sind nicht besser.«

Ein so großes Projekt wird er sich in diesem Jahr nicht wieder vornehmen. Neben dem Grünkohl ist erst einmal die »Verjüngung« etlicher Bohnensorten wichtig. Das bedeutet, um Kulturpflanzen rein zu erhalten, können sie nicht einfach Jahr für Jahr vermehrt werden, sondern werden in der sogenannten »Erhaltungszucht« auf ihre typischen Eigenschaften hin neu selektiert. Eine im Selbstversorgergarten selbstverständlich geleistete Arbeit, wo man für die Aussaat im nächsten Jahr immer nur die gesunden, wohlschmeckenden Pflanzen in Saat gehen lässt. Und noch etwas steht auf Reinhard Lührings Arbeitszettel. Er will die von ihm gesammelten Sorten »an die Menschen zurückgeben«, will Treuhänder finden, die den Grünkohl 'Lammertsfehn', die Buschbohne 'Topbleyes' oder die Wachszuckererbse 'Logabirum' in ihren Garten aufnehmen und erhalten.

Saat mit und ohne Prüfstempel

Als das Saatgutverkehrsgesetz geschaffen wurde, ging es darum, den Verbraucher zu schützen und Qualität zu sichern. Das Bundessortenamt prüft, ob Saat rein ist, zuverlässig keimt, gutes und gesundes Gemüse hervorbringt, und versieht die Pflanzen mit einem Prüfbericht, in dem die Eigenschaften der zugelassenen Sorten notiert sind. Nur sie dürfen in der EU kommerziell verkauft werden.

Solche Sortenanmeldungen kosten etwa 300 Euro pro Jahr. Aber bei alten Nutzpflanzen aus Selbstversorgergärten geht es um kleine und kleinste Mengen, da wird die jährlich zu entrichtende Gebühr teuer. Wenn es um den Erhalt der Biodiversität und damit die Sicherung von vielen regionalen Sorten an vielen Orten geht, ist, so glauben Reinhard Lühring und viele Gleichgesinnte, das Saatgutverkehrsgesetz zu einem Hemmschuh geworden, weil es die Weitergabe nicht zertifizierter Saat erschwert.

Dreschflegel, Arche Noah und andere »biologische« Saathandlungen schlagen daher einen Mittelweg ein. Sie geben historische Gemüse, die keine Zulassung haben, mit der Kennzeichnung »Erhaltungszucht« an ihre Kunden.

Kräuter

Kräuter sind Muntermacher
Petersilie
Schnittlauch
Knoblauch
Weitere Kräuter:
Basilikum bis Zitronenverbene

Kräuter sind Muntermacher

Sie liefern zusätzliche Vitamine, helfen wie Petersilie und Bohnenkraut beim Verdauen, putzen Herz und Adern. Wer immer noch glaubt, die grünen Stängel seien nur zum Würzen von Braten, Salat und Pizza da, verkennt die Talente im eigenen Garten. Wir haben Kräuter an zwei Stellen untergebracht. Die hitzeliebenden Arten in einem Separe mit ein paar Weinstöcken am Scheunengiebel, alle anderen am Rand und zwischen den Beeten fürs Gemüse.

So praktisch wie möglich, dicht am Haus, wachsen die wichtigsten Gartenkräuter. Knoblauch, Schnittlauch und Petersilie rahmen den Sellerie, die Bohnen oder was gerade neben sie gerät. Meine Pfefferminze für den Tee steht direkt neben dem Rhabarber. Zitronenverbene, ebenfalls für Tee, hat ihren Platz gleich vor der Hintertür.

In der heißesten Ecke unseres Gartens, an der Giebelseite unserer kleinen Scheune, haben wir einen Kräuter- und Weingarten angelegt. Die Scheunenwand und eine aus Bruchsteinen aufgesetzte Mauer fangen die Wärme ein, sodass wir schon im frühen Frühjahr und noch im späten Herbst einen geschützten warmen Platz haben. Im Sommer ertragen die sächsische Sonne nur mediterrane Kräuter, die Reben und eine Feige, die hier seit Jahren in jedem Winter bis auf den Boden zurückfriert. Noch haben wir den Bogen nicht raus, wie die Feige am besten über die kalten Monate zu bringen ist. Packen wir sie ein, fressen ihr die Mäuse die Rinde ab. Lassen wir sie ungeschützt, erwischt sie der Frost, der hier bis zu 25 Grad minus erreicht.

Der Winkel aus Mauer und Giebel hat die Form vorgegeben. In ihm haben wir einen einfachen, teilweise doppelten Rahmen aus kniehohen Trockenmauern aufgesetzt. Sie ergeben etwa kniehohe Hochbeete. In der Mitte bleibt ein großes vertieftes Quadrat. In den Beeten wächst: Bronzefenchel, der nach etlichen missglückten Versuchen in dieser warmen Ecke endlich auch bei uns gedeiht. Monarde, weil sie Blüten hat, die aussehen wie kleine besäumte Nadelkissen und die Bienen locken. Aus ihren Blättern soll sich leckerer Tee machen lassen. Thymian, der sich reichlich aussät und beginnt, einen dicken Pelz über die Steine zu ziehen. Salbei in Sorten, wichtig, um, in der Pfanne geröstet, die Gnocchi zu würzen und als bester Tee bei Halsschmerzen. Bergbohnenkraut, das wie der Thymian die Mauern polstert und der zur Bohnenküche gehört. Und Rosmarin, der Lamm und Röstkartoffeln würzt und, wenn man seine Zweige wie Zöpfe durch die Hand gleiten lässt, die Finger parfümiert. Nur für den Duft wachsen hier auch Perovskie, Schokoladenblumen *(Cosmos atrosanguineus)* und Wilddahlien, deren Blüten man zwar essen kann, die wir aber lieber anschauen.

Zwischen dem Thymian beginnt eine kleine Truppe verschiedener Wegeriche zu wachsen, deren Blätter zu Brei gekaut bei Mücken- und Bienenstichen und anderen Hautreizungen helfen. Die seltsam archaisch wirkende Pflanze bildet Rosetten aus schmalen oder breiten Blättern, die auch rot sein können *(Plantago major* 'Rubrifolia'*)*, pink geadert *(Plantago subnuda)* oder an der Spitze geschlitzt wie beim Hirschhornwegerich *(Plantago coronopus)*. Dieser schmeckt nussig und wurde schon im 16. Jahrhundert in Italien angebaut, wo man ihn als Beigabe zu Wachteleiern verspeiste. Wegerich bildet als Blütenstand Ähren aus, die mitunter bizarre Formen bilden, so wie bei *Plantago major* 'Rosularis', einer begehrenswerten Trophäe für Liebhaber.

Kräutersammlungen sind eine Last

Nicht ein Thymian – ein Dutzend und mehr sind zu haben. Nicht ein Salbei, sondern eine Kollektion, die nicht einmal zur Hälfte winterhart ist, dafür die schönsten nagellackroten und mittelmeerblauen Lippenblüten treibt. Oder deren Blätter nach süßer Ananas, nach »007-extra-starker-Kerl« (Muskatellersalbei) duften oder weich wie Welpenflaum sind. Nicht eine Minze, sondern ein ganzes Buch voller Sorten ist zu unterscheiden und macht die Auswahl ganz schön schwer. Dabei benehmen sich die bei der leichtesten Berührung duftenden Gewächse aufdringlicher als Kleinkinder. In kürzester Zeit haben ihre Wurzeln den Weg

DER KRÄUTERGARTEN wie er einmal aussehen soll. Im ersten Jahr glich er eher der Stätte einer archäologischen Grabung. Doch spätestens in zwei Jahren werden wir anfangen, Pflanzen umzusetzen und vielleicht manches wegzunehmen.

in jede Ecke der Beete gefunden, in die man sie einmal hineingelassen hat. Das ist kein Drama, denn sie wurzeln nur dicht unter der Oberfläche und lassen sich demnach leicht herausreißen, wenn es zu viel wird.

Kräuter haben zwei Leben

Der Gartentechniker unterscheidet zwischen ein- und zweijährigen sowie ausdauernden und winterharten Kräutern. Ein- und zweijährige sind solche, die jedes Jahr neu gesät werden. Zu ihnen gehören einige der wichtigsten Kräuter wie Dill, Kerbel, Basilikum und die Kapuzinerkresse. Die ausdauernden sind Minigehölze aus dem mediterranen Raum, die lange an einem Platz bleiben, bis sie irgendwann auswintern. Sie lieben alle die Sonne. Ihre Wurzeln faulen in nasser Erde. Durch Absenker oder Stecklinge lassen sie sich leicht vermehren und für den Garten den Nachwuchs sichern. Das sind vor allem Salbei, Bergbohnenkraut, der selten winterharte Rosmarin und Thymian, der sich durch Aussäen selbst erhält. Winterhart, robust und auf ewig treu sind Majoran und Schnittlauch, Minzen, Zitronenmelisse und Meerrettich. Letzterer ist gut zu haben, aber nie wieder aus dem Garten zu kriegen und wird darum in einer weit entfernten Ecke untergebracht. Bei uns hat er sich irgendwie von selbst am Ende der Obstwiese angesiedelt.

Kräuter geben gute Paten

Richtig dirigiert, helfen Kräuter anderen Pflanzen. Tagetes besiegt Wurzelälchen, das ist lange erprobt. Ringelblumen heilen den Boden. Wermut beschützt Johannisbeeren gegen Rost. Borretsch und Beinwell befördern mit ihren langen Wurzeln Mineralstoffe aus der Tiefe des Bodens in ihre Blätter und damit an die Oberfläche. Auf Baumscheiben gepflanzt, ein- oder zweimal im Jahr heruntergeschnitten und liegen gelassen, sind sie der perfekte, sich selbst erneuernde Dauermulch. Ebenso Kapuzinerkresse, die, ohne gestutzt zu werden, einen dicken Teppich auf die Baumscheibe legt. Außerdem heißt es: Weiße Fliegen, die in großen Mengen die Kohlbeete überfallen, würden von intensivem Zitronenduft vertrieben. Wir werden es versuchen und zwischen die Reihen Zitronenmelisse pflanzen.

Wildkräuter sind große Poesie

Junge Gierschblätter, Brennnesselspitzen, Vogelmiere, Wegwarte, Gundermann – wir brauchen nur unsere Obstwiese abzugehen und haben die Gepriesenen im Korb. Wildkräuterküche ist Mode. Warum? Vor gut sechzig Jahren waren sie, ähnlich wie heute, Gegenstand der Propaganda. In den Kriegs- und Nachkriegsjahren herrschte blanke Not. Giersch und Brennnessel mussten ersetzen, was es nicht gab. Das macht sie nicht vitaminreicher, nicht gesünder und auch nicht schmackhafter als die über Jahrhunderte auf ihr Aroma hin ausgelesenen Stängel und Blätter. Eine Ausnahme besteht: Löwenzahnblüten, frisch vom Stängel geknipst, ganz jung, ganz gelb in den Mund gesteckt, schmecken wie die Schmetterlinge, die Salman Rushdies Heldin in dem großen Fabelmärchen »Mitternachtskinder« verzehrt.

Wenige Kräuter leisten mehr

Sicher gewinnt der Feinschmecker fünf verschiedenen Basilikumarten immer neue Aromaerlebnisse ab. Doch die meisten Menschen gelangen mit einem knappen Dutzend einfacher Stängel eher ans angestrebte Ziel. Was mehr zählt als eine Kollektion von Besonderheiten ist die Menge. Viel Schnittlauch, viel Gartenknoblauch, reichlich Petersilie. Quantität ist auch eine Qualität. Der Autor eines Gartenbuches aus den fünfziger Jahren berichtet davon, dass er ein Jahr lang alle Kräuter pflanzte, die er bekommen konnte, nur um zu testen, was wirklich in der Küche gebraucht wird. Er kam auf ein knappes Dutzend, mehr nicht. Und schon das ist reichlich. Denn die Würzkräftigen sind nicht alle leicht in Schuss zu halten, sondern brauchen etwas Pflege.

Im Juni glänzt der Kräutergarten

Danach beginnt das Wüten. Artemisien und Estragon wachsen wie toll, keiner braucht so viel. Ampfer und Zitronenmelisse säen sich in alle Richtungen aus. Das Basilikum wächst zu »Kraken« heran. Die Pfefferminze schiebt Ausläufer in jeden erreichbaren Winkel. Das wäre nicht schlimm, weil sie unübertroffen lecker ist. Doch leider bilden ihre Tentakel ein Piratennest für Giersch und Winde. Die Erfahrung zeigt, dass ein nach dekorativen Gesichtspunkten angelegter Kräutergarten im zweiten Jahr am besten aussieht. Soll er weiter glänzen, muss jedoch spätestens ab dem dritten Jahr geteilt, umgesetzt und neu gepflanzt werden. Leichter ist es, mit den Kräutern praktisch zu verfahren, rein nach Zweck Reihen und Quadrate zu pflanzen, die bei Bedarf schnell gerodet sind, großzügig Mauern mit Würzpolstern zu besiedeln und einige Pflanzenschönheiten wie den Fenchel ohne Plan wandern zu lassen. Übrigens: Vielleicht freuen sich andere Kräuterfans wie Nachbarn, Freunde oder Verwandte über einen Ableger.

BERGBOHNENKRAUT UND THYMIAN (rechts) haben beide die Eigenschaft, dicke kleinblättrige Polster zu bilden. Besonders Thymian fühlt sich in unseren Trockenmauern so wohl, dass er sich reichlich selbst aussät und kleinste Ritzen besiedelt. Damit verwandelt er die Kräuterecke in einen duftenden Senkgarten.

Kräuter-Küche

Einige Kniffe helfen, um aus der großen Menge von Kräutern das Richtige für den individuellen Garten zu wählen:

■ **Persönliche Kochvorlieben** Christopher Lloyd, der lässige Gärtnerkoch, hatte zum Beispiel im Lauf seines langen Lebens für Salate ein bestimmtes Würzrepertoire erstellt. Er nahm stets einige Blätter Kerbel, nicht zu knapp Dill, etwas Ampfer, dazu manchmal etwas Liebstöckelblatt und eine Fingerspitze gehackten Estragon. Während manche Köche Rosmarin als aufdringlich meiden, findet man ihn in Jamie Olivers Rezepten auffallend häufig. Auch Deutschlands Fünf-Sterne-Meisterkoch Michael Hoffmann aus Berlin (Margaux) kultiviert eine kapriziöse Gemüseküche. Ampfer scheint zu seiner persönlichen Kräuternote zu gehören.

■ **Kulinarische Erfolgspaare:** Rosmarin würzt Röstkartoffeln, Estragon gehört ans Huhn, Dill an Fisch und Gurken, Kerbel ans Omelett, Basilikum an die Tomaten. Zitronenmelisse schmeckt köstlich in fruchtigen Quarkspeisen.

Drei über lange Generationen in ihrer Wirkung erprobte Küchen-Klassiker sind:

Grüne Sauce

In Frankfurt bereitet man sie traditionell ab Gründonnerstag aus sieben Kräutern zu: Petersilie, Schnittlauch, Kresse, Borretsch, Pimpinelle, Kerbel, Sauerampfer werden fein gewiegt, dann mit Vollmilchjoghurt, saurer Sahne, Zitronensaft, etwas Meerrettich, süßem Senf, Salz, schwarzem Pfeffer und Zucker – alternativ mit saurer Sahne, Weinessig, Salz, weißem Pfeffer und grob gehackten Eiern – vermengt. Dazu gibt's neue Kartoffeln und hart gekochte Eier.

Bouquet garni

Das Kräutersträußchen würzt Saucen, Suppen, Eintöpfe und Bouillon. Es wird mitgegart und vor dem Anrichten entfernt. Praktisch ist es, die Stängel mit einer Schnur zu bündeln und ein Fadenende über den Topfrand hängen zu lassen, an dem das Bouquet wieder herausgefischt wird. Für das Sträußchen eignet sich, je nach Art des Gerichts, was im Garten zu finden ist: Petersilie, Thymian, Estragon, Dill, Kerbel, Liebstöckel, Ampfer und Sellerieblätter. Ausgenommen sind Kräuter, die beim Kochen alles Aroma verlieren, wie Melisse.

Pesto

Diese Nudel-Beigabe besteht aus Olivenöl, Parmesan (oder Pecorino), Pinienkernen, grobem Salz, Knoblauch und Kräutern – erprobt sind Basilikum, Rucola, Zitronenmelisse und Bärlauch. Die Kräuter werden zerhackt, zerstoßen *(pestare* ist italienisch für zerstampfen) und mit dem Übrigen zu einer sämigen Paste verarbeitet. Nuss, Öl, Käse und Kräuter werden zu etwa gleichen Teilen verwendet, ein bisschen mehr Öl, etwas weniger Nuss vielleicht. Um den Kräutergeschmack abzumildern, ersetzt manchmal Petersilie ein Drittel der Kräuter. Damit die Delikatesse lange hält, den Rand des Behälters sorgfältig abwischen und das Pesto neu mit Öl bedecken. Es hält im Kühlschrank gut zwei Wochen.

KRÄUTERTEE schmeckt von frischen Pflanzen gebraut am leckersten. Die zweitbeste Variante sind selbst getrocknete Blätter aus dem eigenen Garten. Pfefferminze und Salbei besser vor der Blüte pflücken, bündeln und an einem trockenen, luftigen Ort aufhängen. Wichtig: Die Bündel nicht zu dick machen und sie vor dem feuchten Wetter im Herbst abnehmen, durchsortieren und in luftdichte Behälter packen. Zitronenverbene kann noch kurz vor dem Frost geerntet werden.

Kräuter | Kräuter-Küche 217

Petersilie

Petersilie nährt den Aberglauben. Sie wächst am besten, wo die Frau die Hosen anhat, sagt der Volksmund. Vielleicht weil Petersilie viel Aufmerksamkeit braucht, um zu gedeihen. Vielleicht auch, weil sie zwar gesund, aber nicht immer populär ist. Doch wenn es einem die Petersilie verhagelt, ist fast Unmögliches geschehen. Worin steckt, dass Petersilie nahezu unverwüstlich ist, wenn sie erst einmal wächst.

Kein Aberglaube besteht ohne realen Hintergrund: Hätten wir zum Beispiel gewusst, dass Petersilie nach dem Säen erst nach Rom reisen muss, um sich beim heiligen Petrus die Erlaubnis fürs Auflaufen zu holen, wären wir eher erfolgreiche Petersiliengärtner geworden. So haben wir das übermäßig lange Ausbleiben der Keimblätter immer viel zu früh als Misserfolg verbucht. Denn die Petersilie ist nicht nur ein Licht-, sondern auch ein Langzeitkeimer. Sechs Wochen kann es dauern, bis sie endlich aufläuft. Außerdem braucht Petersilie humusreichen, am besten lehmhaltigen Boden und fordert – unverträglich mit sich selbst und allen anderen Doldenblütlern wie Dill, Kümmel, Sellerie und Fenchel – mit jeder Aussaat einen neuen Platz im Garten.

Nicht gerade wenige Ansprüche für ein nicht nur international, sondern über alle Zeiten erfolgreiches Küchenkraut. *Parsley* heißt sie in England, *persilja* in Schweden, *persil* in Frankreich, die alten Lateiner sagten *Petroselinum*, die Lübecker nannten es Peterssöll, die Schwaben Peterling, die Bayern Peterzimmel und die Rheinländer Zickzackkraut.

Im Mittelalter galt Petersilie als mächtiges Zauberkraut, man nutzte sie als Abtreibungsmittel, was bei zu hohen Dosen nicht selten zum Tod führte. Weshalb in kaum einem alten Kräuterbuch der Hinweis fehlt, dass Schwangere keine Petersilie essen sollten. »Sie hilft Männern aufs Pferd, Frauen unter die Erd'«, hieß es im Volksmund. Tatsächlich enthält die Pflanze Myristicin (wirkt halluzinogen, erzeugt die würzig-scharfe Muskatnote) und Apiol (hilft bei Menstruationsbeschwerden, wurde für den Schwangerschaftsabbruch genutzt), beides Grundstoffe im ätherischen Petersilienöl, das neuerdings für die illegale Herstellung von Ecstasy-ähnlichen Designerdrogen genutzt wird.

Heute gibt es weltweit 219 Sorten Petersilie. In einem Projekt des Julius-Kühn-Instituts in Gatersleben (Quedlinburg) wurden die glattblättrigen und krausen Sorten auf ihren Gehalt an ätherischen Ölen untersucht, um die Verwandtschaftsverhältnisse der Sorten zu klären. Ergebnis ist, dass sich deutlich Apiol- und Myristicin-Typen unterscheiden lassen.

Der aus dem Mittelmeerraum stammende Urahn der Pflanze war, so vermuten die Wissenschaftler, glattblättrig. Doch haben Gärtner schon früh Sorten mit krausen Blättern ausgelesen, um Petersilie von der ähnlich aussehenden, stark giftigen Hundspetersilie (*Aethusa cynapium*) zu unterscheiden, deren Blätter auf der Unterseite stark glänzen und die beim Zerreiben entfernt knoblauchartig riechen.

Seit dem 17. Jahrhundert ist sie ein etabliertes Küchenkraut, das fette Speisen verdauen hilft. Eine Kräuselschicht fein gehackter Petersilie auf Salzkartoffeln ist eine ebensolche Selbstverständlichkeit wie das Glas Wasser neben dem Espresso.

■ **Petersilie entfaltet nur frisch ihre Würzkraft.** Sie lässt sich auf der Fensterbank ziehen, im Garten in Vollsonne und Halbschatten. Petersilie im März in Töpfe säen und unter Glas vorziehen. Im späten April und noch einmal im Juni direkt an Ort und Stelle aussäen. Substrat und Boden sollten feucht bleiben. Radieschen haben sich als Markierungshelfer und Vorkultur bewährt, um die lange Keimzeit der Petersilie zu überbrücken. Da das Zickzackkraut zweijährig ist, hält es sich den Winter über gut im Beet.

■ **Für eine fortlaufende Ernte** die Pflanzen mit Kiefernzweigen schützen. Einmal in Gang gebracht, lassen sich mit Petersilie grüne Kräuselbordüren pflanzen.

Nährstoffe pro 100 g (frisch)

Energie 53 kcal – Wasser 81 g – Kohlenhydrate 7,4 g – Vitamin C 166 mg – Fett 0,4 g – Kalium 1 g – Kalzium 245 mg – Magnesium 41 mg.

Sorten

■ **Blattpetersilie**, *Petroselinum crispum*: 'Gigante di Napoli' (klassische Petersilie mit großen glatten Blättern, wächst nach Schnitt nach, hocharomatisch), 'Forest Green' (nicht ganz kraus, aromatisch), 'Mooskrause' (mittelkraus, niedrig), 'Grüne Perle' (dichtkraus, kräftig).

■ **Wurzelpetersilie**, *Petroselinum crispum* var. *tuberosum*: 'Berliner Halblange' (mittellange glatte, weiße Wurzel).

Schnittlauch

Die würzigen grünen Stängel sind neben dem Kopfsalat das am meisten gepflanzte Nutzkraut im Garten. Das ist eine direkte Folge seiner einfachen Pflege: Man kann mit Schnittlauch eigentlich nichts verkehrt machen. Wenn die Erde zu karg ist, schmeckt er halt wie Gras. Wird er nicht geteilt, werden seine Halme zu grünen Borsten. Reine Notwehr der Pflanze. Doch aufgeben würde sie nie.

Der Schnittlauch ist eines der kleinsten Mitglieder des großen Zwiebel-Clans, ein Verwandter von Schmuckpflanzen wie *Allium giganteum* oder *Allium christophii*, den prächtigen, mitunter meterhohen Kugellauchen mit tennisballgroßen Dolden. Was die Großen können, haben die Kleinen schon lange bewiesen. In Bauerngärten fassen sie Gemüsebeete ein und bilden Tuffs in Blumenrabatten. Die Blütenköpfe des Schnittlauchs sind nicht viel größer als Marzipankugeln und man kann sie essen. Sie haben ein ähnlich starkes Zwiebelaroma wie die Stängel.

Zwei Arten sind zu unterscheiden. Es gibt den seit dem Mittelalter in den Kräutergärten gezogenen *snitilouh, sniteloch, snideloich, snitloich, schnittling,* auf lateinisch *Allium schoenoprasum*, mit den Röhrenblättern. Der Renaissance-Gelehrte Tabernaemontanus (1522–1590) nannte sie »Pfeifflein«.

Und es gibt ein Kraut, das in Sachsen als Schnittlauch angeboten wird und das uns Norddeutsche zuerst verwirrte. Die Blätter sind platt ausgebildet, mit einem abgerundeten Ende, die Dolde locker, mit weißen Sternblüten. Vor allem schmeckt das Kraut nicht so zwiebelfrisch, wie wir es gewohnt sind, sondern wirkt nur wie eine Erinnerung an richtigen Schnittlauch. Das ist *Allium tuberosum*, der chinesische Schnittknoblauch, der eher wie Knoblauch schmeckt, aber milder und aus der Provinz Shanxi im Norden Chinas stammt.

■ **Schnittlauch ist eine treue Seele,** eines der verlässlichsten Kräuter, absolut frostfest und ausdauernd. Vor allen anderen Kräutern schieben sich seine Blätter im Frühjahr aus der Erde.

■ **Wenn der Boden feucht und nahrhaft ist,** legt er schnell zu und bildet dichte Zwiebelhorste, die mindestens alle drei Jahre, besser öfter, aufgenommen und geteilt werden. Nur auf diese Weise bleiben die Röhrenblätter knackig und saftig und verhungern nicht zu mickrigen grasigen Halmen.

■ **Blüten, die man nicht verspeist,** sollte man abschneiden, bevor sich daraus Saat bildet. Denn Zwiebelsämlinge sprießen wie grüne Haare aus dem Boden, was lästig sein kann.

Schnittlauch-Küche

Es gibt nichts Einfacheres in der Küche, als Schnittlauch zu verwenden. Man braucht kein Hackbrett, keine Kräuterwiege, nur die Schere. Mit der erntet man das Kraut und schnippelt es sogleich auf das Rührei, den Kartoffelsalat, den Quark, das Butterbrot oder, wie der famose Christopher Lloyd empfiehlt, auf gebackene Rote Bete: Diese kochen, abschälen, in eine ausgebutterte Gratinform geben, mit Sahne sowie gehobeltem Parmesan bedecken, etwas Butter und Schnittlauch dazugeben, bei 200 Grad so lange backen, bis das Ganze goldgelb wird. Wie Petersilie wird auch Schnittlauch frisch gegessen.

Nährstoffe pro 100 g (frisch)
Energie 27 kcal – Wasser 86,2 g – Kohlenhydrate 1,6 g – Vitamin C 47 mg – Fett 0,6 g – Kalium 434 mg – Kalzium 129 mg – Magnesium 44 mg.

Sorten
Schnittlauch, *Allium schoenoprasum*, hat als Mitglied der großen *Allium*-Familie die Züchter herausgefordert. Es gibt neben fein-, mittel- und grobröhrigen Formen, den violetten und weißen Auslesen weitere Sorten, die bei gleicher Würzkraft besonders schön blühen. Den englischen »Award of Garden« gewannen 'Black Isle Blush' und 'Pink Perfection' aus der Poyntzfield Herb Nursery in Schottland. Leichter in Deutschland zu bekommen ist 'Forescate' (burgunderrote große Blüte und türkisfarbene Blätter).

Verwandte Raritäten
■ **Schnittknoblauch,** *Allium tuberosum*, auch Chinesischer Schnittlauch genannt, mit weißer Blüte und platten Stängeln, gibt es auch in der rosa blühenden Auslese 'Iden Croft'.

■ **Japanischer Schnittlauch,** *Allium ledebourianum,* ist im Vergleich zum normalen Schnittlauch riesenwüchsig, 70 Zentimeter hoch, hat türkisgrüne Blätter, rosa-violette Blüten und schmeckt nach Koriander.

■ **Kantenlauch,** *Allium angulosum*, alte regionale Würzpflanze, die früh austreibt.

Kräuter | Schnittlauch 221

Knoblauch

Knoblauch vertreibt Vampire. Was nichts anderes heißt, als dass er gesund hält. In einer Ecke unserer Obstwiese, einem vor Jahrzehnten aufgelassenen Garten, haben wir auch Knoblauch gefunden. Schulhefthohe Halme, deren Spitzen sich wie eine Kobra im Angriff biegen und die im Hochsommer aus der Blütendolde den typischen elfenbeinfarbenen Knauf ausbilden: ein Bündel voller winziger Luftzwiebeln.

Der Fund-Knoblauch bildet allerkleinste Knollen aus, gerade so groß wie der Nagel am kleinen Finger. Auch ausgegraben und in die Gartenbeete versetzt, werden sie nicht größer. Das Schälen und Kleinschneiden bleibt Präzisionsarbeit. Aber er schmeckt großartig. Und ist offensichtlich ein extrem frosthartes Kraut. Ist das der »Alte Deutsche Gartenknoblauch«? Zwergig im Vergleich zu den Knollen, die im Supermarkt liegen, aber mit gepriesenem Aroma. Frosthart, auch im Halbschatten der Obstbäume überlebensfähig, mit Luftzwiebeln und bizarrem Schlangenhals-Stängel: *Allium sativum* var. *ophioscorodon*.

Kann sein, kann aber auch nicht sein. Mit Knoblauch ist das so eine Sache. Je beliebter er geworden ist, desto größer das Bedürfnis, eine legendenreiche Aura zu erzeugen. Und Sorten zu erfinden, die rote Streifen, Flecken und Adern haben, die wie Porzellan glänzen, eine gewisse Süße aufweisen oder milde Schärfe.

Doch Tatsache ist: Knoblauch vermehrt sich vegetativ. Die wenigen Blüten, die in den Dolden zwischen den Luft- oder Brutzwiebelchen erscheinen, sind steril. Sorten sind da nicht zu züchten. Zwar vererben sich auch vegetativ Eigenarten, doch das unterliegt evolutionären Gesetzen und braucht viel Zeit. Wahr ist auch: Knoblauch wird seit gut 7 000 Jahren von Menschen angebaut. Er ist so lange in Kultur, dass sein wilder Vorfahre verschollen ist. Bei aller Suche, vor allem in Zentralasien, bei allen genetischen Testmöglichkeiten, trotz großer Vergleichspflanzungen der ganzen Gattung *Allium* (in Gatersleben und im Botanischen Garten Osnabrück): Das Rätsel seines Ursprung bleibt ungelöst.

Botaniker fassen den Küchenknoblauch in der Art *Allium sativum* zusammen und unterscheiden drei Variationen. Erstens: *Allium sativum* var. *sativum*, das ist der große propere Knoblauch mit vielen Zehen, der im Supermarkt liegt. Zweitens: *Allium sativum* var. *pekinense*, eine aus China stammende Unterart, die besonders winterhart ist. Drittens: *Allium sativum* var. *ophioscorodon*, der Schlangenknoblauch. Er ist gemäßigt winterhart, gedeiht auch im Halbschatten und bildet mitunter große Horste. Der Schlangenknoblauch, öfter auch »Rokambole« genannt, treibt dramatisch gewundene Stängel, die in einer Dolde enden. Die Zehen werden größer, wenn man die Dolden abkneift. Doch das ist schade, denn dieser Aufsatz ist einer der Hingucker im Garten. Kompromiss: erst zum Essen abpflücken. Sie schmecken gebraten, mariniert und frisch im Salat. Lässt man sie ausreifen, vergrößern die Zwiebelchen den Bestand. Im Herbst oder Frühjahr ausgesät, bilden sie ein Jahr später Zwiebeln, im Sommer darauf die gewünschten Zehen.

■ **Wichtig sind ein sonniger Platz** und ein leichter, wasserdurchlässiger, nahrhafter Boden. Erste Knollen kaufen, danach die Zehen aus dem eigenen Vorrat stecken, am besten im frühen Herbst, damit die Zwiebeln Wurzeln bilden können.

■ **Große Zehen machen großen Knoblauch.** Alle Handspanne eine so stecken, dass die Spitze nach oben guckt. Unkraut jäten, Knoblauch mag keine Konkurrenz.

■ **Ernten,** wenn im Spätsommer die Stängel verdorren. Die Knollen unter Dach möglichst warm aufhängen. Trocknen, bis die Schale papierdünn wird, dann kühl, luftig und trocken lagern. Knoblauch hält etwa sechs Monate, mit Glück ein Jahr.

Nährstoffe pro 100 g

Energie 142 kcal – Wasser 62,1 g – Kohlenhydrate 28,4 g – Vitamin C 14 mg – Fett 120 mg – Kalium 530 mg – Kalzium 38 mg – Magnesium 35 mg.

Sorten

Engländer und Amerikaner unterscheiden »Softneck« (er bildet keinen Stängel in der Knolle) und »Hardneck Garlic« (mit Stängel und Dolde). Sie beschreiben eine fantastische Menge verschiedenster Sorten, die nicht nach den botanischen Variationen aufzuteilen sind, sondern Wuchsarten darstellen. Zu den Hardnecks gehören die als Rokambole beschriebenen Knoblauche. Sie sind milder im Geschmack und lecker auf Butterbrot. In Deutschland erhältlich sind der Schlangenknoblauch, auch Deutscher Gartenknoblauch genannt, mit rot schimmernden oder lila gestreiften Zehen, und *Allium sativum* var. *pekinense*.

BASILIKUM IST SENSIBEL

Der Lippenblütler aus tropischen Ländern ist dick Freund mit Tomaten, liefert bestes Pesto, würzt auch Obstsalat und Pfirsichmarmelade. Doch leicht macht er dem Gärtner die Pflege nicht. Das Kraut braucht Schutz und Wärme. Grundsätzlich darf das Laub nicht nass werden. Bei kaltem und feuchtem Wetter fault vor allem der empfindliche Wurzelhals schnell. Erste Basilikum-Regel: stets von unten gießen. Gut ist, wenn Basilikum unter einem Dachüberstand stehen kann, vielleicht im Tomatenhaus. Zweite Basilikum-Regel: immer von oben ernten, besser Zweige abschneiden als die Blätter einzeln abrupfen. Blütenknospen auskneifen, das fördert den buschigen Wuchs.

■ **Das Königskraut erfriert bei Frost.** Auch sogenannte ausdauernde oder mehrjährige Sorten überstehen den Winter bestenfalls im Topf und drinnen an einem hellen Platz bei mindestens zwölf Grad. Basilikum im Frühjahr auf dem Pflanzenmarkt kaufen oder ab März drinnen vorziehen und nach den Eisheiligen auspflanzen. Ein zweites Mal im Hochsommer aussäen und am besten dann gleich in Töpfe pflanzen, die auf die Fensterbank kommen, sobald es kalt wird. Auf diese Weise hält sich das Kraut zwei, vielleicht drei Monate.

Sorten

Es gibt rotblättrige, panaschierte und violett geaderte oder überlaufene Blattsorten. Es gibt solche, die nach Zimt, Limette oder grünen Äpfeln duften, und solche, die kirschfarben, cremeweiß oder violett blühen. Fast alle verrichten gute Küchenleistung. Das klassische Aroma für Tomatensalate und Pesto liefern Genoveser Basilikum und das Griechische Buschbasilikum. Kasachisches Basilikum ist so robust, dass es auch im norddeutschen Wetter nicht fault. Zitronen- und Limonenbasilikum würzen Desserts. Auf *Ocimum sanctum*, das Heilige oder Königs-Basilikum, schwört eine Freundin. Es gibt wunderbaren Tee.

BERGBOHNENKRAUT
NUTZT ZU VIELERLEI

Die nektarreichen Blüten machen es zur Bienenweide. Als mehrjähriger Kleinststrauch bedeckt er mit dicken grünen Kissen die Mauerkronen. Sein pfeffriger Geschmack beförderte es schon in der Antike zum Würzmeister. *Satureja* (vielleicht vom Lateinischen *saturare*, sättigen) stammt aus Vorderasien, aus den Ländern rund um das Schwarze Meer. Die Römer brachten den Lippenblütler auf ihren Eroberungsfeldzügen in den Norden, wo er schnell zu einem der wichtigsten Kräuter der mittelalterlichen Gärten wurde. Heute zieht ihn mancher Kenner dem in ähnlicher Weise einzusetzenden Thymian vor.
Zum Spezialgewürz mit Namen Bohnenkraut wurde *Satureja* erst nach der Einführung der Stangenbohnen in Europa. Seine vielfältigen Talente sind an den unzähligen volkskundlichen Namen abzulesen. *Feffargras*, *Pieperkünig* und *Pfefferkrut* hieß es, weil es als Pfefferersatz diente. *Boatzkräutl*, weil es mit den anderen aromatischen Lippenblütlern (Rosmarin, Salbei, Thymian) in die Beize zum Mürbemachen von Fleisch gegeben wird. *Göckerleswürz* und *Hünerfüll*, weil es in die Farce von Brathühnern gehört. Es gibt Pfannkuchen und Käse eine scharfe Note und gehört zum Repertoire der Wurstmacher, denn es hilft der Verdauung. Bohnenkraut nur zehn Minuten mit Bohnengerichten kochen lassen, sonst übertönt sein Geschmack die Speise, auf die es ankommt.

■ **Kurz vor der Blüte schmeckt** es am kräftigsten. Lichtkeimer drinnen vorziehen, ab September an Ort und Stelle aussäen. Das mehrjährige Bergbohnenkraut lässt sich gut durch bewurzelte Absenker und Teilung vermehren und liefert auch im Winter frische Würze.

Sorten

Satureja hortensis heißt das einjährige Bohnenkraut (30 Zentimeter), *Satureja montana* der ausdauernde Zwergstrauch (30–50 Zentimeter), gut als niedrige Hecke oder als Bodendecker einzusetzen, eine zitronig schmeckende Unterart ist *Satureja montana* subsp. *citriodora*.

BORRETSCH LOCKT DIE BIENEN

Ein wunderbar anspruchsloses und hilfreiches Gute-Laune-Gewächs. Die blauviolett leuchtenden, nektarreichen Blüten ziehen nicht nur Bienen und Hummeln an, sondern nähren auch Nachtfalter und helfen damit in der Nahrungskette Fledermäusen beim Überleben.
Schmückende Zutat für die Salatküche sind die sternförmigen, himmelblauen Blüten. Sie schmecken wie die Blätter nach Gurke. Fein gehackte Borretschblätter verfeinern Mayonnaise, Pilze, Spinat und Kartoffeln. Die Pfahlwurzeln lockern schweren Boden auf und sammeln Mineralien. Die Blätter liefern hervorragenden Mulch, etwa für Tomaten.

■ **Borretsch wächst üppig** und zu großen Pflanzen heran, die den ganzen Sommer über blühen. Er ist einjährig.

■ **Ameisen verschleppen die Samen** des Dunkelkeimers, sodass die Pflanze, einmal Anfang April gesät, in den Folgejahren hier und dort im Garten auftauchen kann.

DILL MACHT, WAS ER WILL

Einmal eingewöhnt, wird er sich großzügig selbst aussäen, sicher keimen, durch den Garten wandern, sodass sein fedriges Laub, die wunderbaren gelbgrünen Doldenblüten duften, wohin man geht. Noch ist uns das leider nie passiert.

»Kräuter sind gemein«, schreibt dazu die wunderbare amerikanische Journalistin und frühere Redakteurin bei »Harper's Bazaar«, Eleanor Perényi. Unberechenbar, in dem, was sie wo wollen. Der hocharomatische Doldenblütler mit dem feinen Laub, ein Schmuck zwischen Rosen und Rittersporn, braucht nahrhafte feuchte Erde, Sonne am Kopf und Schatten im Wurzelbereich. Keine Ahnung, was wir ihm davon nicht liefern. Dicke Schichten Mulch werden der nächste Versuch sein.

Für Gurkengärtner ist Dill eine Pflicht, denn was sind die schlappen Stiele im Supermarkt gegen selbst geerntete Stängel in großzügiger Menge. Dill gehört an den Gurkensalat und an eingelegte Gurken, ganz gleich, ob süß oder sauer. Er ist lecker im Kartoffelsalat und einer der charakteristischen Partner von Fisch, denn – so der Volksglaube – er schützt gegen Zauberei. »Gedillter« Fisch wird nicht verhext.

AM ENDE DES GEMÜSELANDES liegt ein Kräuterstreifen. In ihm wachsen, halb hinter Kohlblättern verborgen, Estragon, Knoblauch, Borretsch und Schnittlauch. Dem Knoblauch tut die Enge nicht gut. Höchste Zeit, ihn umzusetzen.

■ **Der Doldenblütler ist Lichtkeimer** und lässt sich unter dem Aspekt guter Nachbar/ schlechter Nachbar prima neben Gurke, Kohl, Karotte und Rote Bete platzieren. Ausgeprägte Abneigungen hat er dagegen nicht. Ab März und dann folgend an Ort und Stelle aussäen, auf halbe Handspannenlänge ausdünnen. Mit dem Ernten beginnen, wenn er gut zehn Zentimeter hoch ist. Dill ist einjährig.

ESTRAGON WIRKT WUNDER

Dann, wenn er das Brathuhn füllt, in kleinen Dosen Salat, Kürbis, Gurken, Tomaten und Obstsalat aromatisiert. Die schlaksige, kniehohe Pflanze mit schmalen langen Blättern und unscheinbar kleinen, grünlich-gelben Korbblüten ist keine Schönheit, darf aber nicht fehlen. Doch ratsam ist, sie rechtzeitig mit niedrigen Staudenstützen im Zaum zu halten und sie an einen gesonderten Platz zu setzen. Denn Estragon treibt meterlange Ausläufer. Blätter, Zweigspitzen und ganze Ästchen zum Füllen des Estragon-Hühnchens am besten nur frisch verwenden. Reichlich ernten, sodass er immer wieder neu durchtreibt.

■ **Estragon hasst Staunässe.** Wenn er etliche harte Winter überlebt und dann in einem milden eingeht, war stehendes Wasser der Grund dafür. Das Kraut an einen geschützten, sonnigen Standort pflanzen, optimal in sandig-lehmigen Boden. Mit Kompost und organischem Dünger versorgen.

■ **Das kräftigste Aroma** haben junge Pflanzen, daher regelmäßig Ausläufer im zeitigen Frühjahr schneiden und im kalten Kasten heranziehen.

Sorten

Am feinsten im Aroma ist Französischer, dann Deutscher Estragon; beide werden durch Stecklinge oder Ausläufer vermehrt. Der Russische ist größer, gröber, aber auch robuster – und lässt sich aus Samen ziehen.

Kräuter | Basilikum bis Estragon

ZU DEN ESSBAREN BLÜTEN des Kräutergartens gehören die des Borretschs (links) und – am würzigsten von allen – die der Kapuzinerkresse. Bei ihr schmecken Knospen, Blüten und Blätter nach Pfeffer. Kapuzinerkresse muss an Ort und Stelle ausgesät werden oder in Module. Unter Obstbäumen wird sie als Lockpflanze für Läuse genutzt.

Kräuter | Kapuzinerkresse bis Salbei

ROSMARIN IST EIN WUNSCHKANDIDAT für Koch und Gärtner. Nicht jeder mag die harten Stängel auf dem Teller. Doch als kompaktes, Bienen nährendes Duft- und Blütengehölz hat er sein Plätzchen sicher.

KAPUZINERKRESSE GIBT PFEFFER

Sie schmeckt scharf, fruchtig, pfeffrig, ein bisschen nach Radieschen, ein wenig nach Senf und so lecker, dass man, einmal verführt, kaum an ihrem Beet vorbeikommt, ohne zu naschen. Die orangefarbenen, gelben oder rotbraunen Blüten schmücken und würzen Salate, Butterbrote und Obstsalate. Die saftigen hellgrünen Triebe werden bis vier Meter lang und überwuchern schnell eng stehende Nachbarpflanzen. Ist wenig Platz, lieber eine kletternde Sorte wählen und an einem Gerüst emporklimmen lassen. Kapuzinerkresse gedeiht auch in lichtem Schatten, hilft als Cache misère und bedeckt mit dicken frischgrünen Manschetten Baumscheiben.

■ **Kapuzinerkresse nicht verwöhnen.** Der Boden sollte trocken und nicht zu nahrhaft sein, sonst treibt die Pflanze Blattgebirge und wenige Blüten. Kapuzinerkresse nach den Eisheiligen an Ort und Stelle säen.

Sorten

Kapuzinerkresse gibt es in den schönsten Farbschattierungen von Cremeweiß über Gelb, Orange, Braunrot bis Dunkelrot. Dazu gehören 'Black Velvet' (dunkelrot), 'Alaska Scarlet' (scharlachrot mit hell marmoriertem Laub) und 'Cobra' (gefüllt, dunkelrot, dunkelgrünes Laub). Mit Rankhilfe kletternde Sorten sind 'Crimson Emperor' (karminrot, hellgrünes Laub) und 'Milkmaid' (cremeweiß, kräftig grün)'

KERBEL ZEIGT DEN KENNER

Die farnähnlichen, eleganten Fiederblätter aromatisieren Rührei und sind als eines der frühesten frischen Kräuter im Garten fester Bestandteil der Grünen Sauce. Kerbel soll man reichlich nehmen. Mit gehacktem Estragon, Petersilie und Schnittlauch gehört er in bunte Gartensalate, ist lecker auf Bananenbrot, würzt Kartoffeln. Wer einmal Kerbelsuppe gegessen hat, sät den Doldenblütler fortan in Mengen. Nur frisch verzehren. Getrocknet verliert er alle Kraft. Das Aroma liegt zwischen Anis, Fenchel und Petersilie.

■ **Kerbel will es komfortabel.** Das Kraut gehört aufs Gartenland, braucht fruchtbaren, lockeren, feuchten Boden, gedeiht in Sonne und Halbschatten. Vor Hitze schützen. Aussaat ab März alle zwei bis drei Wochen in kleineren Mengen. Die jungen Pflanzen sind frosthart. Keimdauer 14 bis 20 Tage. Kerbel wird nur jung geerntet.

ROSMARIN GEHÖRT INS KÖLNISCHWASSER

Sein harziger Duft regt den Kreislauf an und lieferte früher Komponenten für Riechfläschchen. Das half schwach gewordenen Geistern wieder auf die Beine. Der bis zu einen Meter hoch werdende Kleinstrauch gehört in die mediterranen Strauchheiden, die Macchien. »Und da ist Rosmarin, das ist für die Treue«, lässt Shakespeare Ophelia sagen, womit er sagte, was Gärtner bewegt: Rosmarin darf nie fehlen. Zwischen seinem nadeligen Laub öffnen sich im frühen Frühjahr, bei manchen Sorten auch im Herbst, hellblau-violette Lippenblüten: Lockstoff für Bienen. An Rosmarin als Gewürz scheiden sich allerdings die Geister. Für manche gehört er unerlässlich zu Lamm. Wir lieben Rosmarinkartoffeln (kleine ungeschälte Kartoffeln mit Öl bepinselt, gesalzen und mit Rosmarin bestreut) und pflanzen ihn auch deshalb, weil er das Fleisch auf dem Grill und ganz nebenbei das Grillfeuer aromatisiert. Doch gerade gewiefte Gärtnerköche, denen die ganze Vielfalt des Kräuteruniversums offensteht, verzichten auf die harten Stängel am Herd. Sie lassen ihren Rosmarin unbehelligt duften.

■ **Der Zwergstrauch ist nicht frosthart.** Am besten kauft man Pflanzen im Frühjahr. Auf der Trockenmauer in der heißen Ecke entwickeln sie sich im Lauf des Sommers zu prächtigen kleinen Ministräuchern. Den Winter hat bei uns noch keine, auch keine angeblich frostharte Sorte draußen überlebt. In großen Töpfen gehaltene Pflanzen überstehen zwar die kalte Zeit im Haus, doch sie kommen nie so gut in Schwung wie die für vier Euro mitgebrachten neuen, die sich frisch gepflanzt im Beet entfalten. Ein guter Trick wäre, im Juli selbst Stecklinge zu machen. Die kleinen Pflanzen sind in Töpfen besser auf dem Fensterbrett drinnen zu halten.

Sorten

'Sissinghurst Blue' (buschiger Wuchs, weiche Blätter, himmel-, oder stahlblaue Blüten); 'Rosemary's Choice' (schnell wachsend); *Rosmarinus officinalis* subsp. *prostratus* (kriechende Sorte, schön auf Mauern und Treppen).

SALBEI HEILT DEN HALS

Glaubt man der alten Lehre von den sympathetischen Kräften, die besagt, dass das Äußere eines Krautes auf den Ort seiner Wirkweise deutet, dann muss Salbei ein Mittel für Mund, Rachen und Hals sein. Die Blätter des Lippenblütlers sind zungenförmig ausgebildet und haben eine raue, lederartig genarbte Oberfläche: ein Strauch voller grauer Zungen. Das Bild galt unseren

Vorfahren als Beweis. Tatsächlich ist Salbei ein bewährtes Hausmittel. Als Bonbon gelutscht oder als heißer Tee mit Zitrone getrunken, lindert es Husten und Halsschmerzen. Salbei ist eines der wenigen Gartenkräuter, die das ganze Jahr geerntet werden können. Die rotblättrigen, gelb panaschierten oder 'Tricolor'-Formen des Salbeis lassen sich zwar zu hübschen Kompositionen mit Stauden zusammenstellen. Sie halten aber nicht viel aus und kapitulieren eventuell schon im ersten Winter. Der schlichte Küchensalbei dagegen, *Salvia officinalis*, bleibt viele Jahre und verwandelt sich in einen knorrigen Methusalem. Salbei ist vielleicht nicht das feinste Küchenkraut. Mein schlichtes Gemüt liebt in Butter ausgelassene und kross gebratene Salbeiblätter über Gnocchi.

■ **Gute Drainage und Sonne** sind für den Kleinstrauch wichtig. Anzucht am besten im April drinnen. Leichter und nicht viel teurer ist es, erste Pflanzen zu kaufen. Sie vermehren sich durch Aussaat selbst. Sparrig gewordene Pflanzenteile oder zurückgefrorene großzügig stutzen.

Sorten

Salvia officinalis, der Gartensalbei (rotblättrig 'Purpurea', gelb panaschiert 'Aurea', am härtesten ist der einfache graublättrige); *Salvia sclarea*, Muskatellersalbei (zweijährig, herb duftend mit samtigen Blättern) ist imposant, schön mit *Veratrum*, *Gentiana lutea* und in Gräserrabatten.

THYMIAN
WANDERT DURCH DEN GARTEN

Wenn sich der handhohe Kleinstrauch auf Trockenmauern und in heißen Ecken wohlfühlt, sät er sich überreichlich aus. Er wandert von Ritze zu Ritze durch den Garten, überzieht Steinwände und Treppenstufen. In alter Literatur wird Thymian oft mit Bohnenkraut als Arme-Leute-Kraut und Pfefferersatz aufgeführt.

■ **Der Kleinstrauch** und Dunkelkeimer überdauert etliche Jahre, bis er überraschend auswintert. Er kann durch bewurzelte Absenker vermehrt werden.

Sorten

Traditionelles Küchenkraut und fester Bestandteil des »Bouquet garni« ist *Thymus vulgaris*. Daneben gibt es verwirrend viele Thymian-Varietäten. Einige haben weiß, andere gelb panaschiertes Laub. Sie reizen mit Orangen-, Kümmel-, Zitronen-, Pinien-, Ingwer-Aroma. Eine wunderbare Ergänzung des Wegerichs ist Quendel, der wilde einheimische Thymian.

ZITRONENMELISSE
MACHT MUT

Sie würzt Quarkspeisen, die Schlagsahne auf den Erdbeeren, Fruchtsorbets und Karottensalat, ist lecker zu Käse und Joghurt-Dressings. Der wunderbar unkomplizierte Lippenblütler gehört zu den klassischen Bienenweiden, sät sich reichlich aus und schmuggelt sich so in die Staudenbeete. Nur frisch verwenden, gehackt oder als ganzes Blatt. Nicht mitkochen. Als Tee wirkt Zitronenmelisse gegen Nervosität und Schlaflosigkeit, ins Bad gegeben, hilft sie gegen Erkältung und Entzündungen der Haut. Die aus dem östlichen Mittelmeergebiet stammende Pflanze enthält viel Rosmarinsäure (blockt Viren und Bakterien) und ist bemerkenswert reich an Vitamin C (45 mg in 100 g im frischen Blatt).

■ **Bis zu 30 Jahre alt** wird der Lichtkeimer in seiner Heimat. Bei uns ist er nur mäßig frosthart. An Ort und Stelle aussäen.

Sorten

Melissa officinalis (hellgrün, gut kniehoch) gibt es in den Sorten 'Aurea' (leuchtend gelber Austrieb), 'Aureavariegata' (gelb panaschierte Blätter, schwach wachsend, bevorzugt lichten Schatten).

ZITRONENVERBENE
IST UNÜBERTROFFEN

Die Liste der Teekräuter ist lang. Kamille, Zitronenmelisse und Salbei stehen darauf, Heiliges Basilikum, Monarden und viele Minzen. Mein allerliebstes ist die Zitronenverbene. Mit 80 Grad heißem Wasser überbrüht, gibt sie einen goldgelben Tee, der auch nach langem Ziehen lecker bleibt. »Verveine« nennen die Franzosen den Abendtrunk im Unterschied zum Tee. »Verveine« wird jedoch nicht aus *Verbena officinalis* bereitet, dem bitter schmeckenden Eisenkraut, sondern aus *Aloysia citrodora*, dem in seiner südamerikanischen Heimat bis zu sechs Meter hoch werdenden Zitronenstrauch. Botaniker haben ihn erst im 18. Jahrhundert nach Europa gebracht.

■ **Zitronenverbene ist unkompliziert.** Im Topf gekauft, wird sie bis zum ersten Frost anderthalb Meter hoch und treibt umso mehr Teeblätter liefernde Seitenzweige, je öfter geerntet wird.

■ **Überwintern ist uns nie gelungen.** Das flachwurzelnde Gewächs bildet keinen geschlossenen Wurzelballen aus, sodass die Pflanze beim Versuch, sie im Herbst einzutopfen, alle Erde verliert. Überwintern mit Stecklingen könnte der richtige Tipp sein.

Kräuter | Salbei bis Zitronenverbene   **231**

HUMMELN UND BIENEN lieben die Lippenblüten des Salbeis. Ist die Schönheit vorbei, lässt sich der Ministrauch rabiat zurückschneiden und wächst innerhalb von wenigen Wochen wieder in Form.

Bezugsquellen und Adressen

Gärtnereien

Deaflora
Aromapflanzen und Kräuter
Dr.-Wolff-Straße 6
14542 Werder/Havel
Telefon: 0 33 27/57 15 19
www.deaflora.de

Gärtnerei helenion
Mirko Wersin
Kleine Straße 2a
17291 Grünow
Telefon: 03 98 57/3 98 59
www.helenion.de

Joachim Pohlmann
Gärtnerei am Stüffel e.V.
Stüffel 12
22395 Hamburg
Telefon: 0 40/60 40 01 0
www.stueffel.de

Thymian- und Staudengärtnerei
Michael Camphausen
Rolandstraße 6
27211 Bassum
Telefon: 0 42 49/80 84

Gärtnerei Kathrin Busse
Suderburger Str. 7
29556 Suderburg
Telefon: 05 81/7 25 41
www.kathrinbusse.de

Die Blumenschule – Rainer Engler
Augsburger Straße 62
86956 Schongau
Telefon: 0 88 61/73 73
www.blumenschule.de

Staudengärtnerei Gaißmayer
Jungviehweide 3
89257 Illertissen
Telefon: 0 73 03/72 58
www.gaissmayer.de

Raritätengärtnerei Treml
Eckerstr. 32
93471 Arnbruck
Telefon: 0 99 45/90 51 00
www.pflanzentreml.de

Großbritannien

Poyntzfield Herb Nursery
Black Isle
By Dingwall IV7 8LX
Ross & Cromarty
Scotland
Telefon: +44 (0) 13 81/61 03 52
www.poyntzfieldherbs.co.uk

Historische Nutzpflanzen

Historische Nutzpflanzen
Verein zur Erhaltung der
Nutzpflanzenvielfalt e.V. (VEN)
Uhlandstraße 57
45468 Mülheim an der Ruhr
Telefon: 02 08/74 04 99 25
www.nutzpflanzenvielfalt.de

Kokopelli Association
Organische und biodynamische Saat
www.kokopelli-seeds.com
In Deutschland über:
Andrea Fischer
Magdalenenweg 7a
90574 Roßtal
Telefon: 09127/57 91 37
gruene.fuerth-land@t-online.de

Österreich

Arche Noah
Obere Straße 40
3553 Schiltern
Österreich
www.arche-noah.at

Schweiz

Pro Specie Rara
Pfrundweg 14
5000 Aarau
Schweiz
Telefon: +41 (0) 62/8 32 08 20
www.prospecierara.ch

Rhabarber

Deaflora
(Adresse siehe unter »Gärtnereien«)

Roland Fasnacht
Chemin de L'Enclos 4
1786 Sugiez
Telefon: +41 (0) 26 673 21 91
(Jungpflanzen auf Vorbestellung)
In Deutschland über:
Staudengärtnerei Gaissmayer
(siehe Gärtnereien)

Großbritannien

Brandy Carr Nurseries
Brandy Carr Road
Kirkhamgate
Wakefield WF2 ORE
Telefon: +44 (0) 19 24/29 15 11
www.brandycarrnurseries.co.uk
(100 Sorten und Arten von
ornamentalem und kulinarischem
Rhabarber)

Erdbeeren

Deaflora
(Adresse siehe unter »Gärtnereien«)
(über 20 Erdbeersorten, darunter
Monats- und Moschuserdbeeren)

Uromas Erdbeeren
Augsburgerstraße 4
82362 Weilheim/Oberbayern
www.uromas-erdbeeren.de
(15 historische Erdbeersorten,
Website mit guten Abbildungen und
Beschreibungen)

Obstgehölze

Deaflora
(Adresse siehe unter »Gärtnereien«)

Vorpommersche Baumschulen
Baumschulstraße 21
17121 Sassen-Trantow
Telefon: 03 99 98/1 06 27
www.vorpommersche-baumschulen.de

Baumschule Alte Obstsorten
Meinolf Hammerschmidt
Waldweg 2
24966 Sörup
Telefon: 0 46 35/27 45
www.alte-obstsorten.de

Ahornblatt
Postfach 1125
55001 Mainz
Telefon: 0 61 31/7 23 54
www.ahornblatt-garten.de
(alte Obstsorten)

Walnussveredelung Biebelnheim
Helga Lindemann
Obere Kirchgasse 7
55234 Biebelnheim
Telefon: 0 67 33/94 93 95
www.walnussveredlung.de

Baumschule Ritthaler
Dietschweilerstraße 20
66882 Hütschenhausen
Telefon: 0 63 72/58 80
www.baumschuleritthaler.de

Baumgartner Baumschulen
Gerhard Baumgartner
Hauptstraße 2
84378 Nöham
Telefon: 0 87 26/2 05
www.baumgartner-baumschulen.de

Österreich

Artner
Silva Nortica
Waldviertler Bio-Baumschulbetrieb
Reichenau am Freiwald 9
A-3972 Bad Großpertholz
Telefon: +43 (0) 28 57/29 70
www.artner.biobaumschule.at

Schweiz

Häberli Obst- und Beerenpflanzen
CH-9315 Neukirch-Egnach
Telefon: +41 (0) 71/4 74 70 70
www.haeberli-beeren.ch

Tomaten und Chili

Deaflora
(Adresse siehe unter »Gärtnereien«)
(Chili-Jungpflanzen)

Gärtnerei Kathrin Busse
(Adresse siehe unter »Gärtnereien«)
(besonders Chili)

Die Blumenschule
(Adresse siehe unter »Gärtnereien«)
(eine Spezialität ist Chili)

Gerhard Bohl
(Adresse siehe unter »Saatgut«)
(nennt 1500 Tomatensorten)
Raritätengärtnerei Treml
Adresse siehe unter „Gärtnereien"
(Jungpflanzen, auch von Chili)

Zwiebeln, Schalotten
Carl Pabst
(Adresse siehe unter »Saatgut«)

Baldur-Garten
(Adresse siehe unter »Gärtnereien«)

Syringa
(Adresse siehe unter »Saatgut«)
(für »Cuisse de poulet«)

Niederlande
Marien Maas
Kruiningen
Niederlande
Telefon: +31/1 13 38/15 85
www.maas-kruiningen.nl
(Steckzwiebelspezialist, Lieferant für Landwirte)

Kartoffeln
Bioland Hof Jeebel
Biogartenversand
Jeebel 17
29410 Salzwedel
Telefon: 03 90 37/7 81
www.biogartenversand.de
(über 100 Sorten Pflanzkartoffeln)

Ellenberg's Kartoffelvielfalt
Karsten Ellenberg
Ebstorfer Straße 1
29576 Barum
Telefon: 0 58 06/3 04
www.kartoffelvielfalt.de
(verkauft Speisekartoffeln, auch Pflanzkartoffeln in 25 Kilo Gebinden)

Tartuffli Naturwaren
Ammerseestr. 1a
86940 Schwifting
Telefon: 0 81 91/9 85 42 26
www.erlesene-kartoffeln.de

Knoblauch
Kanada
Boundary Garlic
Sonia Stairs and Henry Caron
Box 273 Midway, BC
Canada V0H 1M0
Telefon: + (001) 250/4 49 21 52
www.garlicfarm.ca
(über 50 Sorten)

Big John's Garden
Rocky Mountains
Telefon: +(001) 5 41/7 98 59 41
www.bigjohnsgarden.com
(verkauft über ein Dutzend biologisch gezogene Knoblauchsorten und Schalotten, schöne Website)

Saatgut
Carl Pabst
Hauptstraße 20
14979 Großbeeren
Telefon: 03 37 01/3 08 30
www.carlpabst.de

Dreschflegel
In der Aue 31
37213 Witzenhausen
Telefon: 0 55 42/50 27 44
www.dreschflegel-saatgut.de
(Zusammenschluss kontrolliert ökologisch wirtschaftender Betriebe zur Saatgutvermehrung, -züchtung und -vermarktung mit Online-Shop)

Italienische Samen
Kuenstraße 41
50733 Köln
Telefon: 02 21/7 20 09 51
www.italienische-samen.de
(Franchi Sementi Saatgut, interessantes Sortiment, an Rüben, Wurzeln, Zwiebeln und mehr)

Bio-Saatgut Gaby Krautkrämer
Eulengasse 2
55288 Armsheim
Telefon: 0 67 34/91 55 80
www.bio-saatgut.de
(von Ulla Grall gegründetes Sortiment)

Baldur-Garten
Albert-Einstein-Allee 4-6
64625 Bensheim
Telefon: 0 18 05/10 35 11
www.baldur-garten.de

Syringa
Bernd Dittrich
Bachstraße 7
78247 Hilzingen-Binningen
Telefon: 07739 1452
www.syringa-pflanzen.de

Gerhard Bohl
Waldstr. 40
90596 Schwanstetten
www.garten-pur.de
(1500 Tomatensorten, 700 Bohnensorten, privates Samenarchiv für alte und seltene Hof-, Land- und Regionalsorten, Tauschbörse für seltene und historische Kulturpflanzen)

Magic Garden Seeds
Andreas Fái-Pozsár
Regerstraße 3
93053 Regensburg
www.magicgardenseeds.de
(Gemüse-, Kräuter- und alte Kulturpflanzen)

Siehe auch unter „Historische Nutzpflanzen"

Schweiz
C. und R. Zollinger
CH-1897 Les Evouettes
Telefon: +41 (0) 24 481/40 35
www.zollinger-samen.ch
(Familienunternehmen mit einem schönen Sortiment von Gemüse-Samen, züchtet heimische Sorten weiter)

Botanik-Sämereien
Aemtlerstrasse 48
CH-8003 Zürich
www.saemereien.ch
(Online-Shop, Blumen, Gemüse und Spezialitätensaatgut aus der Schweiz, Pro Specie Rara Sorten, Biosaatgut – u. a. Stangenbohne Klosterfrauen und Helmbohne)

Werkzeug
Karl-August Ohlsen
Pulser Str. 25
25593 Reher
Telefon: 0 48 76/2 68
www.ohlsenshopping.de

Gartenakademien
Sie unterrichten den privaten Hausgartenbesitzer, geben Kurse, raten bei Pflanzenschutz und Sortenwahl, veranstalten Bildungsreisen
Bayerische Landesanstalt für Weinbau und Gartenbau
Bayerische Gartenakademie
Telefon: 09 31/9 80 10
www.lwg.bayern.de
(Seminare, nur für Multiplikatoren)

Staatliche Lehr- und Versuchsanstalt für Gartenbau in Heidelberg
Gartenakademie Baden-Württemberg
Telefon: 0 62 21/70 98 15
www.lvg-heidelberg.de

Landesbetrieb Landwirtschaft Hessen
Hessische Gartenakademie
Telefon: 0 67 22/5 02 86 12
www.llh-hessen.de

Landwirtschaftskammer Niedersachsen
Niedersächsische Gartenakademie
Telefon: 0 44 03/97 96 32
www.nds-gartenakademie.de

Landwirtschaftskammer Rheinland-Pfalz
Gartenakademie Rheinland-Pfalz
Telefon: 0 63 21/6712 62
www.lwk-rlp.de

Landwirtschaftskammer für das Saarland
Telefon: 0 68 81/92 81 09
www.lwk-saarland.de

Literaturempfehlungen

Bartha-Pichler, Brigitte/Brunner, Frits/Gersbach, Klaus/Zuber, Markus: *Rosenapfel und Goldparmäne. 365 Apfelsorten – Botanik, Geschichte und Verwendung.* Baden und München, AT Verlag, 2005

Bartha-Pichler, Brigitte/Frei, Martin/ Kajtna, Bernd/Zuber, Markus: *Osterfee und Amazone. Vergessene Beerensorten – neu entdeckt.* Baden und München, AT Verlag, 2006 (Ausgabe Löwenzahn)

Bross-Burkhardt, Brunhilde: *Bohnen für den Hausgarten.* Wien, Österreichischer Agrarverlag, 2010

Bruce, Maye E.: *Common-Sense Compost Making By the Quick Return Method.* London, 1946. Neu aufgelegt von QR Composting Solutions, New-castle upon Tyne, 2009. Im Internet zu lesen unter: www.journeytoforever.org/ farm_library/QR/QRToC.html

Campbell, Susan: *Charleston Kedding. A History of Kitchen Gardening.* London, Ebury Press, 1996

De Saint Venant, Alix/Xavier, Mathias: *Le potager d'Alix de Saint Venant au chateau de Valmer. Comment cultiver mille et une plantes classiques ou insolites.* Photographies de MG de Saint Venant. (ohne Ort), Chne, 2010

De Haas, Paul Gerhard: *Obst aus unserem Garten.* München, Bonn, Wien, BLV Verlagsgesellschaft, 1961

Du. Die Zeitschrift der Kultur. Heft Nr. 11: *Der Kohl. Das Kraut. Ein Manifest.* Zürich, Verlagshaus vom Tagesanzeiger, November 1998

Flowerdew, Bob: *Meine Vorratskammer. Selbstgemachtes das ganze Jahr geniessen.* München, 2010

Friedrich, Gerhard/Petzold, Herbert: *Handbuch der Obstsorten.* Stuttgart, Eugen Ulmer, 2005

Fuchs, Leonhart: *The New Herbal of 1543.* Reprint. Köln, Taschen, 2001

Götz, Karin: *Hülsenfrüchte. Erbsen, Linsen und Bohnen.* Kronburg-Illerbeuren, 2001

Gosch, Theresia: *Beeren für den Hausgarten.* Wien, Österreichischer Agrarverlag, 2006

Heilmeyer, Marina (Hrsg.): *Beste Birnen bei Hofe. Potsdamer Pomologische Geschichten.* Potsdam, Vacat, 2004

Heilmeyer, Marina (Hrsg.): *Erdbeeren für Prinzessinnen.* Potsdamer Pomologische Geschichten. Potsdam, Vacat, 2008

Heistinger, Andrea/Arche Noah/ Pro Specie Rara (Hrsg.): *Handbuch Samengärtnerei. Sorten erhalten, Vielfalt vermehren, Gemüse genießen.* Stuttgart, Eugen Ulmer, 2007

Janson, Arthur: *Auf 300 qm Gemüseland den Bedarf eines Haushalts ziehen.* Anleitung zum Gemüsebau des kleinen Mannes und Bewirtschaftung von Schreber- und Kleingärten aller Art. Neu gestalteter Nachdruck der 5. verbesserte Auflage 1926. Staufen bei Freiburg, 2010

Köhler, Horst: *Das Praktische Gartenbuch.* Gütersloh, Berteslmann-Lesering, 1954

Larkcom, Joy: *The Salad garden.* London, Frances Lincoln, 1984

Lemberger, Ines: *Wurzel- und Knollengemüse.* Wien, Agrarverlag, 2009

Lloyd, Christopher: *Gardener Cook.* Photographs by Howard Sooley. London, Frances Lincoln, 1997

Lorey, Heidi: *Gemüse für Garten & Küche wiederentdeckt. Liebesapfel, Mangold & Rapunzel.* Münter-Hiltrup, Landwirtschaftsverlag, 2005

Marzell, Heinrich: *Wörterbuch der deutschen Pflanzennamen.* Köln, 2000

Oliver, Jamie: *Natürlich Jamie. Meine Frühlings-, Sommer-, Herbst- und Winterrezepte.* London, Dorling Kindersley, 2007

Pavord, Anna: *Der neue Küchengarten. Das praktische Gartenbuch für den Obst- und Gemüseanbau, mit Vorschlägen für die Gartenplanung.* London, New York, München, Sydney, Moskau, Dorling Kindersley, 2000

Gesellschaft Schweizer Staudenfreunde (Hrsg.): *Polygonaceae, Knöterichgewächse.* (Zürich, 2009)

Perényi, Eleanor: *Green Thoughts. A writer in the garden.* Modern library gardening. New York, 2002

Reinhold, Johannes/Meißner, Walter/ Vanicek, Karl-Heinz/Buro, Rudolf: *Freude am Garten. Ein Ratgeber für den Gartenfreund.* Berlin, Veb Deutscher Landwirtschaftsverlag, 1965

Roth, Johannes: *Die Neue Gartenlust.* Frankfurt am Main und Leipzig, 1994

Seifert, Alwin: *Gärtnern ohne Gift, eine Fibel für Gartenfreunde und Bauern.* München-Pasing, Wirtschaftsverlag M. Klug, 1967

Strank, Karl Josef/Obst, Jutta (Hrsg.): *Gemüse und Kräuter Karls des Grossen.* Meurers-Balke, Mainz 2008

Strank, Karl Josef und Jutta Meurers-Balke: *Obst, Gemüse und Kräuter Karls des Grossen.* Mainz, Verlag Philipp von Zabern, 2008

Sturgeon, Andy: *Planted.* Colour photography by Lorry Eason, Black & white portraits by Michael Wildsmith. London, Hodder and Stoughton, 1998

Votteler, Willi: *Verzeichnis der Apfel- und Birnensorten.* München, Obst- und Gartenbauverlag, 1993

Stichwortverzeichnis

Seitenzahlen mit * verweisen auf Abbildungen

A

Abtei Fulda 67
Ackerbohne 141
Ackerkratzdistel 56
Ackerschachtelhalm 56
Ackerwinde 22, 56
Aethusa cynapium 218
Allergene 110
Allergie 110
Allium angulosum 220
– *cepa* 150
– *cepa* var. *ascalonicum* 150
– *ledebourianum* 220
– *sativum* 222
– *sativum* var. *ophioscorodon* 222
– *sativum* var. *pekinense* 222
– *sativum* var. *sativum* 222
– *schoenoprasum* 220
– *tuberosum* 220
Aloysia citrodora 230
Ampfer, Rotstieliger 144
Anthocyane 110, 159
Apfel 9, 110ff.
– 'Agathe von Klanxbüll' 115
– 'Angelner Borsdorfer' 117
– 'Altländer Pfannkuchenapfel' 115
– 'Berlepsch' 115
– 'Borsdorfer Renette' 117
– 'Boskoop' 10, 103, 110, 113, 115, 117
– 'Doppelter Gretapfel' 108
– 'Favorit' 108
– 'Filippas Apfel' 113, 115
– 'Finkenwerder Herbstprinz' 113, 115
– 'Golden Delicious' 108
– 'Goldparmäne' 113, 115
– 'Gravensteiner' 113, 115
– 'Gretapfel' 104
– 'Himbeerapfel aus Holovaus' 115
– 'Holsteiner Cox' 115
– 'Horneburger' 115
– 'Iversensapfel' 104, 108
– 'Jakob Lebel' 115, 117
– 'Jessenapfel' 104
– 'Prinzessinnenapfel' 108
– 'Römischer Kikker' 108
– 'Roter Boskoop' 112
– 'Schaalbyer Rosen' 108
– 'Signe Tillisch' 108
– 'Sommerprinz' 108
– 'Stina Lohmann' 115
– 'Süderhex' 117
– 'Topas' 115
– 'Weißer Klarapfel' 113
– 'Weißer Winterglockenapfel' 115
– 'Weißer Winterkalvill' 115
– Schnitt 105ff.
– Unterlage M 26 112
Apfelfrüchte 46*
Apfelsaft herstellen 117
Apfelsuppe 117
Apfelwein herstellen 118
Apiol 218
Apium graveolens var. *secalinum* 178*
Arche Noah 40, 208
Artemisia 214
Aufwertungspflanzen 132
Ausläufer abtrennen 53
Aussaat direkt ins Freiland 43
Aussaaterde 42
Aussaattöpfe 40
Aussäen 40, 41

B

Basilikum, Genoveser 214, 224
– Griechisches Busch- 224
– Heiliges 224
– Kasachisches 224
– Königs- 224
– Limonen- 224
– Zitronen- 224
Baumschulen 39
Beerensträucher 84
Beete 28
Beinwell 59, 214
Bergbohnenkraut 212, 214, 224
Beute 125
Beyrlein, Christine 162
Bienen 125
Bienendreck 129
Birnen 120ff.
– 'Beurré Hardy' 123
– 'Bunte Julibirne' 123
– 'Clapp's Liebling' 123
– 'Clara Fries' 120
– 'Gellerts Butterbirne' 123
– 'Graf Moltke' 120
– 'Gute Luise' 122
– 'Jakob Lebel' 113
– 'Köstliche von Charneux' 123
– 'Olivier de Serres' 123
– 'Vereinsdechant' 123
– 'Williams Christbirne' 122
– 'Winterdechant' 123
– 'Winterlonchen' 123
Birnen, eingeweckte 120, 123
Birnensaft 123
Birnensirup 123
Birnenspalier 120
Blaubeeren 92
– 'Berkeley' 92
– 'Coville' 92
– 'Goldtraube' 92
Blaubeeren, Schnitt 64, 92
Blaubeerkuchen 93
Blumenkohl 202
Blumenläden 36
Boden 56
Bodenkultur 67
Bohnen 132 ff., siehe auch unter Buschbohnen, Dicke Bohnen und Stangenbohnen
Bohnen, Flageolet- 132
Bohnen, Große 132, 141
Bohnen, Körner- 132, 136
Bohnen, Trocken- 136
Bohnen, Zwie- 136
Bohnenkäfer 136
Bohnenkraut 215, 224
Bohnenlaus, Schwarze 141
Borchard, Rudolf 64
Borretsch 214, 224, 225, 226*
Bouquet garni 215, 230
Brache 31
Brassica 202
Brassica oleracea 202
Braun- und Krautfäule 161
Brennnessel 214
Brennnesseljauche 59, 149, 172, 194
Brennnesseln 22, 56
Brokkoli 200*, 201, 202
– 'Calabrese' 201
– 'Coastal Selection Z' 201
– 'Early sprouting Rudolph' 194
Brookes, John 16
Bruce, Maye Emily 67
Buchsbaum 27*
Bundessortenamt 208
Bürgermeisterbirne 123
Buschbaum 112, 115
Buschbohnen 141
– 'Kleine weiße Bohne aus der Touraine' 141
– 'Ostfrieser Speck' 141
– 'Saxa' 141
– . 'Tante Meti' 141
– 'Topbleyes' 208
– 'Triumph de Farcy' **141**
Butterbirne 123
Buxus microphylla 'Faulkner' 27*
– *microphylla* 'Herrenhausen' 27*
– *sempervirens* 'Blauer Heinz' 27*
– *sempervirens* 'Rotundifolia' 27*

C

Camerarius 74
Capitulare de villis 148, 172
Capsaicin 164, 166
Capsicum 166
– *frutescens* 166
– *annuum* 166
– *annuum* var. *grossum* 166
– *baccatum* 166
– *pubescens* 166
Cassis 87
Cassoulet 135
Cayennepfeffer 164
CCA-Salat 143
Chamaecyparis lawsoniana 'Columnaris' 26
– *lawsoniana* 'Stardust' 26
Chicorée 145, 146
Chili 162ff., 163*, 165*
Chili-Marmelade 164
Chinakohl 146
Clusius, Carolus 40
Cobea pinglei 135
Cosmea atrosanguineus 212
Cribier, Pascal 16, 154
Cucumeres 172
Cut-and-Come-Again-Salate 143

D

Dahlie, Wild- 212
Delaney, Topher 39
Dhont, Erik 16, 21*
Diamant, Günter 94
Dicke Bohnen 140, 141
– 'Aquadulce' 141
– 'Buntsamige Kleine' 141
– 'Rotblühende Puffbohne' 141
Die drei Schwestern 132
Dill 214, 225
Doldenblütler 31
Drehwuchs 112
Dreifelderwirtschaft 31
Dreschflegel 207, 208
Duchesne, Nicolas 80
Dunkelkeimer 43

E

Edelpflaumen 100
Eichblattsalat 144
Eichenlaubmulch 64
Eisenkraut 230
Eisheilige 40
Eiskraut 145, 146
Ellenberg, Karsten 183
Endivie 146
Engler, Rainer 162
Erdballen 42
Erdbeere 83
– 'Mieze Schindler' 82
– 'Senga Sengana' 82
– Ananas- 80
– Garten- 80
– Hügel- 80
– Monats- 80
– Moschus- 53, 80, 82
– Wald- 80, 82
Erdbeeren pflanzen 53, 82
Erdbeerforscher 79
Erdbeer-Marmelade 82
Erhaltungszucht 208
Estragon 214, 225
– Deutscher 225
– Französischer 225

Estragon, Russischer 225
Etiketten 42

F
Falkenhayn, Luz von 22
Fasnacht, Roland 74
Feldsalat 143
Fenchel 146, 148
– 'Giant Bronze' 148
– 'Purpureum' 148
– Bronze- 212
Feneker 148
Fennikel 148
Feuerbohne 48*
Filderkraut 198
Finchel 148
Finocchini 148
Finocchio 148
Fischer, Anita 39
Flaschenbirne 123
Flavonoide 110
Foeniculum vulgare 148
Folientunnel 10*
Forcer 77
Fowler, Alys 156
Fragaria × *ananassa* 80
– × *ananassa* 'Königin Luise' 82
– 'Capron' 80
– *chiloensis* 79, 80
– *iturupensis* 79
– *moschata* 'Capron Royal' 82
– 'Moschata' 80
– *nilgerrensis* 79
– *vesca* 80
– *vesca* 'Blanc Amélioré' 82
– *vesca* 'Fressant' 80
– *vesca* 'Rügen' 80
– *vesca* var. *semperflorens* 'Rügen' 44
– *virginiana* 80, 83
Francé, Raoul Heinrich 60
Frézier, Amédée Francois 80
Fruchtfolge 16
Fruchtgemüse 76
Frühkartoffeln 190
Fuchs, Leonhart 162
Fünf-Beete-Rotation 31

G
Gaißmayer, Dieter 39
Gärbehälter 118

Garrett, Fergus 42
Gartenplan 32
Gartenplanung 16
Gärtnereien 39
Gärtnernetzwerke 39
Gärung, wilde 118
Gatersleben 159
Gelbe Rübe siehe unter Möhre
Gelbsenf 198
Gemüseeintopf 170
Gemüsefenchel 149
Gemüseraritäten 39
Geschichte 60
gespannte Luft 50
Gewächse 40, 64
Gewürzbirne 123
Gewürzfenchel 149
Gewürzgurken 175
Giersch 22, 214
Goldmajoran 145
Goldrute 56
Grall, Ulla 44, 132
Graswege 25
Grigson, Janre 149
Grundstrukturen 22
Gründünger 71, 198
Grüne Sauce 215
Grünkohl 202, 204, 205*, 207
– 'Holter Palme' 204
– 'Lammertsfehn' 208
– 'Lerchenzungen' 204
– 'Negro Romano' 208, 209*
– 'Ostfreesken Groenkohl' 204
– 'Ostfriesische Palme' 204
– 'Rote Palme' 204
– 'Toskanischer Palmkohl' 204
Grünkohl-Schoten 13*, 48*
Grünstecklinge 53
Gundermann 25, 214
Gurken 172ff.
– 'Pariser Gurken' 175
– 'Russische Gurke' 175
– 'Zitronengurke' 175
Gurken einmachen 174

H
Heckenschnitt 25
Hacken 64
Häcksel 62, 63
Haferpflaume 94

Hainbuche 22
Hammerschmidt, Meinolf 103
Hauptwege 25
Hauszwetschge 101
Hecken 22
Hecken pflanzen 22, 23*, 24*
Heide 64
Hellmich, Andrea 148
Herbstapfel 115
Herzkirschen 99
Himbeere 'Fallgold' 89
– 'Schönemann' 89
– 'Sucrée de Metz' 89
– 'Willamette' 89
– Herbst- 89
– Schnitt 88, 89
– Sommer- 89
Hirschhornwegerich 143, 212
Hitschfeld, Oswald 71
Hoffmann, Michael 179, 215
Holzkohlepulver 53
Honig 126
Hügin, Ewald 135
Hühner 9
Hühnermist 64
Humofix 67, 135
Humus 56, 59
Hundbiss, Wolfgang 39

I
Imker 125
Insalatine-Salate 146

J
Jahn, Heinz 71
Jansen, Coen 148
Johannisbeeren 84ff.
– 'Gloire de Sablons' 87
– 'Hedda' 89
– 'Noire de Bourgogne' 89
– 'Weiße Versailler' 87
– Rote 84
– Schnitt 84
– Schwarze 85, 86, 87
– Weiße 84
Johanniskraut 56
Jungpflanzen 39

K
Kaliumpyrosulfit 118
kalken 64
Kaltgärhefe 118
Kaltkeimer 43, 44*
Kapuzinerkresse 10*, 144, 146, 214, 227*, 229
– 'Alaska Scarlet' 229
– 'Black Velvet' 229
– 'Cobra' 229
– 'Crimson Emperor' 229
– 'Milkmaid' 229
– kletternde 135
Karl der Große 148, 172
Kartoffel 9*, 182ff., 188ff.
– 'Ackersegen' 184, 192
– 'Allerfrüheste Gelbe' 184
– 'Bamberger Hörnchen' 9*, 183, 184, 188, 190, 192
– 'Blauer Schwede' 192
– 'Erdgold' 184
– 'Hansa' 184
– 'Highland Burgundy Red' 192
– 'Hindenburg' 184
– 'Industrie' 184
– 'Jubel' 184
– 'La Bonnotte' 192
– 'La Ratte' 184, 188
– 'Linda' 183, 184
– 'Mayan Twilight' 192
– 'Rosa Tannenzapfen' 190, 192
– 'Roseval' 184
– 'Rote Emmalie' 184, 185*
– 'Sarpo Mira' 190
– 'Sieglinde' 184
Kartoffeln, grüne 188, 190
Keimfähigkeit 136
Keim-Typen 43
Kerbel 214, 229
Kiefernadeln 64
Kiekeberg 37*
Kieselsäure 59
Kir 87
Kirschen 94ff.
– 'Gisela 5' 94
Kirschkernkissen 99
Kirschsirup 99
Kleearten 71
Kletten-Labkraut 56
Knoblauch 212, 222, 223*, 225
– Hardneck- 222
– Schlangen- 222

– Softneck- 222
Knöllchenbakterien 141
Knolle 179
Knollenfenchel 'Romanesco' 149
– 'Zefa Fino' 149
Knollensellerie 176, 179
– 'Magdeburger Markt' 179
– 'Monarch' 179
– 'Wiener Riesen' 179
Knorpelkirschen 99
Knubberkirschen 99
Koch, Alexander 18*
Koehler, Horst 31
Kohl 194ff., siehe auch unter Brokkoli, Grünkohl, Rosenkohl, Rotkohl, Weißkohl
Kohlrabi 180, 202
– 'Bauer Delikatess' 180
– 'Blaril' 180
– 'Superschmelz' 180
Kohlweißling 198
Kölnischwasser 229
Kompost 57*, 58*, 59, 68*
– sieben 60*
Kompostbucht 60*
Komposthaufen 59
Kompostierbehälter 62
Kompostieren 60
Kompostplatz 59
Kopfstecklinge 50*, 53
Kordon 120
Kräuter 212ff.
Kräutergarten 212, 213*
Kräutertee 216
Kraut stampfen 197
Kreislauf 59
Kreuzblütengewächse 31
Kronenkorrektur 106
Küchengarten 16
Küchenzwiebeln 152
Kuhmist 64
Kürbisgewächse 31

L
Lablab purpureus 135
Landgurken 172
Langley, Batty 146
Langsamkeimer 43
Larkcom, Joy 40, 143, 180
Laub 62
Laubbucht 63*
Laubkompost 63

Lauch 154, 155*
Lauchgewächse 31
Lederne Jungs 141
Lehm 56
Leitast 106
Lichtkeimer 43
Liebesapfel 157
Liebig, Justus von 60
Lloyd, Christopher 88, 120, 149, 215
Lollo-Salat 146
Löwenzahn 214
Lucchi, Michele de 156, 158
Luftzwiebeln 152, 153*
Lühring, Reinhard 204, 207
Lundberg, Olle 18*
Lupinen 71
Lyssenko, Trofim Denissowitsch 159

M
Magnus, Albert 120
Majoran 214
Malabarspinat 135
Mandel 100
Mandevilla suaveolens 135
Marco Polo 74
Matthiolus 74
Meerrettich 214
Melde 56
Melissa officinalis 'Aurea' 230
– *officinalis* 'Aureavariegata' 230
Mesembryanthemum crystallinum 146
milchsauer vergären 197
Milchsäure 197
Minitubs 186
Minze 214
Mirabellen 100, 101
– 'Drap d'Or' 101
– 'Mirabelle de Nancy' 101
Mischkultur 31
Mischsalat 146, 149
Mispel 46*
Misticanza-Salate 143, 146
Mittelzehrer 31
Modulbeete 31
Module 42
Möhre 180
– 'Beta Sweet' 180
– 'Gochsheimer Gelbe' 180
– 'Guerande' 180
– 'Longue Jaune de Doubs' 180
Möhrenfliege 180
Monilia 98
Motte 123
Mulch 62
Mulchdecke 62
Mulch-Regeln 64
Muskatellerbirne 123
Muskatellersalbei 212, 230
Myristicin 218

N
Nachtschattengewächse 31
Nebenwege 25
Nonnen von Fulda 67

O
Obstwiesen 16
Ocimum sanctum 224
Olbricht, Klaus 79
Oliver, Jamie 215
Ölrettich 71, 198
Oudolf, Piet 148

P
Pak Choi 146
Palmette 120
Palmkohl 204, 208, 209
Paprika 166, 167
– Gemüse- 166
Paradeiser 157
Paul, Gunter 125
Pearson, Dan 148
Peperoni 166
Perovskie 212
Pesto 215
Petersilie 212, 218, 219*
– 'Berliner Halblange' 218
– 'Forest Green' 218
– 'Gigante di Napoli' 218
– 'Grüne Perle' 218
– 'Mooskrause' 218
Petersilie, Blatt- 218
Petersilie, Hunds- 218
Petersilie, Wurzel- 218
Petroselinum crispum 218
– *crispum* var. *tuberosum* 218
Pfade 25
Pfefferminze 216
Pfefferoni 166
Pferdemist 64
Pfirsich 100
Pflanzenmarkt 36, 37*
Pflanzkartoffeln 188
– erzeugen 192
Pflanzschock 43
Pflaumen 100
– 'Königin Viktoria' 101
– Schnitt 101
Pflaumenmus 100
Phaseolus vulgaris 141
Pikieren 42
Pikierholz 50
Plantago coronopus 212
– *major* 'Rosularis' 212
– *major* 'Rubrifolia' 212
– *subnuda* 212
Plattenwege 28
Pollenspender 99
Polyphenole 110
Pomologie 110
Porree 154f.
– 'Below-Zero' 154
– 'Bleu de Solaise' 154
– 'Elefant' 154
– 'Siegfried' 154
Portulak, Gold- 143, 144
Potager 16
Potentilla indica 80*
Prinz Charles 16
ProSpecieRara 40
Prunus avium subsp. *duracina* 99
– *avium* subsp. *juliana* 99
– *cerasus* 'Caucasia' 26
– *domestica* 100
– *domestica* subsp. *claudiana* 100
– *domestica* subsp. *rotunda* 100
– *domestica* subsp. *syriaca* 100
– *laurocerasus* 'Schipkaensis Macrophylla' 26
Prunus mahaleb 94
Puffbohne 141

Q
Quecke 25
Quelltöpfchen 42
Quendel 230
Quetsche 100

R
Radicchio 146
Radieschen 180
– 'De dix-huit-jours' 180
– 'Flamboyant' 180
– 'Würzburger' 180
Raphanol 180
Rapunzel 143
Rasenkanten 25
Rasenschnitt 62
Renekloden 100, 101
– 'Graf Althans Reneklode' 101
– 'Große Grüne Reneklode' 101
– 'Reine Claude' 101
Rettich 146, 180
– 'Fridolin' 180
– 'Gournay' 180
– 'Schwarzer Winterrettich' 180
Rha barbaricum 74
Rhabarber 74, 75
– 'Frambozenrood' 77
– 'Prince Albert' 74
Rhabarber 'Red Valentine' 77
– 'Sutton Stockbridge' 77
– 'Timperley Early' 77
– 'Vierländer Blut' 74
Rhabarberblätter 77
Rhabarber-Küche 77
Rhabarber-Marmelade 77
Rhabarber-Saft 77
Rhabarber teilen 53
Rheum × hybridum 74
– *palmatum* 74
– *rhabarbarum* 74
Rhizomteilung 53
Rhododendren 64
Rindenmulch 63
Ringelblumen 214
Ringelblumensamen 48*
Risslinge 53
Robin, Jean 80
Rokambole 222
Romana-Salat 146
Rosenkohl 202, 203*
– 'Abunda' 202
– 'Harald 51' 202
– 'Noisette' 202
– 'Rodnerf' 202
– 'Rubine' 202
– 'Wilhelmsburger' 202
Rosmarin 53, 212, 214, 228*, 229
– 'Rosemary's Choice' 229
– 'Sissinghurst Blue' 229
– überwintern 50
Rosmarinsäure 230
Rosmarinus officinalis subsp. *prostratus* 229
Rotkohl 194, 198, 199*, 202
– 'Roodkop' 201
– 'Schwarzkopf' 201
– 'Topas' 201
Rübe 179
Rucola 143
Rumtopf 82
Russelette 123

S
Scheinzypresse 26
Saatbreite 135
Saatgut ernten 44
Saatgut sammeln 44, 45ff.
Saattablett 42
Saattüten 36
Saftkirschen 99
Salat 143ff.
Salate, gemischte 143, 146
Salatgurken 172
Salatkönigin 143
Salbei 53, 212, 214, 216, 229, 231*
– Garten- 230
– Küchen- 230
Salvia officinalis 'Aurea' 230
– *officinalis* 'Purpurea' 230
– *sclarea* 230
Sand 56
Satureja hortensis 224
– *montana* 224
– *montana* subsp. *citriodora* 224
Saubohne 140*, 141
Sauerampfer 146
Sauerkirsche 94
– 'Heimanns Rubinweichsel' 98
– 'Karneol' 98
– 'Köröser Weichsel' 98
– 'Schattenmorelle' 98
Sauerkraut herstellen 197
Schalotten 150, 152
– 'Cuisse de Poulet' 152
– 'Echalote Grise' 152
– 'Griselle' 152
– 'Longor' 152
Scheinerdbeere 80*

Schlehe 100
Schluff 56
Schmetterlingsblütler 31
Schnitt 105 105
Schnittblumen 13*
Schnittknoblauch 220
– 'Iden Croft' 220
Schnittlauch 220, 221*, 225
– 'Black Isle Blush' 220
– 'Forescate' 220
– 'Pink Perfection' 220
– Japanischer 145, 212, 214, 220
– teilen 53*
Schnurbaum 120
Schokoladenblume 212
Schöllkraut 56
Schrebergarten 9
Schwachzehrer 31
Schweine 9
Seifert, Alwin 60
Seiler, Joakim 16
selbstfruchtbar 98
selbststeril 99
Sellerie 176ff., siehe auch unter Knollensellerie und Stangensellerie
Senf, orientalischer 146
Siebeck, Wolfram 197
Singer, Ulrich 92
Solanin 190
Sonjasdotter, Asa 188
Spaghetti al pomodoro 158
Spätkartoffeln 190
Spindelbaum 112
Spindelbusch 115
Spitzkohl 198
Spritzbrühen, pflanzliche 71
Stachelbeere 'Achilles' 92
– 'Early Green Hairy' 92
– 'Früheste Gelbe' 92
– 'Hönings Früheste' 92
– 'Weiße Triumph' 92
– Schnitt 88, 92
Stamm 115
Stangenbohnen 132, 133, 134, 138, 139
– 'Berner Butter' 136, 139*
– 'Berner Landfrauen' 139*
– 'Blaue Hilde' 136, 139*
– 'Borlotto Lingua di Fuoco' 132
– 'Gelbes Posthörnchen' 139*

– 'Grünes Posthörnchen' 138*
– 'Haricot Mais Tarbais' 135, 138*
– 'Isérables' 132
– 'Klosterfrauen' 132, 136
– 'Meuch' 136
– 'Neckarkönigin' 136
– 'Preisgewinner' 138*
– 'Schöne von Richingen' 138*
Stangensellerie 146, 176, 179
– 'Giant Pascal' 179
– 'Gigante Dorato' 179
Starkzehrer 31, 62
Steckhölzer 53
Stecklinge 50
Stecklingsarten 53
Stecklingsvermehrung 50*
Steckzwiebeln 150
Steiner, Rudolf 67
Stellwag, Heinz 71
Stickstoff 64
Stickstoffdünger 62
Stolonen 192
Stroh 64
Stubbe, Hans 159
Süßkirsche 98f.
– 'Burlat' 99
– 'Büttners Rote Knorpelkirsche' 99
– 'Große Schwarze Knorpelkirsche' 99
– 'Hedelfingers Riesenkirsche' 99

T
Tabasco-Sauce 164
Tafelbirne 120
Tagetes 31, 214
Taglilien 146
Taxus × media 'Hicksii' 26
– × media 'Hillii' 26
Teilen 53
Teilung 53*
Thoreau, Henry David 132
Thuja occidentalis 'Smaragd' 26
Thymian 53, 212, 214, 230
Thymus vulgaris 230
Tomaten 10*, 156ff.
– 'Banana Legs' 161
– 'Berner Rose' 156

– 'Bloody Butcher' 161
– 'Dunkelviolette Fleischtomate' 159*
– 'Goldene Königin' 159*
– 'Green Grape' 161
– 'Green Zebra' 159*, 161
– 'Johannisbeertomate' 161
– 'Lukullus' 161
– 'Miel de Mexique' 156, 160*
– 'Noire Russe - Charbonneuse' 156
– 'Ochsenherz' 156
– 'Paul Robeson' 156, 161
– 'Reisetomate' 159*
– 'Velue Striée' 161
– Beefsteak- 161
– Busch- 161
– grüne 156, 157, 160, 190
– Stab- 161
– transgenetische 159
Tomaten konservieren 161
Tomatenhaus 156
Tomatensalat 161
Ton 56
Torfkultursubstrat (TKS) 42
Trampelpfade 25
Trampelpfade 28*
Tsatsiki 175

U
Unkräuter 56

V
VEN (Verein zur Erhaltung der Nutzpflanzenvielfalt) 40
Verbena officinalis 230
Vereinzeln 42
Vermehren 40
Versailles 120
Verveine 230
Vicia faba 141
Villandry 16
Vogelmiere 214

W
Wachsmuth, Brigitte 40
Wachszuckererbse 'Logabirum' 208
Waldorfsalat 176
Walnussblätter 63
Wasserschosse 104

Wege 25
Wegerich 212
Wegwarte 214
Weichselkirsche 94
Weinheber 118
Weinraute 50*
Weiße Fliege 71
Weißkohl 194, 195*, 202
– 'Amager' 198
– 'Filderkraut' 198
– 'Slava' 198
– 'Wädenswiler' 198
Wermut 214
Wiesenunkräuter 25
Wildkräuter 214
Wildtomaten 159
Windschutz 22
Winteräpfel 115
Wintersteckzwiebeln 152
Winterzwiebel 152
Winterwicken 71
Wirsingkohl 202
Wochenmärkte 36
Wundfläche 53
Wurzelälchen 31, 214
wurzelnackte Sämlinge 22
Wurzelrübe 179

X
Xitomatl 157

Z
Zickzackkraut 218
Zitronenmelisse 214, 230
Zitronenverbene 212, 216, 230
Zwespel 100
Zwetschge 100f.
– 'Hauszwetsche' 101
– 'Wangenheimer Frühzwetsche' 101
Zwiebelboden 150
Zwiebeln 150ff., siehe auch unter Schalotten
– 'Florentiner Rose' 152
– 'Fränkische Birnenförmige' 152
– 'Rossa Lunga di Firenze' 152
– 'Senshyu Yellow' 152
– 'Sturon' 152
– 'Vaugirard' 152

– 'Weiße Frühlingszwiebel' 152
– darren 152
– trocknen 152
Zwiebelsuppe 150
Zwiebohnen 136

Über die Autoren

Elke von Radziewsky ist Kunsthistorikerin und leitet in Hamburg u.a. das Gartenressort der Zeitschrift A&W Architektur und Wohnen, viele Jahre auch das der Zeitschrift Country. Zusammen mit ihrem Mann besitzt sie ein 7 000 m² großes Grundstück mit Gartenland, das sie zu großen Teilen als Selbstversorgergarten bewirtschaften.

Der Fotograf **Jürgen Holzenleuchter** hat im Laufe seiner Karriere in Hamburg, Amsterdam und Berlin Station gemacht, derzeit lebt er bei Nürnberg. Mit ihm hat Elke von Radziewsky viele praktische Gartenreportagen für die Zeitschrift Country erarbeitet. Seine Bilder illustrieren zahlreiche Magazine wie A&W Architektur und Wohnen, Geo Saison oder HÄUSER.

Bibliographische Information der Deutschen Nationalbibliothek
Die Deutsche Nationabibliothek verzeichnet diese Publikation in der Deutschen Nationalbibliografie; detaillierte bibliografische Daten sind im Internet über http://dnb.d-nb.de abrufbar.

BLV Buchverlag GmbH & Co. KG
80797 München

© 2011 BLV Buchverlag GmbH & Co. KG, München

Das Werk einschließlich aller seiner Teile ist urheberrechtlich geschützt. Jede Verwertung außerhalb der engen Grenzen des Urheberrechtsgesetzes ist ohne Zustimmung des Verlags unzulässig und strafbar. Das gilt insbesondere für Vervielfältigungen, Übersetzungen, Mikroverfilmungen und die Einspeicherung und Verarbeitung in elektronischen Systemen.

Bildnachweis:
Alle Fotos von Jürgen Holzenleuchter, außer:
Cribier Pascal: 17o, 17u
Dhont Erik: 20
Fuchs Albrecht: 158, 159
GAP Photos/Maxine Adcock: 76ol
GAP Photos/Jonathan Buckley, Design: Christopher Llyod: 122
GAP Photos/John Glover: 101m
GAP Photos/Clive Nichols: 152l
Jahreszeiten Verlag/Mirjam Bleeker: 114
Jahreszeiten Verlag/James Merrell: 142, 144, 145, 147
Koch Alexander: 18
Photo MG de Saint Venant, Champs de Pagaille: 178, 203
Photo MG de Saint Venant, Jardins de Valmer: 155, 177, 199
Seelen, Mark: 19
von Radziewsky, Elke: 11ol, 11Ml, 11ur, 37, 146

Autorenporträt Jürgen Holzenleuchter: Daniel Porst
Grafiken: Kathy Würbs
Umschlaggestaltung: Kochan & Partner GmbH, München
Umschlagfotos: plainpicture / Johner (Vorderseite), Jürgen Holzenleuchter (Rückseite)

Lektorat: Dr. Thomas Hagen

Herstellung: Hermann Maxant

Gestaltung: QART Büro für Gestaltung, Hamburg, Annette Brodda

Gedruckt auf chlorfrei gebleichtem Papier

Printed in Germany

ISBN 978-3-8354-0754-1

Das große Standardwerk: Gärtnern im Einklang mit der Natur

Marie-Luise Kreuter
Der Biogarten
Seit 30 Jahren der unverwechselbare Klassiker von Deutschlands bekanntester Biogärtnerin · Konkurrenzlose Kompetenz und Praxiswissen aus jahrzehntelanger Erfahrung · Die Grundlagen des Biogärtnerns und wirklich alles, was man wissen muss, um Gemüse, Obst und Blumen naturgemäß anzubauen.
ISBN 978-3-8354-0484-7